Die folgenden aufgelisteten Angebote sind nicht obligatorisch abzuarbeiten.
Die Auswahl der Übungen und Übungsteile richtet sich nach den Schwerpunk... ...hulinternen Curriculums.
Grün gekennzeichnete Lektionsteile und Übungen sind fakultativ.

Inhalt

Annexe

Symbole und Verweise

Diese Symbole findest du in deinem Buch:

- **CD 1** (2) Hörtext auf der CD (z. B. CD 1, Track 2)
- **DVD** Film auf der DVD
- schriftliche Aufgabe
- Diese Aufgabe löst du mit einem Partner.
- Bei dieser Partneraufgabe haben beide Partner (A und B) unterschiedliche Informationen. Der Aufgabenteil für Partner B befindet sich im *Annexe* ab S. 132.
- Diese Aufgabe löst ihr in einer Gruppe.
- **Koop** Hier arbeitet zunächst jeder für sich. Dann vergleicht ihr eure Ergebnisse und kommt zu einer gemeinsamen Lösung.
- **DELF** Diese Aufgabe eignet sich besonders für die Vorbereitung auf die DELF-Prüfung.
- Hier bewegt ihr euch in der Klasse.
- **P|F** Portfolio/Lerntagebuch: Du dokumentierst deine Lernfortschritte.
- **2|3** Hier passt *Carnet d'activités* (z. B. S. 2, Aufgabe 3).
- **GH 22** Ausführliche Erklärungen zu diesem Grammatikpunkt findest du im Grammatikheft (z. B. im Abschnitt 22).

Differenzierung:

- ○ leichte Aufgabe
- ● anspruchsvollere Aufgabe
- //● Anspruchsvolle Aufgabe mit Hilfestellung im *Annexe* ab S. 136.
- //○ Hilfestellung im *Annexe* ab S. 136.

- Sprachmittlungsaufgabe. Hier hilfst du jemandem, der kein Französisch / kein Deutsch kann.

www.cornelsen.de/webcodes Hier gibst du den jeweiligen Webcode ein (z. B. APLUS-2-19). Dort findest du kostenlose Zusatzmaterialien und Arbeitsblätter.

4|1
4|2
4|3
4|4
5|5
6|6
6|7

1 Jouez à quatre. Trois élèves jouent et répondent aux questions. Un/e élève regarde les solutions (▶ p. 168) et corrige.
Pour jouer, il faut un dé et trois pions (par exemple des pièces de monnaie).
Exemple: Tu fais un trois ? Tu avances de trois cases et tu réponds à la question.
*C'est juste? Tu restes sur la case.
*C'est faux? Tu recules de trois cases.
Tu arrives à la case «Arrivée»? Bravo! Tu as gagné!
▶ Les mots pour jouer, p. 168

Départ

1
Begrüße deine Mitspieler und frage sie, wie es ihnen geht.

18
Conjugue *pouvoir*:
je ?
tu ?
il/elle/on ?
nous ?
vous ?
ils/elles ?

17
Frage eine/n Mitspieler/in, wann er/sie Geburtstag hat.

16
Qu'est-ce qu'ils font?

* **Avance de deux cases.** Rücke zwei Felder vor.

15
Une surprise pour toi: avance de deux cases*.

14
Zähle die Wochentage innerhalb von zehn Sekunden auf.

13
Présente ta famille.
Mon/Ma ____ s'appelle ____.

12
Qu'est-ce qu'il y a dans un collège? (cinq endroits)

11
Sage, dass du Hunger und Durst hast.

24
Qu'est-ce qu'elle fait après l'école?

d'abord après

25
Wie ist das Wetter?

Arrivée

2

Dans mon quartier, il y a ____.

3

Où est le chat?
Et le CD de ZAZ?

4

Présente-toi.
(nom, âge, adresse)

5

Begrüße einen Verkäufer und sage, dass du eine möchtest.

6

Conjugue *être*:

je ?
tu ?
il/elle/on ?
nous ?
vous ?
ils/elles ?

7

Le bus n'arrive pas, tu vas être en retard.
Passe un tour*.

* **Passe un tour.** Setze einmal aus.

8

Il est quelle heure?

9

La fille de ta tante, c'est ta ? .

10

Ihr zählt reihum auf Französisch bis 30: 1 – 2 – 3 … Wer eine Zahl nicht weiß, geht zwei Felder zurück. Wer bis zum Schluss alle Zahlen richtig gesagt hat, rückt zwei Felder vor.

19

Ils sont où?

20

Le numéro de Joséphine, c'est le ____.

21

Dein linker Mitspieler nennt ein Personalpronomen (*je, tu, il/elle/on, nous, vous, ils/elles.*) Du ergänzt die passende Form von *aller*.

22

On rentre ensemble!
Du und alle, die sich vor dir befinden, müssen zum Start zurück.

23

Qu'est-ce qu'il y a sur l'étagère?

Bienvenue à Montpellier!

F2/WB: Einstieg in die *Unité*

Tâches – au choix
Am Ende dieser Unité kannst du

A deine Lieblingsorte präsentieren.

B dich in einem Interview vorstellen.

Compétences communicatives
Du lernst

- dich und dein persönliches Umfeld vorzustellen. (▶ V1)
- Personen, Dinge und Orte näher zu beschreiben. (▶ V2)

Dazu brauchst du z. B.

- *jouer à / jouer de.*
- *pour* mit Infinitiv.
- die Relativpronomen *qui* und *que*.
- vor- und nachgestellte Adjektive.
- Außerdem lernst du Verben auf *-ir* (Typ *sortir*) und die Verben *venir* und *voir*.

Compétences interculturelles

- Du lernst die Stadt Montpellier kennen.

Apprendre à apprendre
Du lernst

- wie du dein Französisch-Wissen sammeln und ordnen kannst.
- wie du Wörter umschreiben kannst.

Hinweis: *la vieille ville* und *les rues piétonnes* werden lexikalisch eingeführt (als *Chunks*).

WB: Zuordnungsübung

CD 1 2–9

Lisa et ses copains

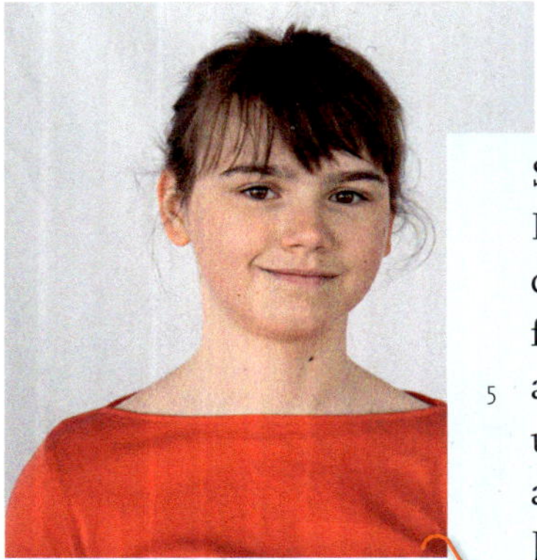

Salut! Je m'appelle Lisa Bastide. J'ai douze ans. J'ai un frère, Nicolas. Nous avons un chien et un chat. Ils sont adorables.
J'habite dans la vieille ville. J'adore mon quartier avec ses rues piétonnes, ses places et ses cafés.

J'adore la musique: je joue d'un instrument. Je fais du piano et je chante dans la chorale de mon collège. Mon sport préféré, c'est la natation. Je nage très bien et je suis dans un club de natation. Un jour, je voudrais être célèbre comme Camille Muffat. Je suis en cinquième. Dans ma classe, j'ai trois copains: Zoé, Bilal et Nathan. Zoé vient souvent chez moi et on rigole bien.
J'adore les vacances mais je n'aime pas les cahiers de vacances!

Lire et comprendre

KV1: Tabellen-Vorlage zum Erschließen der neuen Vokabeln

DELF 7|1 8|3

1 a C'est qui: Lisa ou Bilal? Réponds aux questions.

1. Qui joue d'un instrument? → C'est ___.
2. Qui a un frère et deux sœurs?
3. Qui a un chien et un chat?
4. Qui habite dans le quartier Antigone?
5. Qui aime l'allemand et la physique?
6. Qui fait de la natation dans un club?

b À toi. Pose des questions sur Lisa et Bilal à ton/ta partenaire. Il/Elle répond.

Est-ce que ___? Qu'est-ce que ___? Où est-ce que ___? Qui ___?

WB: Mindmap

Bonjour! Je suis Bilal Bensalem. J'ai douze ans et demi. J'ai un frère et deux sœurs. Mes parents viennent de Djerba, en Tunisie, mais moi, je suis né à Montpellier. J'habite avec ma famille dans le quartier Antigone, tout près de la piscine où je vais souvent.

Je suis en cinquième. Ma matière préférée, c'est l'allemand. J'aime aussi la physique.

Je fais du sport: Mon copain Nathan et moi, on aime bien jouer au ping-pong pendant la récré. Et je fais du handball dans un club. Je suis fan de William Accambray.

J'habite au bord de la mer et j'adore nager mais je déteste le poisson!

CD 1 6–7

CD 1 8–9

HV machen Steckbrief ausfüllen

Hinweis: Ein Glossar zu den Übungsanweisungen finden S auf S. 229.

F 3: Steckbriefe der Protagonisten zum Ergänzen

Écouter et comprendre

KV 2: Arbeitsblatt zur Übung

CD 1 6–9

2 Écoute Nathan et Zoé et fais leurs fiches d'identité dans ton cahier. DIFF

DELF

7|2 9|8

Nom: Nathan
Âge:
Frères et sœurs:
Hobbys:

Parler

DELF

3 **Pose des questions à ton/ta partenaire. Il/Elle répond.**

1. Tu t'appelles comment?
2. Tu as quel âge?
3. C'est quand, ton anniversaire?
4. Où est-ce que tu habites?
5. Qu'est-ce que tu aimes?
6. Qu'est-ce que tu n'aimes pas?

S'entraîner

C 9|6

4 **C'est mercredi. Qu'est-ce que les jeunes font? Posez des questions à votre partenaire. Il/Elle répond. A commence.** (B ▶ p. 132) **WB:** Mindmap zu *jouer à / jouer de*

Exemple: **A:** Est-ce qu'Idris joue au ping-pong? **B:** Oui. / Non, il joue ____.

A

Tes questions à **B**

1. Idris / ping-pong?
2. Sofia / tennis?
3. Vanessa / flûte?
4. David / piano?

Tes informations pour **B**

à	**de**

jouer	**au**	ping-pong tennis beach-volley foot handball
	aux cartes	

jouer	**de la**	flûte guitare
	de l'accordéon	
	du piano	
	des percussions	

C 8|4 8|5

DIFF

5 **Complète les dialogues par les formes de *venir*.** (▶ Verbes, p. 167) **WB:** Verbparadigma *venir*

– Tu ? d'où?
– Je ? de Paris. Et toi?

– Vous ? demain?
– Oui, nous ? vers 9 h, d'accord?

– Est-ce que ton cousin ? chez toi pour ton anniversaire?
– Oui. Mais ... mes cousines ? aussi ...

Hinweis zu 6: Zusatzübung (fakultativ = grün) zur Wiederholung der Flexion/Stellung der Adjektive vorbereitend auf *V2*. Dort werden frequente vorangestellte Adjektive eingeführt.

Réviser

DIFF

6 **Antoine présente son quartier. Accorde les adjectifs si nécessaire.**

J'habite dans le centre-ville avec mes parents. C'est ? *(pratique)*, on peut faire beaucoup de choses à pied. Notre appartement est ? *(sympa)*, mais ma chambre est trop ? *(petit)*. La cathédrale est près de chez nous. Elle est très ? *(grand)*. Pour les touristes, elle est ? *(intéressant)*. Dans les rues piétonnes, il y a beaucoup de magasins. Ils sont ? *(ouvert)* du lundi au samedi de 10 heures à 19 heures. Le dimanche, ils sont ? *(fermé)*. Mais ma boulangerie préférée est ? *(ouvert)*, quelle chance! J'aime bien ma ville. Mais tout n'est pas ? *(super)*, il y a aussi des coins assez ? *(moche)*.

Apprendre à apprendre

7 **Wie du dein Französisch-Wissen sammeln und ordnen kannst (▶ Méthodes, p. 145/4)**

a Lege dir einen Französisch-Ordner mit verschiedenen Abteilungen an (z. B. Wortschatz und Ausdrücke, Landeskunde, Grammatik). Wenn du etwas Neues gelernt hast (z. B. Wörter und Ausdrücke zum Thema „sich vorstellen"), schreibst du es auf ein Blatt und ordnest es in die passende Abteilung ein. Dann hast du alles Wissenswerte schnell parat und kannst es leichter nachschlagen, wiederholen oder ergänzen.

b Sammle Ausdrücke, die du brauchen kannst, um dich vorzustellen (Name, Alter, Familie, Schule, Hobbys, ...). Dein Ergebnis sortierst du in die Abteilung „Wortschatz" ein. (▶ Texte, p. 12–13, ▶ Repères, p. 23)

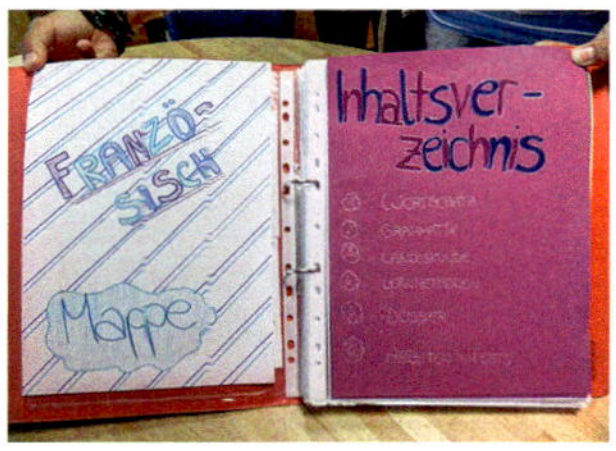

Recherche

8 **Trouve des informations sur Montpellier dans le** ***Petit dictionnaire de civilisation*****, p. 158–161, et sur Internet. Range les résultats de ta recherche dans ton classeur de français. (▶ Französisch-Ordner, Abteilung „Landeskunde")**

1. Wie viele Einwohner hat die Stadt?
2. Wo in Frankreich liegt sie?
3. Wovon ist Montpellier die Hauptstadt?
4. Wie alt ist die Stadt ungefähr?
5. Welche heutige Sehenswürdigkeit wurde 1593 angelegt?
6. Hat Montpellier Städtepartnerschaften? Wenn ja, welche?

Zur Internet-Rallye über Montpellier gelangst du unter: **www.cornelsen.de/webcodes** APLUS-2-15.

WB: Bilder zum Sortieren

F4: Bilder zum Beschreiben eines Lieblingsortes

Pourquoi on aime Montpellier

Hinweis zu 1: Wenig Zeit? S erhalten alle Wörter und ordnen sie in einem Wortnetz → Beispiellösung in den Lehrermaterialien.

Préparer la lecture

DIFF

1 **Quels endroits est-ce que vous pouvez nommer dans une ville? Faites un associogramme sur la ville. (▶ Méthodes, p. 148/10.2)**

CD 1 10–12

Montpellier est une grande ville qui attire beaucoup de monde. C'est une ville moderne et branchée où les gens aiment sortir. En été, il y a beaucoup de festivals.

Montpellier, qu'on appelle aussi «Montpelle», est une ville touristique. Le musée Fabre propose des expositions très intéressantes.

Il y a aussi le planétarium: c'est un endroit fantastique pour les gens qui aiment les étoiles! Et, bien sûr, il y a l'aquarium où on peut voir des poissons magnifiques.

Montpellier est une ville tranquille. C'est aussi la ville du soleil. On voit beaucoup de gens dehors: ils sont par exemple sur les terrasses des cafés pour prendre quelque chose ou dans les petites rues de la vieille ville pour faire du shopping.

1 Le coin que je préfère, c'est mon quartier: la place de la Comédie est l'endroit idéal pour retrouver les copains!

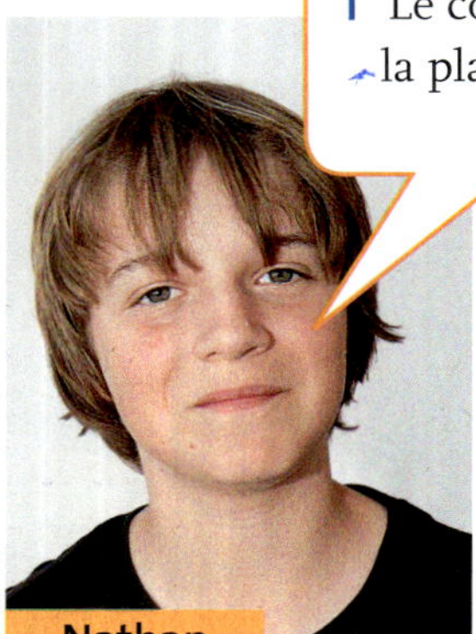

Nathan

2 Quand je sors avec mes parents le week-end, on va parfois à l'aquarium!

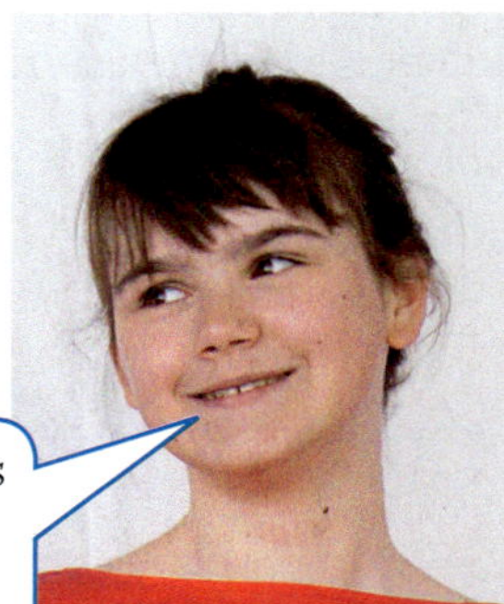

Lisa

3 Moi, pour faire du shopping je vais au centre commercial du Polygone.

Zoé

WB: Zuordnungsübung

KV3: Übung zur Aussprache und Intonation

In Montpellier scheint die Sonne durchschnittlich an 300 Tagen im Jahr.

WB: Memory zu Montpellier und Umgebung

4 Quand il fait beau, je prends mon vélo et je pars à Carnon avec mes copains. C'est tout près et c'est notre plage préférée.

Bilal

Hinweis: *se trouve* wird lexikalisch eingeführt (als *Chunk*).

Montpellier se trouve dans une région magnifique entre la mer Méditerranée et la montagne, les Cévennes. C'est pratique quand on veut partir en week-end.

Vous aimez la nature?
Visitez la Camargue, vous allez adorer!

Vous êtes fans de camping?
Partez en randonnée dans les Cévennes!

Vous voulez nager?
Les jolies plages de Palavas-les-Flots et Carnon vous attendent!

Lire et comprendre

DELF **2** **Un groupe de touristes est à Montpellier avec leur guide*. Relis le texte et joue le guide.**
Utilise: *Vous pouvez visiter ___. / Allez à/au/à la ___.*

10|1
10|2

DIFF

* **le guide** der Reiseleiter

1 Où est-ce qu'il y a des expositions intéressantes?
2 J'aime regarder les étoiles …
3 J'aime observer les poissons.
4 Je voudrais faire du shopping.
5 J'adore la nature. Où est-ce que je peux aller?
6 Moi, je voudrais faire du beach-volley!
7 Je suis fatiguée et j'ai soif.
8 Je préfère les petites rues. Je peux aller où?

Parler

DELF
14|9
14|11

3 **Choisis trois endroits dans ta ville / ton quartier / ton village. Explique pourquoi tu aimes ces endroits. Ton/ta partenaire donne son avis*.**

Exemple:

* **donner son avis** seine Meinung sagen

Moi, j'aime le «Bertholdsbrunnen». C'est l'endroit idéal pour retrouver les copains!

Moi aussi, j'aime le «Bertholdsbrunnen». C'est génial pour ___.

Moi, non. C'est nul pour ___. Je préfère ___. C'est un endroit fantastique pour ___.

C'est	l'endroit	idéal	pour	retrouver les copains. faire du shopping. faire du skate / du foot. être tranquille. prendre des photos. observer des animaux / les étoiles. ___.
C'est	un endroit	fantastique génial super sympa nul ___	pour	

Découvrir

Koop

4 a **Für welche Wörter stehen** *qui* **und** *que*/*qu'*?

1. C'est une grande ville **qui** attire beaucoup de monde.
2. C'est un endroit fantastique pour les gens **qui** aiment les étoiles.
3. Le coin **que** je préfère, c'est mon quartier.
4. Montpellier, **qu**'on appelle aussi «Montpelle», est une ville touristique.

b **Ordne die Sätze den Bildern zu. Begründe deine Entscheidung. Dann tausche dich mit deinem Partner / deiner Partnerin aus.**

1. Voilà le monsieur **que** le poisson mange.
2. Voilà le monsieur **qui** mange le poisson.

a

b

c **Décris les dessins. Utilise** *qui* **et** *que*/*qu'*.

Voilà – fille – *regarder* – bédé

Voilà – bédé – fille – *regarder*

S'entraîner

5 a A trouve un maximum d'informations sur Lisa et Nathan. B trouve un maximum d'informations sur Zoé et Bilal. (▶ Textes, p. 12–13 et p. 16–17)

DIFF **b** Présente tes résultats à ton/ta partenaire. Utilise *qui*.
Exemple: Zoé, c'est une fille qui a douze ans et demi, qui ___.

c Faites des devinettes sur vos camarades.
Exemple: C'est un garçon / une fille qui ___.

▶ 13|8 **6** Qu'est-ce qui va ensemble? Il y a plusieurs possibilités.

Hinweis zu 6: *où* kennen S bereits aus *À plus! 1 Unité 8/V2.*

Voilà la maison C'est un endroit Voilà un livre	où que	je trouve fantastique. mes parents veulent acheter. j'habite. tu peux faire du sport. mon frère aime beaucoup. tu vas trouver des informations.

DIFF **7** Complète par *qui* ou *que/qu'*. (▶ Repères, p. 23/1)

1 café sucré – le café ? accompagne les bons moments

2 Croc'Odiles – les biscuits ? tout le monde adore

3 Waouh! – l'exposition ? attire des gens de partout

4 DOS RÉMIS – les chanteurs ? les enfants aiment

5 Cinoche «R» – le cinéma ? n'est pas cher

6 trocoule – la musique ? on écoute le soir

//● **8 a** Trouve dix raisons* d'aller à Montpellier. (▶ Repères, p. 24/2) //○ ▶ p. 136

▶ 12|6 12|7

Exemple:
À Montpellier, il y a des jolis quartiers.
Il y a aussi un grand aquarium fantastique.

* **la raison** der Grund

WB: Lückentext 1

Denke an die Angleichung der Adjektive.

petit *grand* *joli*	musée(s) rue(s) piscine(s) cinéma(s) place(s) café(s) parc(s) ___	*fantastique* *célèbre* *tranquille* *moderne* *branché* *magnifique* *intéressant* *sympa*

DELF **b** À toi. Trouve au moins cinq raisons d'aller dans ta ville / ton village.

KV 4: Modell-Dialog

CD 1 13–14 **9** Écoute et chante la chanson «Allez, on part». (▶ www.cornelsen.de/webcodes APLUS-2-19)

WB: Übungsvariante zum Aufdecken

Apprendre à apprendre

10 **Wie du Wörter umschreiben kannst** (**▶ Méthodes, p. 157/32**) **WB:** Lückentext

Wenn dir ein Wort nicht einfällt, gibt es immer mehrere Möglichkeiten, es zu umschreiben.

1. Du kannst das Wort mit einem Relativsatz *(qui, que/qu', où)* umschreiben.
   C'est un endroit **où** on peut faire les courses. → un supermarché
   C'est un monsieur **qui** travaille au CDI. → un documentaliste
   C'est un sport **qu'**on fait sur la plage. → le beach-volley
2. Du kannst mit *pour* + Infinitiv sagen, wozu etwas dient.
   C'est quelque chose **pour** fermer la porte. → une clé

Wende diese Technik in Aufgabe 11 an.

11 **Expliquez quatre mots à votre partenaire. Utilisez *où*, *qui*, *que*/*qu'* et *pour* + infinitif.** //○ ▶ p. 136

	un endroit	où	
C'est	un truc un animal un sport	qui que/qu'	___.
	quelque chose	pour	

WB: Aufdeckübung

KV 5: Ratespiel zum Üben der Technik des Umschreibens

Écouter et comprendre

CD 1 15 DELF **12** **Ils sont à Montpellier, mais où?**
Écoute et réponds.

Ils sont au ___. / à la ___. / à l' ___.

CD 1 16 DELF DIFF **13** **Florine et Enzo racontent leur journée près de Montpellier. Écoute. Qui est où?**
Quelle photo ne correspond pas aux textes?

1 dans les Cévennes

2 en Camargue

3 à Carnon

Regarder et comprendre

DVD-Track 1: *Pierre et ses copains*

DVD **14** Regarde la séquence sur Montpellier. Qu'est-ce que tu reconnais?

KV 6: Hörsehverstehensraster

Lire et comprendre

1 Regarde le site Internet. Qu'est-ce qu'on peut voir et faire en Camargue? Puis trouve d'autres informations. (▶ Civilisation, p. 158–161)

Hinweis zu 1: S können auch auf Deutsch antworten.

Choisis une des deux tâches.

PF **A** **Ma ville et moi** KV 7: Redemittel für eine Präsentation

Présente tes endroits préférés. Pourquoi est-ce que tu les aimes? Qu'est-ce que tu fais dans ces endroits?

- Welche Orte willst du präsentieren?
- Was willst du über diese Orte sagen?
- Fertige einen Stichwortzettel an. (▶ Méthodes, p. 151/20)
- Sammle passende Fotos, die du zeigen kannst, wenn du deinen Vortrag hältst.
- Halte dann deinen Vortrag vor der Klasse. Sprich frei.

Nützliche Ausdrücke findest du in den *Repères* (*Qu'est-ce qu'on dit*, p. 23) und in den Texten (p. 12–13, p. 16–17).

KV 8: Bewertungsbogen *Tâche A*

DELF DVD 14|10 **B** **En ligne avec nos correspondants** DVD-Track 1: *Pierre et ses copains*

Regardez d'abord la séquence. Puis préparez une interview pour vous présenter.

- Bereitet die Fragen gemeinsam vor.
- Jede/r von euch schreibt die jeweiligen Antworten zu den Fragen auf. (▶ Banque de mots, p. 172)
- Fertigt Stichwortzettel an. (▶ Méthodes, p. 151/20)
- Legt fest, wer anfängt.
- Übt eure Rollen.
- Spielt eure Interviews vor der Klasse. Ihr könnt eure Interviews aufnehmen und eurer französischen Partnerklasse schicken. (▶ Méthodes, p. 150/19)

Nützliche Ausdrücke findet ihr in den *Repères* **(***Qu'est-ce qu'on dit***, p. 23) und in den Texten (p. 12–13, p. 16–17).**

Hinweis zu B: Der Film (DVD-Track 1) dient als Modell für eigene Handyfilme.

KV 8: Bewertungsbogen *Tâche B*

KV 9: Selbstevaluierung des Lernstandes

Hinweis: Im Vokabeltaschenbuch (978-3-06-520189-6), S. 86–95, sind die *Qu'est-ce qu'on dit?* für *À plus! 1* und *2* nach Situationen zusammengefasst: *Les mots pour le dire*. Auch zum Anhören.

Qu'est-ce qu'on dit?

9|7

Du sagst, woher du kommst / deine Familie kommt

Je suis né(e) à (Montpellier).
Je viens de (Bruxelles).
Mes parents viennent de (Djerba, en Tunisie).
Mon père vient de (Rome).
Ma mère est d'ici.

Du stellst deine Lieblingsorte vor

Le coin que je préfère, c'est (mon quartier).
(La place de la comédie,) c'est l'endroit idéal pour (retrouver ses copains).
C'est un endroit (fantastique) pour les gens qui (aiment les étoiles).
C'est une ville moderne/branchée/____.
(Montpellier) se trouve entre ____ et ____.

Du stellst dich vor

Je m'appelle (Lisa Bastide).
J'ai (douze) ans (et demi).
J'ai un frère / une sœur / ____.
Je n'ai pas de frères et sœurs.
J'ai (un chat). / Je n'ai pas d'animal.
J'habite à (Montpellier) avec (ma famille).
Je suis en (cinquième B).
Mon sport préféré, c'est (la natation).
Ma matière préférée, c'est (l'allemand).
Je fais (du ping-pong / de la photo).
J'aime jouer (aux cartes / au tennis).
Je joue (du piano / de la guitare).
Je suis fan de (William Accambray).
Je collectionne (les photos d'animaux).
Je voudrais être (célèbre comme ____).

Hinweis: → Modell-Dialog in den Lehrermaterialien

Grammaire

Du machst Angaben zu Personen/Sachen: Dazu brauchst du:

GH 13 GH 14 **1**

Lisa, c'est une fille **qui** est en 5e.
Voilà le coin **que** je préfère.
→ **die Relativpronomen** *qui* **und** *que*

Nathan a un frère	**qui**	a 15 ans.
Montpellier est une ville	**qui**	attire beaucoup de monde.
La fille	**que**	Lisa préfère, c'est Zoé.
Les endroits	**qu'**	on préfère, ce sont les parcs et les cafés.

Vor Vokal wird *que* zu *qu'*.
Bei *qui* passiert das nie.

Übt und wiederholt gemeinsam

Ergänzt die Regeln.
Im Relativsatz ist *qui* das Subjekt. Auf *qui* folgt ein ? .
Im Relativsatz ist *que* das Objekt. Auf *que* folgt das ? des Relativsatzes.
(▶ Solutions, p. 169)

WB: Aufdeckübung

Du beschreibst etwas oder jemanden näher: Dazu brauchst du:

GH 17 **2**

Montpellier est une **grande** ville **moderne**. → **vor- und nachgestellte Adjektive**

Le musée propose des		expositions	**intéressantes.**
Carnon, c'est notre		plage	**préférée.**
On aime les	**petites**	rues	**tranquilles.**
J'habite dans une	**grande**	maison.	
Près d'ici, il y a des	**jolies**	plages.	
C'est une	**bonne**	idée!	

! Die meisten Adjektive stehen hinter dem Nomen. Nur wenige Adjektive stehen vor dem Nomen. Dazu gehören *grand, petit, joli* und *bon*. Lerne sie auswendig.

Denke an die Angleichung des Adjektivs, egal, ob es vor oder hinter dem Nomen steht.

Übt und wiederholt gemeinsam

Übersetzt und stellt die Adjektive an die richtige Stelle:
eine interessante Stadt; ein kleines Dorf; ein modernes Einkaufszentrum; ein gutes Kino, kleine Häuser; hübsche Straßen; ruhige Strände; ein großer, touristischer Platz.
(▶ Solutions, p. 169)

Du drückst eine Absicht aus oder sagst, wozu etwas dient: Dazu brauchst du:

GH 12 **3**

Je vais au stade **pour faire** du foot. → *pour* + **Infinitiv**

Les gens vont dans les cafés **pour prendre** quelque chose.

Les jumelles, c'est un truc **pour observer** des animaux.

Übt und wiederholt gemeinsam

1 Beendet die Sätze:
1. Une clé, c'est quelque chose pour ?.
2. Zoé et Lisa sont au Polygone pour ?.
3. L'aquarium est l'endroit idéal pour ?.
4. Les garçons vont à la plage pour ?.
2 Übersetzt die Sätze 1–4. Wie übersetzt ihr *pour* + Infinitiv? (▶ Solutions, p. 169)

Neue Verben: **KV 56:** Tabelle zum Notieren der neuen Verben

GH 10 **4**
GH 15
GH 16

Verben auf -ir (Typ sortir)
venir
voir
→ ▶ *Verbes*, p. 164–167

11|3
11|4
12|5

Lege je eine Verbkarteikarte für die neuen Verben an. **WB:** Verbparadigma *venir, sortir* und *voir*

Hinweis: Fakultatives Modul → jederzeit einsetzbar; kann auch wegfallen.

Poèmes et chansons

CD1 17

À VOUS TOUS LES SAVANTS[1]

Vous avez sur notre planète
Un bel aliment[2] qui porte le nom[3] de notre planète
La pomme de terre[4]
Mais il ne vous suffit guère[5].
Il vous faudrait[6]: la pomme de lune[7]
la pomme d'uranus
la pomme de mars
la pomme de jupiter
la pomme de l'univers
la pomme de demain
la pomme de rien[8].
Allez les planter[9]
Patates[10]!
Le mieux aurait été au départ[11]
de rester sur votre
Pomme d'Adam.

Anonyme

1 **le savant** der Gelehrte
2 **un bel aliment** ein schönes Lebensmittel
3 **porter le nom de qc** den Namen von etw. tragen
4 **la pomme de terre** die Kartoffel
5 **il ne vous suffit guère** es reicht euch nicht
6 **il vous faudrait** ihr hättet gerne
7 **la lune** der Mond
8 **rien** nichts
9 **planter qc** etw. pflanzen
10 **la patate** *fam.* la pomme de terre *auch:* der Dummkopf
11 **le mieux aurait été au départ** am besten wärt ihr von Anfang an

1 a Illustre le poème et apprends-le par cœur.

CD1 18

b Écoute et chante «la chanson des patates».

CD1 20

JE LE VOIS

Je le vois!
Il est là!
Où ça?
Tout là-bas!
À quel endroit[1]?
Près du bois[2]
Tu le vois?
Qui ça?
Lui!
De quelle couleur[3]?
Couleur fleur[4]
J'ai deviné[5]
C'est qui?
LE BONHEUR[5].

Valérie, classe de 6[e]

1 **À quel endroit?** An welchem Ort?
2 **le bois** der Wald
3 **de quelle couleur?** welche Farbe?
4 **couleur fleur** blumenfarbig
5 **J'ai deviné!** Ich hab's!
6 **le bonheur** das Glück

3 a Écoutez le poème, apprenez-le par cœur et récitez-le à deux.

b Et toi? Qu'est-ce que tu vois? Écris ton propre poème.

la liberté la surprise le souvenir

CD1 19

Est-ce que vous pouvez …

Téléphoner *sans* parler?
Trouver *sans* chercher?
Aimer *sans* comprendre?
Vivre[1] *sans* rêver?
Vous pouvez?
Mais est-ce que vous le voulez?

1 **vivre** leben

KV 10: Arbeitsblatt zum *poème*

2 Sur le même modèle, écris un poème avec *pour*.

KV 11: Arbeitsblatt zum *poème*

CD1 21

Qui dit A[1]

Qui dit lundi dit mardi
Qui dit gâteau dit bougies,
Qui dit été dit vacances
Qui dit musique dit ambiance
Qui dit parents dit enfants
Qui dit copains dit content.

1 **qui dit A** wer A sagt

4 Continue le poème.

CD1 22

C'est ma journée

5 Écoute et chante. (▶ www.cornelsen.de/webcodes APLUS-2-25)

Hinweis zu 5: Das *chanson* enthält die Verben, die das *passé composé* mit *être* bilden. Kann für S. 34/3 wieder herangezogen werden.

Hinweis: Obligatorisches Modul → Wortschatz = Lernwortschatz (s. S. 178).

CD 1
23–29

Le français en classe

Hinweis: Die Formen des *passé composé* lernen S hier als *Chunks*. Die Kognitivierung erfolgt in *Unité* 2.

F 5

WB: Redemittel hören und aufdecken

1 Qu'est-ce que tu dis dans ces situations? Trouve les expressions dans les bulles.

1. Der Ton ist zu leise.
2. Du weißt nicht, bis wann du die Hausaufgaben erledigen sollst.
3. Du weißt nicht, wer dran ist.
4. Du bist noch nicht fertig.
5. Du weißt nicht, was in der Aufgabe von dir verlangt wird.
6. Du weißt nicht, auf welcher Seite sich eine Aufgabe befindet.

F5: Illustrationen aus dem Modul zum Einüben der Redemittel

CD1 30 **2** Votre professeur vous donne des devoirs.
Qu'est-ce qu'il faut faire?
Écoute et note.

Pour quand?

Quoi?

3 À vous. Imaginez une scène de cours et jouez-la.
Utilisez des expressions des bulles.

Unité 2 Moi et mon temps libre

Tâches – au choix
Am Ende dieser Unité kannst du

A in einem Klassenalbum von einem kleinen Missgeschick erzählen, das dir passiert ist.

B in einer E-Mail erzählen, was du am Wochenende gemacht hast.

Hinweis: Ausstieg aus dem Schülerbuch gewünscht? Diese *Unité* können Sie durch eine Lektüre (ISBN 978-3-06-520146-9) ersetzen.

Compétences communicatives
Du lernst

- zu erzählen, was du erlebt hast. (▶ V1, V2, V3)

Dazu brauchst du z. B.

- das *passé composé*.
- die Verneinung mit *ne ... rien* und *ne ... jamais*.
- die unverbundenen Personalpronomen *moi, toi, lui, ...*
- Außerdem lernst du das Verb *devoir*.

Compétences interculturelles

- Du erfährst etwas über die Umgebung von Montpellier.

Apprendre à apprendre
Du lernst

- wie du bekannte Lernhilfen nutzen kannst.
- wie du deine eigenen Texte gliedern kannst.

CD 1 31–32

Zoé dessine des bédés

Hinweise: Der *Volet*-Text führt das *passé composé* mit *avoir* und die Partizipien der Verben auf *-er* sowie *fait* ein. *ne ... jamais / ne ... rien* hier nur im Präsens.

Hier, Zoé a terminé sa bédé.

Une journée entre copains

WB F7

WB: Aufdeckübung

F7: Zeichnungen des *Volet*-Textes zum Nacherzählen des Comics

Lire et comprendre

oop DELF 17|1 DIFF

1 **C'est faux! Corrigez les phrases.**

1. Lisa et ses copains veulent faire une fête.
2. Ils attendent Zoé qui est en retard.
3. Quand tout le monde est là, ils vont à la piscine.
4. D'abord, il pleut mais après, il fait beau.
5. Les jeunes ont faim: les sandwichs sont dans le sac de Zoé.
6. Une heure après, les jeunes partent chez Bilal.
7. Quand ils rentrent, Bilal ne trouve plus ses clés.
8. Les clés sont dans le sac de Zoé.

Parler

2 **Vous voulez faire un pique-nique. Faites des dialogues.** WB: Mindmap

A: Tu as fait quelque chose pour le pique-nique?
B: Oui, j'ai préparé / j'ai fait ___.
Et j'ai acheté ___. Et toi?

des sandwichs des pommes
une salade de fruits des biscuits
des chips un gâteau ___

Hinweis zu 2: Hier verwenden S erste Formen des *passé composé*, ohne die Bildung zu kennen. Kognitivierung dann in S. 32/3.

Découvrir

Koop **3 a** Was drücken diese Verbformen aus: Vergangenheit *(passé)* – Gegenwart *(présent)* – Zukunft *(futur)*?

J'**ai préparé** des sandwichs.
Je **prépare** des sandwichs.
Je **vais préparer** des sandwichs.

b Finde die Verbformen der Vergangenheit im Text. Wie werden sie gebildet?

CD 1 33

4 a Hör dir die Sätze an. Ist von Vergangenheit, Gegenwart oder Zukunft die Rede? Woran hast du das erkannt? **WB:** Übungsvariante zum Zuordnen ▶ p. 136

b Hör die Sätze noch einmal und sprich sie nach.

S'entraîner

CD 1 34 18|3

5 Écoute les phrases. Lève le doigt* quand tu entends une phrase au passé.

WB: Übungsvariante zum Zuordnen

* **lever le doigt** sich melden

17|2 18|5 DIFF

6 Qu'est-ce qu'ils ont fait à l'anniversaire de Sofia? Regarde le dessin et raconte. (▶ Repères, p. 44/1)

manger *chanter* *apporter*
danser *rêver* *jouer*

WB: Übungsvariante zum Aufdecken

Activité

7 Vous préparez un pique-nique. Jouez le dialogue au téléphone. A commence. (B ▶ p. 132)

DIFF

Ihr begrüßt euch am Telefon.
Du fragst,
1. ob B Jules angerufen hat,
2. was B gekauft hat,
3. ob B etwas vorbereitet hat,
4. was B (noch) mitbringt.

Deine Antworten auf die Fragen von **B:**
Du hast
5. einen Obstsalat vorbereitet,
6. Chips und Bonbons gekauft,
7. deinen Cousin eingeladen.
8. Du bringst deine Gitarre mit.
Ihr verabschiedet euch.

A

CD 1 35–36

Le journal de Lisa

Hinweis: *tous les samedis* et *c'était trop tard* werden lexikalisch eingeführt (als *Chunks*).

F8

Lundi, 10 octobre

D'habitude, nous allons chez mes grands-parents à Minerve, le week-end. Mais, samedi, Nicolas a été malade, alors, mes parents sont restés avec lui et moi, j'ai passé le week-end chez Zoé! Samedi matin, j'ai rangé ma chambre. (Je dois la ranger tous les samedis! ☹) Après, j'ai préparé mon sac et vers midi, je suis partie chez Zoé. «Salut, papa! Salut, maman!» ♫

Quand je suis arrivée chez elle, on a mangé. Après, on est allées en ville pour faire du shopping. Dans la rue, on a rencontré Nathan et Bilal, qui sont venus avec nous chez Zoé.

On a fait un gâteau au citron ensemble. Catastrophe! On a oublié les œufs! On a passé un bon moment quand même! Après, on a rangé la cuisine et les garçons sont rentrés chez eux.

Samedi soir, le père de Zoé a proposé une balade au pic Saint-Loup pour dimanche. «Mais nous devons partir tôt … avant neuf heures, d'accord, les filles?»

Après le repas, Zoé et moi, on a regardé un film dans sa chambre. Ensuite, on a encore parlé jusqu'à une heure du matin … et on a dormi jusqu'à 11 heures! Ses parents, eux aussi, ont dormi super longtemps!

C'était trop tard pour le pic Saint-Loup.

À propos, il est déjà 22 heures et je suis trop fatiguée pour raconter la fin maintenant. À plus, cher journal!

Hinweis: *V3* setzt die Geschichte fort.

Hinweis: Der *Volet*-Text führt das *passé composé* mit *être* ein sowie die Partizipien der Verben auf *-ir* (Typ *partir*) und *été, allé, venu*.

Lire et comprendre

DELF **1** **Trouve les bonnes phrases. Note les lettres en vert et trouve le mot-clé.**

19|1

1. Lisa passe souvent le week-end chez ses grands-parents.
   Lisa ne passe jamais le week-end à Minerve.
2. Samedi, les parents de Lisa sont partis sans leurs enfants.
   Samedi, la famille de Lisa est restée à Montpellier.
3. Samedi matin, Lisa a préparé son sac, puis elle a rangé sa chambre.
   Samedi matin, Lisa a d'abord rangé sa chambre!
4. Vers midi, Lisa est allée chez sa copine où elle a mangé.
   Vers midi, Lisa a retrouvé Zoé, Nathan et Bilal en ville.
5. Les quatre copains ont passé un super après-midi en ville.
   Lisa, Zoé, Nathan et Bilal ont passé un après-midi sympa chez Zoé.
6. Samedi soir, Lisa et Zoé sont allées au lit très tard.
   Samedi soir, Lisa et Zoé sont allées au lit vers neuf heures.

WB: Übungsvariante zum Sortieren

F8: Bildimpulse zum Erzählen einer Geschichte im *passé composé*

Parler

Hinweis zu 2: S wenden Formen von *devoir* an.

19|2

2 a Qu'est-ce que vous devez faire à la maison? Faites le tour de la classe et posez la question à quatre élèves. Ils répondent. Prenez des notes.

Exemple:

Sven: Qu'est-ce que tu dois faire à la maison?

Anna: Je dois ranger ma chambre et aider ma mère.

ranger ma chambre / la cuisine / ___
préparer ___
aider mon père / ma mère / ___
faire mes devoirs / mon lit
faire les courses
accompagner mon frère au sport / ___
garder mon frère / ma sœur / ___
___

b Raconte. Utilise tes notes de a.

Exemple:

Anna doit aider sa mère. Ben et Chris doivent faire les courses. Anna, Ben et moi, nous devons ranger notre chambre.

WB: Zuordnungsübung

Découvrir

Hinweis zu 3: Hier kann das Lied *„C'est ma journée"* auf S. 25 (CD1 Track 22) eingesetzt werden.

Koop

3 a Schau dir die Formen des *passé composé* an. Was fällt dir auf?

KV 12: Liedtext als Lückentext zum Einüben der Partizipien

Il **a regardé** un film. Puis, il **est rentré** chez lui.

Im *passé composé* gibt es die Hilfsverben ? und ?.

b Qui a écrit ces messages? Justifie ta réponse.

Emma [4] | Romain et Paul [3] | Romain [1] | Emma et Sofia [2]

1 Je suis rentré très tard.

2 Nous sommes allées en ville.

3 Nous sommes arrivés vers 4 heures.

4 Je suis restée chez ma copine.

S'entraîner

20|4

4 a Qu'est-ce que Léo a fait mercredi après-midi? Raconte. Utilise le passé composé avec *être*. (▶ Repères, p. 44/1)

1

partir à deux heures

2

aller en ville

3

rester une heure

4

rentrer à la maison

b Qu'est-ce que Léonie a fait mercredi après-midi? Raconte l'histoire de a encore une fois. Fais attention à l'accord du participe. (▶ Repères, p. 44/1)

WB: Übungsvariante zum Aufdecken

5 Raconte le samedi de Paul. Qu'est-ce qu'il a fait? Utilise le passé composé avec *être* ou *avoir*. Fais l'accord du participe si nécessaire. (▶ Repères, p. 44/1)

14|12

//O ▶ p. 137

1. Paul / *dormir* / longtemps
2. À midi / sa mère / *partir*
3. Paul / *rester* / à la maison avec sa sœur
4. Il / *appeler* / son copain Pierre
5. Ils / *parler* / pendant des heures
6. Après / Paul / *regarder* des bédés
7. À quatre heures / il / *aller* / chez Pierre
8. Sa sœur / *partir* / chez leurs grands-parents
9. Paul et sa mère / *rentrer* / vers six heures
10. Sa sœur / *rester* / chez les grands-parents

In der Wortliste erkennst du an (ê), welche Verben mit être konjugiert werden, z.B. (ê) partir.

KV 12: Liedtext als Lückentext zum Einüben der Partizipien

6 a C'est qui? A pose des questions à B. B répond. (B ▶ p. 133)

20|3

– Sur la photo numéro 1, est-ce que c'est ____?
– Sur la photo numéro 2, est-ce que ce sont ____ et ____?

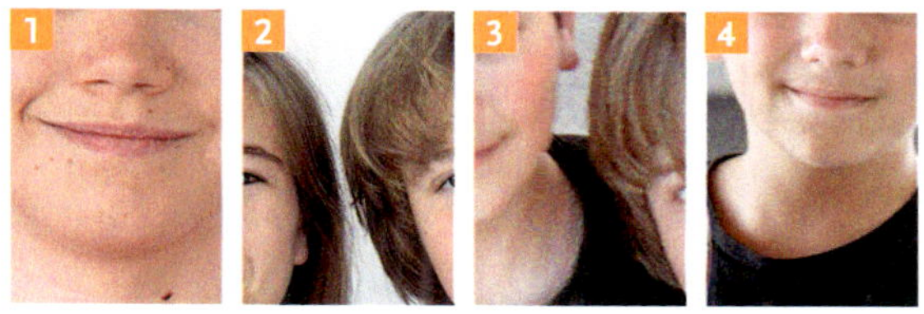

b Maintenant, B pose des questions. A répond.

– Oui,	c'est ce n'est pas	lui. elle.
– Non,	ce sont ce ne sont pas	eux. elles.

7 a Choisis un poème et apprends-le par cœur.

Je suis pour toi, pour elle,
pour lui
Je suis pour le soleil et
pour la vie.

Pourquoi est-ce que tu
pars sans moi?
Moi, je ne pars jamais
sans toi.

Je joue avec Paul et Mathieu.
Je joue un peu avec eux.
Je pars avec Luce et Estelle.
Je vais à Montpelle
avec elles.

b À toi. Écris un poème comme en a. Utilise *moi, toi, lui, …* (▶ Repères, p. 45/3)

Vocabulaire

8 **Les compléments ne sont pas dans la bonne phrase. Corrige et reconstitue l'histoire.**

DIFF

1. Samedi, mes copains et moi, nous avons fait **les œufs**.
2. Mais nous avons oublié **une balade**.
3. Alors, nous avons préparé **la cuisine**.
4. Ensuite, nous avons rangé **des sandwichs**.
5. Pour dimanche, mes copains ont proposé **un bon moment**.
6. Nous avons passé **un gâteau**.

Écouter et comprendre

CD 1 37

DELF

21|6

9 **Arthur raconte son après-midi. Écoute le texte et retrouve l'ordre des dessins.**

DIFF

WB: Übungsvariante zum Sortieren

Apprendre à apprendre

21|5

10 **Wie du bekannte Lernhilfen nutzen kannst** **(▶ Méthodes, p. 144/2, p. 145/3)**

Du hast schon gelernt, wie du mit einer Verbkartei arbeiten und wie du ein Lernplakat anfertigen kannst. Wende diese Lernhilfen auf das *passé composé* an.

– Vervollständige deine Verbkarteikarten: Schreibe eine Form, z. B. die 3. Person Plural, in das Feld „*passé composé*". Wenn das Verb mit *être* konjugiert wird, wird das Partizip dem Subjekt angeglichen. Hebe diese Besonderheit am besten farbig hervor, z. B. *elles sont arrivées*. (▶ Verbes, p. 164–167)

– Gestalte ein Lernplakat zum *passé composé*: Du kannst eine Eselsbrücke oder eine Merkformel darstellen (z. B. *passé composé* = Hilfsverb + Partizip). (▶ Französisch-Ordner)

Écrire

21|7

11 a **Qu'est-ce que Bilal et sa famille ont fait dimanche après-midi? Imagine et raconte au passé composé. Attention à l'accord du participe.**

DIFF

Bilal
le frère de Bilal (Nassim)
les sœurs de Bilal (Dounia, Soraya)
les parents de Bilal

dormir jusqu'à ___
regarder la télé / ___
faire une balade
aller à ___ / chez ___
retrouver des copains
rester à la maison
écouter des CD
partir chez ___
sortir
rentrer
___

b **Échangez vos textes de a et corrigez le texte de votre partenaire.** **(▶ Méthodes, p. 156/30)**

Sind die Formen des *passé composé* richtig? (Hilfsverb/Partizip/Angleichung)

Médiation

12 Ton copain a trouvé un prospectus sur le pic Saint-Loup, mais il ne le comprend pas. Et toi, qu'est-ce que tu comprends? Aide ton copain. (▶ Méthodes, p. 157/31)

DIFF

JOURNÉE NATURE-SPORT

Le pic Saint-Loup: balade pour les jeunes entre 10 et 15 ans avec ou sans parents
Dates: pendant les vacances scolaires, le mercredi et le samedi
Départ: 10 heures
Point de départ: parking de Cazevieille (à la sortie du village)
Retour: vers 17 heures
Description: randonnée pédestre sur le GR 60 jusqu'au pic Saint-Loup avec pique-nique au sommet (658 mètres d'altitude) et visite de la jolie chapelle Saint-Joseph
Situation géographique: Cazevieille pic Saint-Loup, 30 kilomètres au nord de Montpellier. Panorama magnifique. Quand il fait beau, on peut observer les Cévennes, Montpellier et la côte méditerranéenne.

Il faut:
- un sac à dos
- un pique-nique
- une grande bouteille d'eau
- des bonnes chaussures de randonnée ou des baskets
- un pull

Contacter l'Office de Tourisme: 04 67 60 60 60

Hinweis zu 12: S berichten auf Deutsch.

Réviser

13 Qu'est-ce qu'on fait avec ces choses? Réponds et utilise *le*, *l'*, *la*, *les*. //O ▶ p. 137

1. Qu'est-ce qu'on fait avec des figurines? → On **les** collectionne.

1. ... un musée?
2. ... une chanson?
3. ... des films?
4. ... un ananas?
5. ... les devoirs?
6. ... un CD?
7. ... le bus?
8. ... une bougie?

Activité

14 Tu veux faire le gâteau au citron des quatre copains? Tu trouves la recette sur: www.cornelsen.de/webcodes APLUS-2-37

CD 1
38–39

Une aventure incroyable

Hinweis: Der *Volet*-Text führt verneinten Satz im *passé composé* ein und die Partizipien der Verben auf *-re* sowie *pu, voulu, vu, eu, pris, dû.*

Le journal de Lisa

Hinweis: *C'était l'horreur!* und *rien de spécial* werden lexikalisch eingeführt (als *Chunks*).

F 9

Mardi, 11 octobre

Aujourd'hui, je voudrais raconter la fin de mon week-end avec Zoé et ses parents. Dimanche matin, c'était trop tard pour le pic Saint-Loup. Alors, on est allés en Camargue. On a trouvé un coin tranquille où on a pu faire un pique-nique. Ensuite, on a fait une balade. On a observé des chevaux en liberté pendant un moment. Après, Zoé et moi, on a continué notre balade. Ses parents, eux, n'ont pas voulu venir avec nous.

«Il est cinq heures et on doit bientôt rentrer. Rendez-vous à six heures à la voiture.» Zoé et moi, on est parties. Un moment après, on a vu un taureau dans un champ, et là, Zoé a eu une idée idiote: me photographier avec le taureau! Mais moi, bien sûr, je n'ai pas voulu, je ne suis pas toréro! Alors, Zoé est entrée dans le champ et elle est allée vers l'animal. Tout à coup, elle est tombée et elle a crié. Le taureau n'a pas aimé ... et il est venu droit sur elle! Alors là, j'ai eu peur! C'était l'horreur! Zoé a juste eu le temps de sortir du champ! Oui, on a eu très peur. À cause de ça, on n'a pas fait attention et on a pris le mauvais chemin pour rentrer. On a dû demander notre chemin à des gens. On a perdu beaucoup de temps et on est arrivées en retard à la voiture.

«Les filles, vous avez vu l'heure? Mais qu'est-ce que vous avez fait?» Zoé a répondu: «On n'a rien fait de spécial. On a oublié l'heure, c'est tout.» Ses parents ont été cool, ils n'ont pas trop insisté. Et nous, on n'a pas raconté l'aventure avec le taureau, bien sûr!

KV 13: Bilder zum Nacherzählen des *Volet*-Textes

Un mail de Zoé à son cousin

Hinweis: *Il faut que je te dise* wird lexikalisch eingeführt (als *Chunk*). Hier keine Einführung des *subjonctif*.

Salut Martin!

Je réponds très tard à ton mail. Pardon! Il faut que je te dise un truc!!! Il y a deux jours, je suis allée en Camargue avec ma copine Lisa et mes parents. Lisa et moi, on a fait une grande balade. Dans un champ, j'ai vu un taureau magnifique. Alors, je suis allée près de lui pour le photographier. Le taureau est resté tranquille. C'était génial! FANTASTIQUE! Mais tout à coup, Lisa a crié et l'animal a eu peur. Il est venu droit sur moi. Alors, j'ai pris mes jambes à mon cou!!! J'ai quand même pu prendre une jolie photo du taureau.

Et toi, comment ça va à Bruxelles?

Grosses bises

Zoé

Hinweis: Zoé erzählt das Abenteuer anders als Lisa (Tagebuch) → S. 39/1.

F 9: Zwei Versionen des *Volet*-Textes nacherzählen

Lire et comprendre

DELF **1 a** Trouve le dessin qui correspond au journal de Lisa et le dessin qui correspond au mail de Zoé. Justifie ta réponse.

DIFF

1

2

b Vrai, faux ou pas dans le texte? Corrige les phrases fausses.

1. Dimanche, Zoé, ses parents et Lisa sont allés au pic Saint-Loup.
2. Ils ont mangé dans un restaurant sympa.
3. Après le repas, les filles ont fait du cheval pendant une heure.
4. À cinq heures, les deux filles ont fait une balade sans les parents de Zoé.
5. Elles ont observé des animaux avec les jumelles de Lisa.
6. Les parents de Zoé ont dû attendre les filles.
7. Les parents ont posé beaucoup de questions.

WB: Übungsvariante zum Zuordnen

Parler

2 Qu'est-ce que vous avez fait hier après l'école? Travaillez en groupe.

24|7

1 Moi, je suis rentré et j'ai mangé.

2 Adam est rentré et il a mangé. Moi, je suis allée chez Kathrin.

3 Adam ___

avoir	*faire* les courses / les devoirs ___ / *appeler* ___ *manger* *jouer* au foot / aux cartes / ___ *regarder* la télé / un film / ___ *travailler* pour l'école *aider* ma grand-mère ___ ___

être	*rentrer* *rester* à la maison *aller* à ___ *partir* à/chez ___ *sortir* (avec ___) *arriver* à (sept) heures ___

WB: Aufdeckübung

Découvrir

oop **3** Finde im Text (p. 38) alle verneinten Sätzen im *passé composé*. Formuliere dann eine Regel zur Stellung der Verneinungswörter. Tausche dich mit deinem Partner / deiner Partnerin aus.
Exemple: Ses parents, eux, **n'**ont **pas** voulu venir avec nous. (ligne 6)

S'entraîner

22|2

DIFF

4 **Samedi, Nicolas a été malade. À ton avis, qu'est-ce qu'il a fait? Qu'est-ce qu'il n'a pas fait? Raconte. (▶ Repères, p. 44/1, 45/2)**

1 

partir chez ses grands-parents

2 
aller en ville

3 
jouer au foot

4 
écouter des CD

5 
dormir longtemps

6 
sortir avec ses copains

7 
rester au lit

8 
faire ses devoirs

9 
passer le week-end à Minerve

10 
devoir ranger sa chambre

WB: Lückentext

23|3

5 **Qu'est-ce qu'ils ont fait? Utilise le passé composé. (▶ Repères, p. 44/1)**

1 
photographier

2 
perdre

3 
vouloir

4 
avoir peur

5 

devoir prendre

6 
répondre à Martin

7 
prendre

8 

voir

Écouter et comprendre

KV 14: Hörverstehensraster

WB: Übungsvariante zum Zuordnen

CD 1 40–41

DELF

23|4

6 **Les jeunes parlent de leur week-end. Lis les phrases, écoute et réponds: vrai ou faux?**

1. Anissa a fait une balade à vélo avec ses cousins.
2. Anissa a passé un week-end super: il n'y a pas eu de problème.
3. Jules a passé le week-end à la maison.
4. Jules a dû ranger sa chambre.
5. Marie a passé le week-end au bord de la mer.
6. Marie a joué au beach-volley avec ses cousins et ses cousines.
7. Ce week-end, Arthur est resté à Montpellier.
8. Arthur a fait un pique-nique.

Vocabulaire

22|1
25|11

7 a **Qu'est-ce qui va ensemble? Il y a plusieurs possibilités.**

raconter avoir faire
prendre perdre oublier

peur beaucoup de temps le temps
l'heure attention des photos
le mauvais chemin la fin d'une aventure

b **Écris huit phrases avec des expressions de a. Tu peux utiliser le présent ou le passé composé.**

Regarder et comprendre

DVD-Track 2: *Catastrophe!*

DVD

25|12

8 **Regarde la séquence et raconte. Utilise le présent. Commence par:**

Djamel veut aller au ___

▶ p. 137

vouloir aller *être* en retard
perdre *chercher* partout
retourner *aller* chez qn *attendre*
être trop tard *regarder* un DVD

KV 15: Hörsehverstehensraster

Apprendre à apprendre

9 **Wie du deine eigenen Texte gliedern kannst** (▶ Méthodes, p. 155/29.1)

a Du kannst deine Texte für Leser verständlicher machen, indem du Ausdrücke hinzufügst, die den Text gliedern. Wenn du bestimmte Zeitangaben verwendest, kannst du den Ablauf der beschriebenen Handlung für den Leser deutlicher machen. Solche Zeitangaben sind z. B. *d'abord, après, puis, ensuite, enfin* sowie auch *le matin, à midi, l'après-midi, le soir, à ___ heures.*

25|9

b Gliedere folgenden Text, indem du Zeitangaben hinzufügst. Es gibt mehrere Möglichkeiten.

Le samedi de Matéo
Je suis resté à la maison. J'ai joué avec mon frère. On a mangé avec mes parents. J'ai appelé mon copain Abdel. On a parlé pendant une demi-heure. Je suis sorti. J'ai retrouvé Abdel en ville. On est entrés dans un magasin. Abdel a acheté un CD. Je suis rentré. J'ai regardé le foot à la télé avec mon père. Je suis allé au lit.

Le samedi de Matéo
Samedi, je suis resté à la maison. J'ai joué avec mon frère.
À midi, on a …

WB: Lückentexte 1 und 2

Écrire

24|8
25|10

DIFF

10 **Il y a deux semaines, Lisa a passé le week-end chez ses grands-parents à Minerve. Qu'est-ce qu'elle a fait? Imagine. Utilise le passé composé et des indications de temps de 9 a.**

partir *arriver* *dormir* *rêver*
retrouver *manger* *sortir* *prendre*
jouer *écouter* *voir* *faire* ___

Les jeunes et leur temps libre

KV 16: Redemittel zur Auswertung der Umfrage

On a demandé aux jeunes en France: «Qu'est-ce que vous aimez faire pendant votre temps libre?» Voilà leurs réponses.

Activité

1 Et vous, qu'est-ce que vous aimez faire pendant votre temps libre? Faites un sondage* dans votre classe.

* **le sondage** die Umfrage

Choisis une des deux tâches.

PF **A** **Notre collection de petites catastrophes**

Raconte une petite catastrophe de ta vie. Tu peux écrire un texte avec des illustrations ou dessiner une bédé. (▶ Méthodes, p. 155/28–29, ▶ Banque de mots, p. 172)

- Korrigiert eure Texte in Partnerarbeit. (▶ Méthodes, p. 156/30)
- Kopiere deine Geschichte. Das Original heftest du in deinem Portfolio ab.
- Die Kopien sammelt ihr in einem gemeinsamen „Klassenbuch“. Ihr könnt es in eurer Schulbibliothek ausstellen.

Nützliche Ausdrücke findest du in den *Repères* (*Qu'est-ce qu'on dit*, p. 44) und in den Texten (p. 30–31, 33, 38).

«Ma journée portes fermées»

Il y a deux jours, j'ai encore oublié mes clés à la maison! Quand je suis rentré de l'école à deux heures, je n'ai pas pu entrer. J'ai dû attendre ma sœur.

Mon portable ne marche plus, alors, je n'ai pas pu l'appeler.
J'ai voulu acheter un sandwich à la boulangerie, mais c'était trop tard.
Puis, j'ai attendu devant la porte pendant un quart d'heure ... une demi-heure ... L'horreur!
Enfin, ma sœur est arrivée ... à trois heures et demie!
Sascha

KV 17: Fehlerliste zur Korrektur der für *Tâche A* verfassten Texte

KV 18: Bewertungsbogen *Tâche A*

PF DELF **B** **En ligne avec nos correspondants**

Tu as un mail d'un copain français.
Lis-le et répond. Raconte ton week-end.

- Schreibe erst in Stichworten auf, worüber du berichten willst.
- Gliedere die einzelnen Handlungen mit Hilfe von Zeitangaben.
- Schlage Wörter, die dir fehlen, in der Liste alphabétique, p. 220, oder in einem Wörterbuch nach. (▶ Méthodes, p. 145/5)

le matin	l'après-midi	le soir	
à midi	à ___ heures	d'abord	
ensuite	et puis	après	enfin

Nützliche Ausdrücke findest du in den *Repères* (*Qu'est-ce qu'on dit*, p. 44) und in den Texten (p. 30–31, 33, 38).

Salut! Moi, j'ai passé un super week-end: avec mes copains, on a préparé un pique-nique. Samedi, on est allés en Camargue et on a fait notre pique-nique dans un champ. Après, on a fait une grande balade. On a vu des chevaux en liberté. Mon frère a voulu les photographier. Il a pris des jolies photos. Vers cinq heures, on est rentrés à Montpellier. Le soir, après le repas, j'ai regardé mon film préféré «Le Hobbit». À neuf heures, je suis allé au lit. ☺
Et toi? Tu as passé un bon week-end?
Réponds vite!
À plus!
Maxime

KV 18: Bewertungsbogen *Tâche B*

KV 19: Selbstevaluierung des Lernstandes

Qu'est-ce qu'on dit?

Du sprichst über Vergangenes
Qu'est-ce que tu as fait (hier/samedi)?
D'abord, j'ai acheté des biscuits.
Puis/Après, je suis allé/allée chez (Zoé).
L'après-midi, je n'ai rien fait.
Ensuite, j'ai dû ranger la cuisine.

Du äußerst deine Meinung über etwas
Ça ne fait rien. / Ça m'énerve.
C'est la catastrophe.
C'est une idée idiote.
C'est incroyable.
C'est génial/fantastique.

Hinweis: → Modell-Dialog in den Lehrermaterialien

Grammaire

Du sprichst über Vergangenes:

GH 19 **1**

Elle **a préparé** des sandwichs.
Elle **est restée** chez Zoé.

Dazu brauchst du:

→ **das** *passé composé*

Das *passé composé* mit *avoir*

j'	ai	préparé
tu	as	préparé
il/elle	a	préparé
on	a	préparé
nous	avons	préparé
vous	avez	préparé
ils/elles	ont	préparé

Das *passé composé* mit *être*

je	suis	resté/restée
tu	es	resté/restée
il/elle	est	resté/restée
on	est	resté(s) / restée(s)
nous	sommes	restés/restées
vous	êtes	resté(s)/restée(s)
ils/elles	sont	restés/restées

WB: Zuordnungsübung

Die meisten Verben bilden das *passé composé* mit *avoir*. Nur wenige Verben bilden das *passé composé* mit *être*. Du findest sie in dieser Zeichnung:

Das Partizip Perfekt

alle Verben auf *-er*
prépar**er** → prépar**é**
all**er** → all**é**/e

Verben auf *-re*
attend**re** → attend**u**
répond**re** → répond**u**

Verben auf *-ir*
dorm**ir** → dorm**i**
sort**ir** → sort**i**

unregelmäßige Verben

être	→ été
avoir	→ eu [y]
faire	→ fait
prendre	→ pris
comprendre	→ compris
venir	→ venu
voir	→ vu
vouloir	→ voulu
devoir	→ dû
pouvoir	→ pu

Übt und wiederholt gemeinsam

Bildet die richtige Form des *passé composé* und korrigiert euch gegenseitig:
1. *il / dormir* 2. *elle / répondre*
3. *elles / aller* 4. *Nathan et Bilal / descendre*
5. *Nathan et Zoé / partir* 6. *tu / voir*
7. *je / attendre* 8. *il / être* 9. *ils / vouloir*
10. *on / avoir*.

(▶ Solutions, p 169)

Du verneinst etwas: — Dazu brauchst du:

GH 18 **2** 18|4 23|5 23|6

Ça **ne** fait **rien**.
Il **n'** est **jamais** à l'heure.

→ **die Verneinung mit** ***ne … rien*** **und** ***ne … jamais***

présent: → *Volet 1*

Zoé **ne** trouve **pas** ses clés.
Ils **ne** préparent **rien**.
Je **ne** fais **jamais** mon lit.

passé composé: → *Volet 2*

Zoé **n'** a **pas** trouvé ses clés.
Ils **n'** ont **rien** préparé.
Je **n'** ai **jamais** fait le Tour de France.

WB: Aufdeckübung

Du verweist auf Personen: — Dazu brauchst du:

GH 20 **3**

Tu as joué **avec lui**?

→ **die unverbundenen Personalpronomen**

– Lisa, c'est qui?	– C'est	**moi**.
– Où est mon sac?	– Regarde, il est derrière	**toi**.
– Yann, c'est toi?	– Non, Yann, c'est	**lui**.
– Tu travailles avec moi?	– Non, je travaille avec	**elle**.
– Salut, je rentre.	– Tu ne restes pas avec	**nous**?
– Tu vas à Montpellier?	– Oui, mais sans	**vous**.
– Voilà mes copains.	– Tu rentres avec	**eux**?
– Tu vas chez Lisa et Zoé?	– Oui, je vais chez	**elles**.

WB: Aufdeckübung

Neue Verben: **KV 56:** Tabelle zum Notieren der neuen Verben

GH 21 **4**

descendre und répondre (wie attendre),
dormir (wie sortir),
ranger (wie manger),
devoir

→ ▶ *Verbes*, p. 164–167

WB: Verbparadigma *devoir*

Lege je eine Verbkarteikarte für die neuen Verben an.

Hinweis: Möglichkeit der Lernstandsüberprüfung → Arbeitsblätter unter Webcode für Verwendung in Lernplattformen freigegeben.

Hier kannst du überprüfen, was du in den *Unités* 1–2 an Wortschatz und Grammatik gelernt hast. Unter www.cornelsen.de/webcodes APLUS-2-46 kannst du diese Aufgaben herunterladen und dann ausfüllen.

Vocabulaire

1 a Qu'est-ce qui va ensemble? Il y a plusieurs possibilités. Note-les dans ton cahier. FÖR

jouer devoir venir avoir
voir faire être sortir

attention rentrer tôt du piano
à l'heure demain peur
le soir au handball une exposition
ranger sa chambre du shopping

b Forme au moins cinq phrases. Utilise les verbes et les compléments de a. Mets les verbes au présent ou au passé composé. FÖR

2 a C'est l'endroit idéal ou c'est nul? Formez des phrases. A commence. B réagit. Puis échangez les rôles. FÖR

Exemple:

Florac, c'est l'endroit idéal pour faire des balades dans les Cévennes.

Mais c'est nul pour sortir le soir!

Florac

l'Europark de Vias

le centre commercial du Polygone

b Et dans votre ville/village? Formez des phrases comme en a.

FÖR **3 a Tu es en France, dans la famille de ton corres. Qu'est-ce que tu dis dans ces situations?**

1. – Deine Gasteltern fragen, was du heute gemacht hast.
   – Du antwortest,
     ... dass du nichts Besonderes gemacht hast.
     ... dass du mit zwei Freunden ins Schwimmbad gegangen bist.
     ... dass ihr viel gelacht habt.
   Du erzählst,
   ... dass dein Handy ins Wasser gefallen ist.
   ... dass das für dich eine Katastrophe ist.

2. – Die Geschwister deines Austauschschülers wollen ausgehen. Du fragst, wohin sie gehen wollen.
   – Sie sagen, dass sie ins Kino gehen.
   – Du fragst, ob du mitgehen darfst.

b Corrigez vos résultats ensemble.

Hinweis: Diagnosebögen und Förderübungen → Diagnose- und Förderteil der Lehrermaterialien. Auch diese KVs und ihre Hörtexte sind für Verwendung in Lernplattformen freigegeben.

Grammaire

Le passé composé

CD 1 42 **4** **Passé, présent ou futur?**
Écoute les huit phrases et note les symboles correspondants dans ton cahier:

passé
présent ×
futur

FÖR

FÖR **5 a** **Bilal est content parce qu'il va à un festival. Qu'est-ce qu'il note dimanche soir dans son blog? Mets le texte au passé composé.**

Dimanche, mon frère Nassim, ma sœur Dounia et moi, nous allons à la plage de Carnon en tram. On va au festival des sports de plage. Nous allons jouer au beach-volley, nous allons danser, nous allons rencontrer beaucoup de gens!

b **Continue l'histoire au passé composé. Commence par** *Mais tout à coup …* **Utilise les mots suivants.**

Dounia / tomber Nassim / appeler père les parents / venir
Dounia et mère / rentrer en voiture Nassim, papa et moi / rester à la fête jusqu'à 21 heures

Les pronoms disjoints

FÖR **6** **Complète. Utilise** *moi*, *toi*, *lui*/*elle*, *nous*, *vous*, *eux*/*elles*.

1

?, je vais au cinéma. Et ?, Selma, qu'est-ce que tu fais?

2

C'est pour ??

3

Regardez à côté de ?!

4

Léo est sympa. J'aime bien travailler avec ?.

5

Mes grands-parents habitent dans un village. Je passe souvent le week-end chez ?.

6

– Votre prof d'EPS, c'est ??
– Non, ce n'est pas ?. C'est ?.

La négation avec *ne … rien* et *ne … jamais*

FÖR **7** **Les quatre copains sont très différents. Complète. Utilise** *ne … rien* **ou** *ne … jamais*.

1. Bilal sort souvent avec ses parents le week-end. Mais Nathan …
2. Quand elles font du shopping, Zoé achète plein de trucs. Mais Lisa …
3. Lisa va très souvent à la piscine. Mais Zoé …
4. Lisa raconte beaucoup de choses dans son journal. Mais Zoé …
5. Lisa chante toujours dans la salle de bains. Mais Zoé …
6. Bilal et Nathan jouent toujours au ping-pong. Mais Lisa et Zoé …

Hinweis: Fakultatives Modul → jederzeit einsetzbar; kann auch wegfallen. Idealer Einsatzort: jederzeit vor *Unité 3* (Thema „Look").

Les vêtements et les couleurs[1]

F10: Zeichnungen zu *vêtements* et *couleurs*

WB: Zuordnungsübung

CD 1 43

Nouveau! | Vêtements[2] | Chaussures[3] | Accessoires | Promos %

Vos favoris

les baskets grises

la casquette jaune

les bottes[4] marron

le tee-shirt bleu

le jean blanc

Zoom produit

les baskets rouges

Existe en: ■ ■ ■ ■

Pointures: 37 38 39 40 41 42 43

Va bien avec

la jupe bleue

le pantalon orange

les lunettes de soleil

la veste verte

le pull rouge

le foulard rose

la robe noire

la ceinture violette

la chemise blanche

le jean noir

le bonnet violet

le sac noir et blanc

VOTRE AVIS EN UN CLIC

Le look de l'été:
Porter[5] la mini-jupe, oui ou non?

1 **la couleur** die Farbe
2 **les vêtements** *m. pl.* die Kleidung
3 **le chaussures** *f. pl.* die Schuhe
4 **les bottes** *f. pl.* die Stiefel
5 **porter qc** etw. tragen

CD1 44 **1** **Deux copains veulent acheter des vêtements sur Internet. Écoute leur dialogue et réponds.**

1. Qu'est-ce qu'Anthony veut acheter?
2. Comment est-ce que Léo trouve les chaussures?
3. Qu'est-ce qu'Anthony fait à la fin*?

* **à la fin** am Ende

2 **À vous. Regardez les vêtements sur la page Internet et composez votre look.**

Exemple:
J'achète le jean blanc et le tee-shirt bleu. Comme accessoire, je prends les lunettes de soleil. Et toi?

3 **Jouez à quatre. Vous partez en vacances et vous faites votre sac.** **WB:** Übungsvariante zum Zuordnen

Dans mon sac, je mets* un foulard rouge.

Dans mon sac, je mets un foulard rouge et un pull blanc.

* **je mets** *hier:* ich packe ein

4 **C'est qui? Faites des devinettes. Décrivez les vêtements d'un/une camarade. Les autres devinent. L'élève qui a trouvé continue.** (▶ Banque de mots, p. 172)

Exemple:
A: Trucmuche* porte un tee-shirt rouge.
B: C'est Tania?
A: Non. Trucmuche porte aussi un jean gris.
C: C'est Gustav.
A: Oui, c'est lui!

* **trucmuche** Dingsbums

Unité 3 Mon monde à moi

Tâches – au choix

Am Ende dieser Unité kannst du

A in einem Rollenspiel einen Streit zwischen Eltern und Kindern darstellen.

B eine Radiosendung über euren Look und eure Interessen gestalten und aufnehmen.

Compétences communicatives
Du lernst

- über deine Vorlieben und deinen Kleidungsstil zu sprechen. (▶ V1, V2)
- in einer Diskussion deine Meinung zu sagen. (▶ V3)

Dazu brauchst du z. B.

- den Fragebegleiter *quel*.
- den Demonstrativbegleiter *ce*.
- die Adjektive *beau*, *nouveau*.
- die Steigerung des Adjektivs (Komparativ/Superlativ).
- die Ausdrücke *il faut* + Infinitiv, *je trouve que*, *je pense que*.
- Außerdem lernst du die Verben *lire*, *mettre*, *dire*, *envoyer* und *essayer*.

Compétences interculturelles

- Du lernst französische Stars kennen.

Apprendre à apprendre
Du lernst

- wie du Ausdrücke sammeln und ordnen kannst.
- wie du üben kannst, frei zu sprechen.

CD 1 45–46

test Tu es pratique, calme ou branché/e?

1 Tu attends le bus: Qu'est-ce que tu lis?
- 🕯 une bédé ou un magazine
- ☼ tes textos
- ☆ Tu n'aimes pas trop lire.

2 Quelle couleur est-ce que tu préfères?
- ☆ le noir
- ☼ le rouge
- 🕯 le bleu

3 Quelle idole est-ce que tu as en poster dans ta chambre?
- ☆ un acteur / une actrice
- 🕯 un chanteur / une chanteuse
- ☼ un sportif / une sportive

4 Quelles chansons est-ce que tu télécharges?
- 🕯 des titres de rock
- ☆ des titres d'électro
- ☼ des titres de hip-hop

5 Quels vêtements est-ce que tu aimes porter?
- ☆ un pantalon et une chemise
- ☼ un jean et un tee-shirt
- 🕯 Ça dépend.

6 Quel objet est-ce que tu n'oublies jamais?
- 🕯 ton porte-bonheur
- ☼ ton casque
- ☆ Tu oublies toujours quelque chose ...

MAGAJEUNES

Tes résultats

Tu as trois ☼ ou plus: Tu es plutôt pratique et tu aimes bouger. Tu aimes sortir et retrouver tes copains.

Tu as trois 🕯 ou plus: Tu es plutôt calme et tu détestes le stress. Tu aimes rêver.

Tu as trois ☆ ou plus: Tu es plutôt branché/e et tu fais attention à ton look. Tu aimes faire du shopping avec tes copains.

Lire et comprendre

WB: Aufdeckübung

28|1 **1** Fais le test. Tu es pratique, calme ou branché/e?

WB: Memory

Parler

2 Pose ces questions à ton/ta partenaire. Il/Elle répond.

1 Quelle musique est-ce que tu aimes?
2 Quels animaux est-ce que tu as?
3 Quelles activités est-ce que tu aimes?
4 Quels fruits est-ce que tu aimes?
5 Quels films est-ce que tu préfères?
6 Quel acteur est-ce que tu préfères?

1 le rock / l'électro / ___
2 un chien / des perruches / ___
3 faire du shopping / chatter / ___
4 les fraises / les poires / ___
5 les films drôles / d'aventure / ___
6 ___

WB: Zuordnungsübung

S'entraîner

3 Sur son blog, un jeune acteur a répondu à un fan. Retrouve les questions. Utilise *quel*, *quelle*, *quels*, *quelles*. (▶ Repères p. 64/1)

//O ▶ p. 138

28|2

1. Quelle musique est-ce que tu aimes? – J'aime beaucoup le rock.
2. ? – En ce moment, je lis un livre de Fred Vargas.
3. ? – J'aime le bleu et le rouge.
4. ? – J'aime les chevaux.
5. ? – J'aime porter un jean avec un tee-shirt.
6. ? – J'ai 21 ans.

1. musique/*aimer*
2. livre/*lire*
3. couleurs/*aimer*
4. animaux/*aimer*
5. vêtements/*aimer porter*
6. âge/*avoir*

WB: Zuordnungsübung

Vocabulaire

4 a Regarde la photo pendant 30 secondes, puis ferme le livre et note le maximum d'objets.

29|4 30|5

b Est-ce que tu as trouvé les 13 objets? Compare avec ton/ta partenaire.

DIFF

5 Qu'est-ce qu'on peut lire? Note. (▶ Liste alphabétique, p. 220–228) DIFF

29|3

Exemple: On peut lire un mail, ___.

WB: Übungsvariante zum Zuordnen

Hinweis: Übung zum Verbparadigma *lire* im *Carnet d'activités*, S. 3/3

Activité

6 Prépare des questions (drôles?) pour un/une camarade. Utilise *quel*, *quelle*, *quels* et *quelles*. Puis faites une interview. Vous pouvez l'enregistrer.

//O ▶ p. 138

30|6

WB: Zuordnungsübung

WB: Zuordnungsübung

KV 20: Redemittel aus dem *Volet*-Text üben

Hinweis: *Ça me plaît* wird lexikalisch eingeführt (als *Chunk*).

enquête

C'est mon style

MAGAJEUNES

CD 1 47–50

Ils sont différents mais ils sont copains. Des élèves du collège Camille Claudel de Montpellier ont répondu à notre enquête.

F 3

F 12

J'ai un look sportif. J'aime mettre des vêtements pratiques: je porte des tee-shirts et des jeans. Je ne fais pas trop attention aux marques mais j'achète toujours des baskets de marque, je trouve ça très important! J'aime le rap. J'écoute Soprano, c'est un super chanteur! J'ai pris sa chanson «Crazy» pour la nouvelle sonnerie de mon portable. L'objet que je n'oublie jamais? Mon portable! Je suis accro à mon portable, je ne suis rien sans ça!

Nathan, 13 ans

Moi, j'aime le R&B de Tal, je suis fan de cette chanteuse. Elle a une belle voix! En plus, j'adore son look. Je voudrais être aussi jolie qu'elle. Alors je mets des beaux vêtements, par exemple, un pull orange avec un pantalon vert. Ça me plaît beaucoup. J'aime ce style et ces couleurs.

Lisa, 12 ans

Moi, je porte souvent des vêtements noirs, je trouve ça super cool. Mon style de musique préféré, c'est le rock. J'écoute Barrio Populo. Ces types ont des rythmes incroyables! Mon truc, c'est la batterie, j'adore cet instrument.

Bilal, 12 ans

La mode et les marques ne sont pas importantes pour moi. Je préfère avoir mon style à moi. Par exemple, je porte des baskets avec mes robes. Je ne comprends pas les jeunes qui sont accros aux marques et qui dépensent 150 ou 200 euros pour un jean. Mes affaires sont aussi pratiques, moins chères et plus jolies que les trucs de marque. Ma musique préférée? En ce moment, j'écoute beaucoup le nouvel album de Nolwenn Leroy. Je l'écoute sur mon lit avec un casque. J'adore ça parce que je suis dans mon monde, c'est trop bien.

Zoé, 12 ans

F 3: Steckbriefe (Kleidung und Musik) zum Ergänzen

F 12: Foto des *Volet*-Textes zum Beschreiben

Lire et comprendre

WB: Übungsvariante zum Zuordnen

KV 21: Arbeitsblatt zur Übung

31|1

1 a Fais le tableau dans ton cahier. Puis, note les informations sur les jeunes.

	Nathan	*Lisa*	*Zoé*	*Bilal*
il/elle porte	*tee-shirts,* ___			
il/elle écoute				
autres infos				

DELF

b Vrai, faux ou pas dans le texte? DIFF
Corrige les phrases fausses.

1. Le portable est très important pour Nathan.
2. Lisa a une très belle voix.
3. Zoé est accro aux marques.
4. L'instrument préféré de Bilal, c'est la guitare.

Parler

34|8
34|9

2 a Qu'est-ce que tu mets quand tu vas à une fête d'anniversaire?
Interroge trois camarades de classe.

Exemple:
A: Qu'est-ce que tu mets quand tu vas à la fête d'anniversaire d'un copain?
B: Je mets des vêtements noirs. Et toi?
A: Moi, je mets un jean bleu et un pull rouge.

vêtements	jean	pantalon	robe
tee-shirt	chemise	pull	baskets
	___		

blanc/blanche

jaune

orange

rouge

rose

bleu/bleue

vert/verte

gris/grise

marron

noir/noire

WB: Zuordnungsübung

b Raconte.
Exemple: Lilly met une robe rose, Alina et Finn mettent un jean bleu et un tee-shirt blanc.

Hinweis zu 2: Übung zum Verbparadigma *mettre* im *Carnet d'activités*, S. 34/8

Découvrir

Loop

3 a Traduis.

1. Thomas est **plus grand que** Robin.
2. Guillaume est **aussi grand que** Thomas.
3. Robin est **moins grand que** Thomas et Guillaume.

b Suche Vergleiche im Text S. 54 (l. 13–21, l. 29–39) und schreibe sie in dein Heft.

c Wie vergleicht man im Französischen? Tausche dich mit deinem Partner / deiner Partnerin aus.

S'entraîner

33|6

4 a Ils sont comment? Compare. Utilise ➕ *plus* / 🟰 *aussi* / ➖ *moins* + adjectif + *que*. Fais attention à l'accord de l'adjectif. (▶ Repères, p. 65/4) **WB:** Aufdeckübung

▶ p. 138

1

= grand

2

– pratique

3
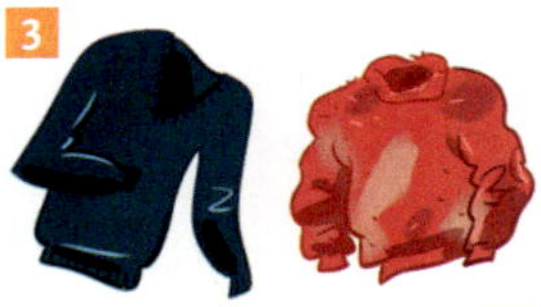

+ beau

4

= sympa

5

+ calme

6
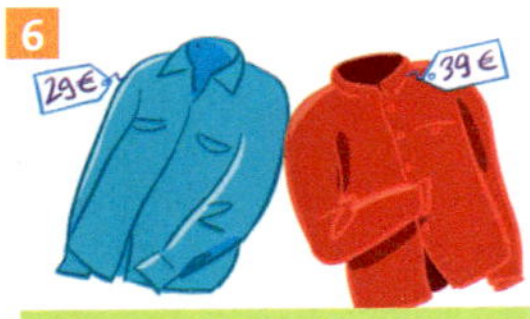

– cher

7

= petit

8

+ content

4 b Compare deux chanteurs/sports/films/___ comme en a. Discute avec ton/ta partenaire. (▶ Repères, p. 65/4)

Özil est meilleur que Benzema.

bon branché calme célèbre cher drôle idiot important intéressant joli mauvais moderne pratique sympa tranquille ___

Hinweis zu 4: Der Superlativ der Adjektive folgt in *V3*.

32|5
34|10

5 Qu'est-ce que tu voudrais avoir pour ton anniversaire? Utilise *beau* ou *nouveau*. (▶ Repères, p. 65/3)

Exemple: Je voudrais avoir un nouvel ordinateur.

DIFF

WB: Memory

un aquarium des baskets un casque une étagère un globe une guitare des jumelles des livres un ordinateur un portable des vêtements ___

33|7

6 a Vous êtes devant ce magasin. Regardez les vêtements et discutez. Utilisez *ce*/*cet*/*cette*/*ces*. (▶ Repères, p. 64/2) **WB:** Lückentext

DIFF

Exemple:
A: J'aime bien ce pantalon rouge.
B: Moi aussi. / Moi non, je préfère ___.
Et comment est-ce que tu trouves *ce/cet/cette/ces* ___?

b Comment est-ce que vouz trouvez les prix? Discutez. (▶ Les nombres, p. 163)

Exemple: **WB:** Zuordnungsübung
A: Un jean pour 79 euros?! C'est trop cher!
B: Oui, mais trois jeans pour 195 euros, ça va.
A: C'est vrai. / Non, c'est encore trop cher!

Écouter et comprendre

CD 1 51

ELF

▶ 31|2 31|3 32|4

7 Tu vas chercher ton nouveau correspondant à la gare. Mais c'est qui? Écoute et trouve-le.

▶ p. 139

Apprendre à apprendre

8 **Wie du Ausdrücke sammeln und ordnen kannst** (▶ Méthodes, p. 145/4)

Du kannst einen Text als Fundgrube nutzen und Ausdrücke daraus sammeln. Im Text auf S. 54 findest du z. B. Ausdrücke, mit denen du sagen kannst, was dir gefällt oder nicht gefällt. Schreibe sie heraus und ordne sie passenden Überschriften zu. Füge weitere Ausdrücke hinzu, die du schon gelernt hast. Du kannst deine Übersicht immer wieder ergänzen und verwenden. (▶ Französisch-Ordner)

☺ *Etwas gefällt mir*	☹ *Etwas gefällt mir nicht*	☺ *Etwas gefällt mir mittelmäßig*
J'aime ...	*Je trouve ça nul.*	*Bof!*

WB: Zuordnungsübung

Activité

CD 1 52

9 **Écoute ces extraits de musique, puis donne ton avis. Utilise ta liste de 8.**

J'aime bien cette musique.

Bof! Le rythme est bien mais la voix du chanteur est nulle.

Recherche

10 **Trouve des informations sur Soprano, Tal, Nolwenn Leroy ou Barrio Populo dans le livre (▶ Civilisation, p. 158–161) et sur Internet. En groupe, faites des fiches d'identité pour les présenter en classe.**

KV 22: Steckbrief zum Ausfüllen

Regarder et comprendre

DVD-Track 3: *C'est joli, non?*

DVD ▶ 34|11

11 a **Regarde la séquence. De quels vêtements est-ce que la mère et son fils parlent?**

Ils parlent d'un / d'une ___.

tee-shirt | jean | baskets
pull | pantalon | chemise

b **Quels vêtements est-ce que le fils aime? Et quels vêtements est-ce qu'il n'aime pas?**

KV 23: Arbeitsblatt zur Übung

F13: Fotos des *Volet*-Textes zum Beschreiben

Hinweis: Die Fotos und Illustrationen aus dem Schülerbuch stehen auf der CD-ROM „Unterrichtsvorbereitung à la carte“ (978-3-06-023422-6) und „Interaktive Tafelbilder“ (978-3-06-023268-0) im Ordner Bildmaterial zur Verfügung.

CD 1 53–59

Il ne faut pas exagérer

Préparer la compréhension

1 a Regarde les photos. À ton avis, de quoi parlent Nathan et sa mère? Tu peux répondre en allemand. (▶ Méthodes, p. 151/22)

CD 1 53–54

b Ferme ton livre et écoute. De quoi est-ce qu'ils parlent? Compare avec tes idées de a.

Nathan: Bonjour maman!

Mme Rossi: Tu es encore au téléphone!? Tu n'as pas entendu? À table! Tu as fait tes devoirs?

Nathan: Euh… non, pas encore.

Mme Rossi: Non, mais je rêve! Il va être huit heures et tu n'as pas encore fait tes devoirs!? Nathan, tu as des notes catastrophiques, en ce moment!

Nathan: Mais maman, en français, j'ai des bonnes notes…

Mme Rossi: Oui, en français, mais en maths, tu as eu un 8 à ta dernière interro! Tu ne fais rien pour l'école, tu téléphones pendant des heures, c'est tout!

Nathan: Ce n'est pas vrai!

Mme Rossi: Qu'est-ce que tu dis!? Tu passes ton temps à téléphoner et à envoyer des textos! Et quand on mange, tu joues toujours sur ton portable! On n'est jamais tranquilles. Ça m'énerve! … Nathan, tu n'as rien à dire? … Bon, tu es privé de portable jusqu'à la fin du mois! Il ne faut pas exagérer.

WB: Aufdeckübung

WB: Markierübung (Themenwortschatz „*portable*“)

Lire et comprendre

DELF ▶ 35|2

2 a Lis le texte et corrige le résumé.

Nathan est au téléphone quand sa mère entre dans sa chambre. Elle n'est pas contente parce que Nathan n'a pas fait les courses. Elle trouve aussi que Nathan passe trop de temps devant la télé. En plus, Nathan écoute toujours sa musique préférée à table. Alors, Mme Rossi veut priver son fils de portable jusqu'à la fin de la semaine.

b Pourquoi est-ce que Mme Rossi n'est pas contente? Fais une liste.

DELF **3** Qu'est-ce que Nathan va faire sans portable? Il pose la question à un magazine de jeunes. Des lecteurs répondent. Lis d'abord le texte, puis réponds aux questions.

35|1

CD 1 55–59

DIFF

KV 24: Leseverstehensraster zu **3** und Redemittel zum Thema *„portable"*

MAGAJEUNES

Qu'est-ce que je vais faire sans portable?

Ma mère trouve que je téléphone trop. Je suis privé de portable pendant deux semaines. Je suis perdu sans mon portable! Qu'est-ce que je peux faire?

Nathan, 13 ans

Prépare la discussion

Aide à la maison et range ta chambre. Après, reparle de ton problème à ta mère. Je pense que c'est la meilleure solution. Il faut essayer! À mon avis, ça va marcher.

Lucien, 13 ans

Ce n'est pas grave

Cher Nathan, je suis peut-être la fille la moins branchée de mon école: je n'ai pas de portable et je trouve la vie super sans ça! Je préfère être avec mes copines, c'est le plus important!

Emma, 12 ans

C'est l'horreur!

Je te comprends. Pour moi, une journée sans mon portable, c'est la chose la plus terrible du monde! Mais il ne faut pas baisser les bras! Tu dois parler à ta mère et trouver les bons arguments pour récupérer ton portable! Bonne chance!

Marine, 14 ans

Notre avis

15 jours sans portable, ce n'est pas drôle, mais le temps passe vite! Et après, tu peux peut-être limiter tes appels. Essaie!

MAGAJEUNES

1. Qui préfère la vie sans portable?
2. Qui trouve que Nathan doit d'abord travailler à la maison et parler ensuite à sa mère?
3. Qui pense que deux semaines sans portable, ce n'est pas trop long?
4. Qui comprend très bien le problème et pense que Nathan doit parler à sa mère pour trouver une solution?

WB: Markierübung (Themenwortschatz *„portable"*) **WB:** Zuordnungsübung

Parler

4 Pose les questions à ton/ta partenaire. Il/Elle donne au moins cinq réponses. A commence. (B ▶ p. 133)

DIFF

A
1. Qu'est-ce qu'il faut faire pour avoir des parents contents?
2. Et qu'est-ce qu'il ne faut pas faire?

Il faut / Il ne faut pas …
… être cool.
… faire les courses.
… crier.
… ranger sa chambre.
… faire ses devoirs.
… perdre ses affaires.
… être là pour ses enfants.
… avoir des bonnes notes.
… avoir des notes catastrophiques.
… rentrer tôt/tard à la maison.
… arriver à l'heure / en retard.
___.

WB: Übungsvariante zum Aufdecken

S'entraîner

5 Échangez vos avis. Utilisez le superlatif. (▶ Repères, p. 65/5) //O ▶ p. 139

36|4

le sport, l'actrice, les matières, le style de musique, l'acteur, la chanteuse, la couleur, les vêtements, la marque (de voiture), l'animal, le magazine, la ville

beau, branché, catastrophique, célèbre, drôle, idiot, intéressant, pénible, sympa, terrible, ___

Pour moi, l'acteur le plus drôle, c'est Jamel Debbouze. Et pour toi?

Pour moi, les matières les moins intéressantes, ce sont les maths et l'anglais. Et pour toi?

WB: Übungsvariante zum Aufdecken

Vocabulaire et expression

6 Range ces expressions dans un tableau. Complète par d'autres expressions que tu connais déjà. (▶ Französisch-Ordner)

36|3
37|6

Seine Meinung äußern	*Zustimmen*	*Widersprechen*

- Je trouve que (ça va trop loin).
- Ce n'est pas grave.
- Je pense que (c'est la meilleure solution).
- À mon avis, (ça va marcher).
- Ce n'est pas vrai.
- Tu as raison.

Écrire – au choix

DELF

7 a Relis l'avis des différents lecteurs, p. 59. Écris aussi à Nathan. Utilise ton tableau de 6. DIFF

b Tu trouves une bédé sur des jeunes accros aux médias sur www.cornelsen.de/webcodes APLUS-2-60. Qu'est-ce que les personnes disent? Imagine.

Apprendre à apprendre

KV 26: Bildkarten als Impulse

8 a Wie du üben kannst, frei zu sprechen (► Méthodes, p. 150/18)

Es gibt Ausdrücke und Redewendungen, die du in vielen Situationen gebrauchen kannst. Deshalb ist es wichtig, dass du sie beherrschst. Übe, solche Audrücke und Sätze flüssig auszusprechen. So gehst du vor:

– Sprich die Sätze laut aus. Nimm dich dabei auf.
– Probiere unterschiedliche Satzmelodien aus: Sprich den gleichen Satz einmal selbstsicher zerknirscht, schüchtern, gelangweilt, ...
– Kontrolliere, ob du flüssig und überzeugend sprichst.

Wende diese Technik auf die Tabelle von Aufgabe 6 an.

CD 1 60–61 **b Écoute et chante la chanson «Pour ou contre».** (► www.cornelsen.de/webcodes APLUS-2-61)

Hinweis zu 8b: Mit dem Lied schleifen S das Diskussionsvokabular ein → *Tâche A*.

Écouter et comprendre

KV 25: Steckbrief zum Ausfüllen

CD 1 62 pop DIFF

9 a *Radio Junior* **fait une enquête sur les jeunes Européens. Aujourd'hui, l'animateur interviewe Sarah et Mathieu, deux jeunes qui habitent en Belgique, à Liège*. Choisis Sarah ou Mathieu. Fais le tableau dans ton cahier. Écoute et note les informations.**

* **Liège** Lüttich

Nom: *Sarah*
Âge: ...
Hobbys:
Musique:
Style:
Idoles:
Objets importants:

b Cherche quelqu'un qui a travaillé sur la même personne. Comparez, corrigez et complétez vos résultats.

c Travaillez en groupes. Échangez vos informations sur Sarah et Mathieu.

Réviser

10 Faites des devinettes sur vos camarades de classe. Utilisez *faire de la/du/de l'/des*.

Il ou elle fait du vélo. C'est qui?
C'est Johannes?
Oui!

Hinweis zu 10: Diese Formen kennen S aus *À plus! 1*. In der Folge-*Unité* (*Unité 4*) lernen sie den Teilungsartikel kennen.

Regarder et comprendre

DVD-Track 4: *Les deux frères*

DVD **11 a Regarde la séquence. Décris la situation. Quel est le problème?**

b Quelle(s) solution(s) est-ce que les deux frères trouvent?

c Le frère de Djamel écrit son blog. Imagine.

KV 27: Fotos aus dem Film mit Sprechblasen zum Ausfüllen

Hinweis zu 11: Diese Sequenz kann S als Modell für *Tâche A* dienen.

LES STARS DES JEUNES

MAGAJEUNES

C'EST QUI, LUI?

Jamel Debbouze est né à Paris. Depuis toujours, Jamel adore faire du théâtre et faire rire les gens. Un jour, au collège, le directeur d'un théâtre d'improvisation découvre son talent. Depuis, Jamel joue: il joue des sketches sur scène (seul ou avec d'autres comédiens comme Omar et Fred ou Gad Elmaleh), il fait des émissions à la télé. Pour le cinéma, il joue aussi dans des films, par exemple dans «Le fabuleux destin d'Amélie Poulain», «Astérix et Obélix – Mission Cléopâtre» qui ont beaucoup de succès en France.

• Jamel Debbouze – la star du comique

C'EST QUI, ELLE?

Olivia Ruiz est née à Carcassonne dans une famille d'artistes: son père est musicien et chanteur, son frère est compositeur de rap. Olivia fait des études (l'art du spectacle) à l'université de Montpellier. Depuis sa jeunesse, elle chante et fait du théâtre. En 2001, elle arrive en demi-finale de la Star Academy. Ensuite, elle enregistre plusieurs albums. Le deuxième, «La femme chocolat» est le plus célèbre: un million d'exemplaires vendus! Olivia continue aussi sa carrière d'actrice. En 2012, son premier film paraît dans les cinémas français.

• Olivia Ruiz – la star de la scène

C'EST QUI, LUI?

William Accambray est né à Cannes. Dans sa famille, tout le monde est très sportif: ses parents et sa sœur font de l'athlétisme, son frère fait du volleyball. La grande passion de William, c'est le handball. Il a joué à Nice, puis à Mougins. En 2005, il est arrivé au Montpellier AHB et depuis, il collectionne les victoires et les médailles. En 2009, il est entré dans l'équipe de France. Pour beaucoup de gens, William est un des meilleurs joueurs du monde parce qu'il est très bon en technique, parce qu'il a une grande force physique (il mesure 1,94 m pour 104 kg) et une grande intelligence tactique. William s'engage aussi pour l'association «Cœur Afrique» qui aide des enfants en Côte d'Ivoire.

• William Accambray – la star du hand

Lire et comprendre

Koop **1** a Choisis une des trois stars françaises et lis son portrait. Qu'est-ce que tu comprends?

b Cherche un/une camarade qui a travaillé sur la même star. Échangez vos résultats.

c Présentez la star en classe (en allemand).

Recherche

2 À toi. Fais des recherches sur ta star préférée et présente-la (en français).

Choisis une des deux tâches.

A **Un conflit** KV 28: Bewertungsbogen *Tâche A*

Préparez un jeu de rôle et jouez-le en classe.

- Schaut euch die Fotos an. Worum geht es? Sucht euch aus, welche Situation ihr spielen wollt.
- Verteilt die Rollen (Kind, Eltern).
- Sucht und notiert Argumente und Gegenargumente (▶ p. 60/6). Überlegt auch, wie ihr auf Gegenargumente reagieren könnt.
- Erstellt ein kleines Drehbuch.
- Wie drückt ihr Gefühle aus? (Körperhaltung, Gesichtsausdruck, Tonfall, ...)
- Lernt eure Rollen und übt euer Gespräch (▶ p. 61/8).
- Spielt euer Rollenspiel der Klasse vor.

Nützliche Ausdrücke findet ihr in den *Repères* (*Qu'est-ce qu'on dit*, p. 64) und im Text (p. 58–59).

PF DELF

B **En ligne avec nos correspondants** KV 29: Bewertungsbogen *Tâche B*

Radio Junior continue son enquête (▶ p. 61/9) dans votre classe! Faites des interviews et enregistrez-vous. Faites un podcast pour vos correspondants.

- Hört euch die Radiosendung über die Interessen junger Europäer noch einmal an (CD 1/62). Achtet auf den Moderator: Was sagt er? Wie führt er das Interview? Macht euch Notizen.
- Arbeitet in Gruppen. Verteilt die Rollen: Wer spielt den Moderator? Wer lässt sich interviewen?
- Jede/r bereitet einen Stichwortzettel über sich selbst vor (▶ p. 61/9, ▶ Banque de mots, p. 172).
- Übt die Interviews ein.
- Nehmt eure Radiointerviews auf. Die Interviews könnt ihr als Podcast auf eure Schulhomepage stellen.

Nützliche Ausdrücke findet ihr in den *Repères* (*Qu'est-ce qu'on dit*, p. 64) und im Text (p. 54).

KV 30: Selbstevaluierung des Lernstandes

Qu'est-ce qu'on dit?

Hinweis: Im Vokabeltaschenbuch (978-3-06-520189-6), S. 86–95, sind die *Qu'est-ce qu'on dit?* für *À plus! 1* und *2* nach Situationen zusammengefasst: *Les mots pour le dire*. Auch zum Anhören.

Du sprichst über deinen Kleidungsstil
Quel look est-ce que tu aimes?
J'ai un look (sportif).
J'aime ce style.
Ça me plaît beaucoup.
J'aime mettre (des vêtements pratiques).
Je mets (des beaux vêtements).
Je porte (souvent) des (tee-shirts noirs).
Je ne fais pas attention (aux marques).
(La mode) n'est pas très important(e) pour moi.
Je préfère avoir mon style à moi.
J'achète toujours (des baskets de marque).
Mes affaires sont aussi jolies que (les trucs de marque).

Du redest über deine Vorlieben
Moi, mon truc, c'est (la batterie).
Je suis accro à (mon portable).
Pour moi, c'est le plus important.

Du gibst deine Meinung wieder
Je trouve que (ça va trop loin).
Je pense que (c'est la meilleure solution).
Je trouve ça (très important/nul/super cool).
Pour moi, c'est la chose la plus terrible.
À mon avis, (ça va marcher).
Il faut (parler au prof). / Il ne faut pas (exagérer).
Tu as raison.
Ce n'est pas vrai.
Ce n'est pas grave.

Hinweis: → Modell-Dialog in den Lehrermaterialien

Grammaire

Du fragst nach einer bestimmten Person/Sache: Dazu brauchst du:

GH 22 **1**

Quel chanteur est-ce que tu aimes?
Quelle bédé est-ce que tu aimes?
→ **den Fragebegleiter** *quel*

Quel livre est-ce que tu lis?
Quels vêtements est-ce que tu aimes porter?
Quelle couleur est-ce que tu préfères?
Quelles chansons est-ce que tu écoutes?

WB: Zuordnungsübung

Du weist auf eine bestimmte Person/Sache hin: Dazu brauchst du:

GH 24 **2**

Tu achètes **ce** pantalon?
Tu aimes **cette** actrice?
→ **den Demonstrativbegleiter** *ce*

♂
ce pantalon
cet instrument

ces pantalons
ces instruments

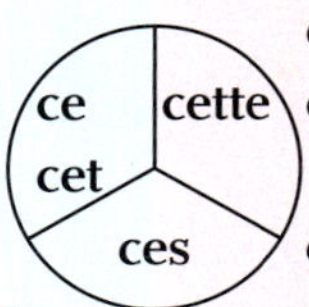

♀
cette chanteuse
cette orange

ces chanteuses
ces oranges

WB: Lückentext

Übt und wiederholt gemeinsam

1 Formuliert die Regel: *Cet* steht nur vor ? Nomen im Singular, die mit einem ? beginnen.
2 Ergänze:
? *baskets; en* ? *moment;*
? *après-midi;* ? *fois;* ? *couleurs.*
(▶ Solutions, p. 169)

Du sagst, dass etwas schön oder neu ist: Dazu brauchst du:

GH 25 **3**

Je mets des **beaux** vêtements.
J'ai une **nouvelle** sonnerie de portable.
→ **die Adjektive** *beau, nouveau*

♂
un **beau** tee-shirt
un **bel** instrument
des **beaux** tee-shirts
des **beaux** instruments

♂	♀
beau	belle
bel	
beaux	belles

♀
une **belle** robe
une **belle** armoire
des **belles** robes
des **belles** armoires

Die Formen von *nouveau* werden ebenso verändert wie die von *beau*.

WB: Memory

Du vergleichst Dinge/Personen miteinander: Dazu brauchst du:

GH 26 **4**

Max est **plus grand que** Tom.
→ **die Steigerung der Adjektive (Komparativ)**

Ton pull est	**moins**	joli	**que** ta chemise.
Un pantalon est	**aussi**	beau	**qu'**une robe.
Cette robe est	**plus**	chère	**que** ce tee-shirt.

!

bon/bonne	gut
moins bon/bonne que	schlechter als
aussi bon/bonne que	genauso gut wie
meilleur/meilleure que	besser als

Übt und wiederholt gemeinsam

Übersetzt und korrigiert euch gegenseitig:
1. *Mein Computer ist genauso teuer wie dein Handy.* 2. *Mein Zimmer ist kleiner als unser Wohnzimmer.* 3. *Deine Schildkröten sind intelligenter als deine Wellensittiche.*
(► Solutions, p. 169)

GH 28 **5**

C'est **le plus important**.
→ **die Steigerung der Adjektive (Superlativ)**

le plus important	**la plus** importante
le moins important	**la moins** importante
les plus importants	**les plus** importantes
les moins importants	**les moins** importantes

!

bon/bonne	gut
le meilleur / la meilleure	der beste / die beste
les meilleurs / les meilleures	die besten

WB: Aufdeckungübung

Neue Verben: **KV 56:** Tabelle zum Notieren der neuen Verben

GH 23 **6**
GH 27
GH 29
GH 30

envoyer (j'envoie), essayer (j'essaie)
dire, lire, mettre
→ ► *Verbes*, p. 164–167

Lege je eine Verbkarteikarte für die neuen Verben an. **WB:** Verbparadigma *lire, mettre, dire, envoyer*

Hier kannst du überprüfen, was du in den *Unités* 1–3 gelernt hast. Unter www.cornelsen.de/webcodes APLUS-2-66 kannst du diese Aufgaben herunterladen und dann ausfüllen.

Hinweis: Arbeitsblätter unter Webcode für Verwendung in Lernplattformen freigegeben.

Compréhension écrite

FÖR **1** **Vrai ou faux? Lis le texte et réponds. Justifie tes réponses à l'aide du texte. Note la/les phrase/s correspondante/s dans ton cahier.**

Une journée sans portable

*Le 6 février, on fête la journée internationale sans portable. Mais pourquoi passer une journée sans cet objet très pratique? **Magajeunes** a voulu comprendre.*

La journée sans portable est l'idée d'un Français. Il s'appelle Phil Marso. Il n'est pas contre les portables. Mais il pense que trop de gens sont accros. Voilà ses arguments: «On oublie les gens qui sont là, à côté de nous, pour parler avec les gens qui nous appellent au téléphone! Et puis avec le portable, on travaille beaucoup plus. Ton chef peut toujours t'appeler, même le week-end. On n'a plus de temps libre! La vie est plus pénible. Avec son portable on n'est pas libre: on doit toujours expliquer où on est et pourquoi ... Ce n'est pas une vie!

La journée sans portable, c'est juste un test pour voir: est-ce que la vie est toujours meilleure avec un portable? Est-ce que ce n'est pas plus sympa de prendre le bus sans téléphoner et sans devoir écouter des gens qui racontent leurs aventures au téléphone? Je trouve que beaucoup de gens exagèrent. Ils parlent trop fort et ils n'ont rien de spécial à dire, c'est l'horreur!»

Tu es d'accord avec Phil Marso? Tu veux aussi faire le test et observer tes réactions? Alors, rendez-vous le 6 février pour la journée internationale sans portable!

1. La journée sans portable est une journée pour tout le monde.
2. La personne qui a organisé cette journée vient de France.
3. Phil Marso veut un monde sans portable.
4. On organise cette journée pour montrer qu'avec un portable, la vie est plus pratique.
5. Pour Phil Marso, c'est pénible d'entendre des gens qui téléphonent tout le temps.

Hinweis: Diagnosebögen und Förderübugen → Diagnose- und Förderteil der Lehrermaterialien. Auch diese KVs und ihre Hörtexte sind für Verwendung in Lernplattformen freigegeben.

PRÉPARATION AU DELF

Compréhension orale

CD 1 63

2 a C'est qui? Écoute. Il y a un dessin en trop. FÖR

CD 1 63

b Écoute. Qui aime quoi? Note les hobbys à côté des prénoms. FÖR

Production écrite

FÖR

3 Stéphane/Stéphanie a passé un week-end avec son frère / sa sœur en Camargue. Qu'est-ce qu'ils ont fait? Il/Elle écrit une carte postale à son copain Léo. Écris sa carte.

Production orale

FÖR

4 C'est l'été. Tu es en vacances à Palavas-les-Flots. Tu rencontres un/e jeune Français/e sur la plage. Il/Elle a beaucoup de questions. A pose les questions. B répond. Puis échangez les rôles.

âge? musique? sport? week-end? pique-nique? quand? numéro de portable?

Médiation FÖR

CD 1 64–67

5 Tu fais du shopping avec ton/ta corres. Il/Elle ne comprend pas les annonces. Écoute et explique-lui les soldes[1] et les prix[2] en français.
A explique les annonces 1 et 3, B explique 2 et 4.

1 **les soldes** *m. pl.* das Sonderangebot
2 **le prix** der Preis

CD1 68

Ça ne va pas?

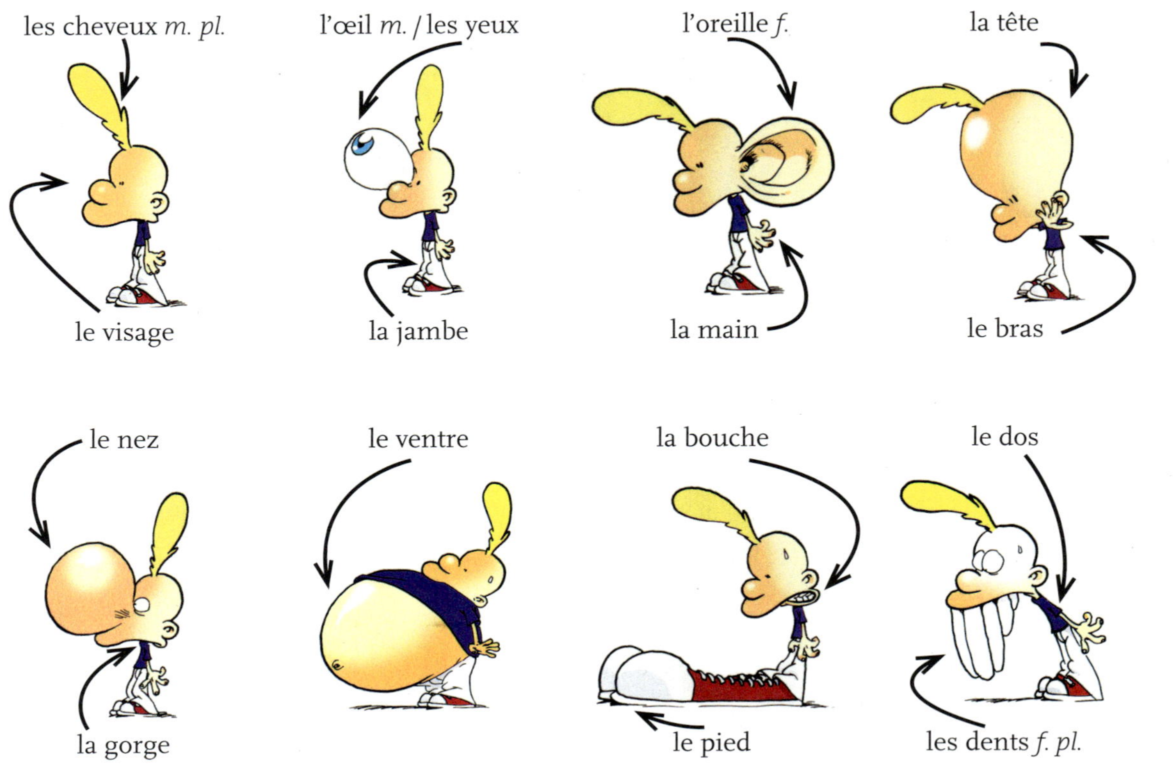

1 **le fortifiant** das Stärkungsmittel
2 **la poussée de croissance** der Wachstumsschub

CD1 68

1 a Écoute et répète.

b Pourquoi Titeuf ne veut pas prendre son fortifiant?

KV 31: Arbeitsblatt zum Themenwortschatz *„le corps"*

Hinweis: Fakultatives Modul → jederzeit einsetzbar; kann auch wegfallen.

CD 1 69

2 Lis le dialogue. | Wie fragt Alex nach Simons Befinden? Wie sagt Simon, dass er Kopfschmerzen hat?

CD 1 70–71

3 Écoute et chante la chanson «Qu'est-ce qu'il y a?». (▶ www.cornelsen.de/webcodes APLUS-2-69)

4 Faites des dialogues. Vous pouvez utiliser:

Tu veux …
… un verre d'eau?
… un bonbon?
… une tisane?
… t'allonger un peu?

Je vais ouvrir la fenêtre.

J'appelle …
… tes parents.
… le médecin.

J'ai mal … à la tête / au ventre. / aux oreilles.

J'ai une allergie.
Je suis tombé/e.

Tu as … un mouchoir? / un pansement?

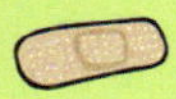

5 a Lis les expressions françaises et allemandes. À ton avis, qu'est-ce qui va ensemble? Note les paires.

1 Tu me casses les pieds!
2 J'ai un chat dans la gorge.
3 Ça va pas la tête?
4 Mon œil!
5 Il dessine comme un pied.
6 Elle prend ses jambes à son cou.

a Das glaubst du doch selbst nicht!
b Er zeichnet grauenvoll.
c Du gehst mir auf den Wecker.
d Sie nimmt die Beine in die Hand.
e Ich habe einen Frosch im Hals.
f Bist du verrückt?

PF

b Illustre une ou deux expressions françaises de a.

Unité 4 Rencontres en Belgique

PF **Tâches – au choix**
Am Ende dieser Unité kannst du

A bei einem Sportturnier Ansagen verstehen und Teilnehmern, die kein Französisch sprechen, darüber Auskunft geben.

B einen Spielbericht verstehen und ihn für einen Blog zusammenfassen.

F14 / WB: Einstieg in die *Unité*

Compétences communicatives
Du lernst

- eine Wegbeschreibung zu verstehen. (▶ V1)
- Vorschläge zu machen. (▶ V1)
- über eine Sportveranstaltung zu reden. (▶ V2, V3)
- über Festvorbereitungen zu sprechen. (▶ V3)
- wiederzugeben, was jemand gesagt hat. (▶ V3)

Dazu brauchst du z. B.

- den Begleiter *tout*.
- *on pourrait* mit Infinitiv.
- das indirekte Objekt (*parler à qn*).
- den Teilungsartikel (*de la, de l', du, des*).
- die indirekte Rede/Frage (*il dit que / il demande si, il veut savoir si*).
- Außerdem lernst du Verben auf *-ir* (Typ *réagir*) und das Verb *connaître*.

Compétences interculturelles

- Du erhältst Informationen über Belgien und die Stadt Lüttich (*Liège*).
- Du lernst das Streckennetz des TGV kennen.

Apprendre à apprendre
Du lernst

- wie du beim Hören eines Textes Notizen machen kannst.

CD 2 2–3

Pour aller à l'auberge de jeunesse, s'il vous plaît?

F 15

Ce week-end, un tournoi de handball a lieu en Belgique, à Liège. Les équipes sont arrivées en train d'Allemagne, de Belgique, de France et de Suisse. L'équipe de Bilal participe à cette rencontre. Après une première journée de matchs, les jeunes de Montpellier et leur entraîneur, Paul, font une balade dans le centre. Ils passent par la place du Marché, ils visitent le Carré, un quartier très sympa avec ses cafés et ses magasins branchés.

le centre-ville

la place du Marché

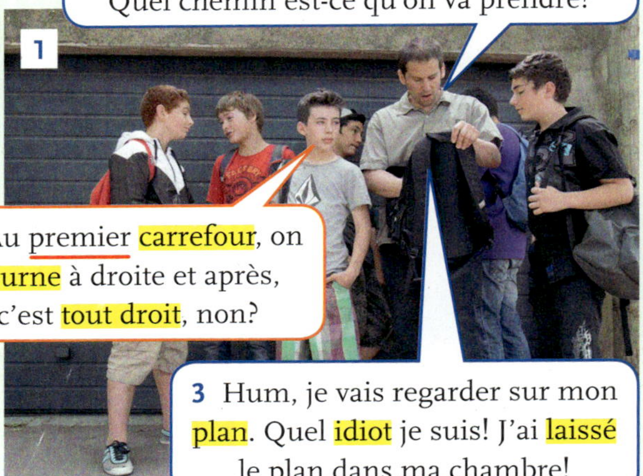

F 15: Stadtplan zum Üben der Wegbeschreibung

Lire et comprendre

DELF **1** **Lis le texte et réponds aux questions.** WB: Übungsvariante zum Anhören und Markieren

37|7 44|2 45|5 46|6

1. Pourquoi est-ce que les jeunes sont à Liège?
2. Où est-ce qu'ils veulent aller?

à la gare	à l'auberge de jeunesse	dans le centre-ville

DIFF

3. Pourquoi est-ce qu'ils doivent demander leur chemin?
4. La dame dit: «Continuez jusqu'à la gare». Où est la gare: A, B, ou C?

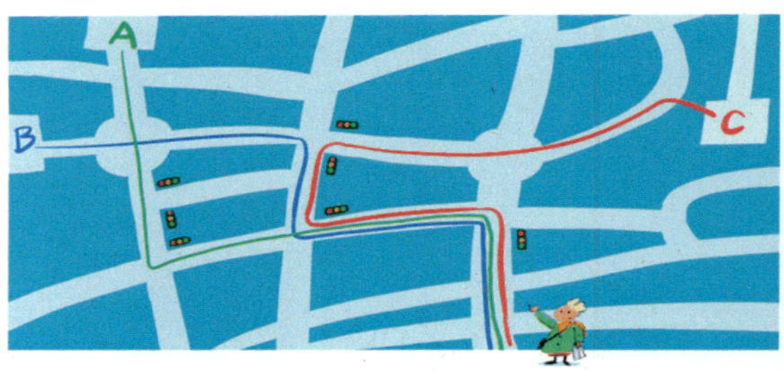

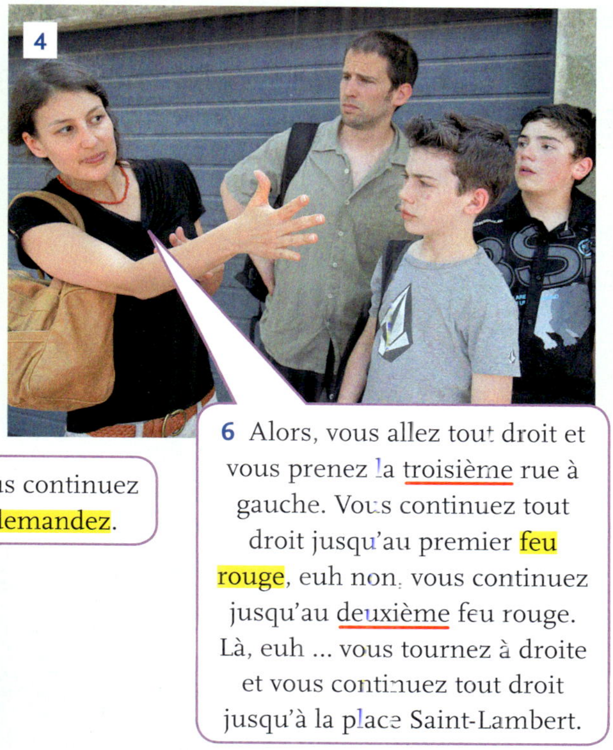

WB: Lückentextübung

Écouter et comprendre

CD 2 4 ELF

2 a Les jeunes et leur entraîneur sont arrivés place Saint-Lambert. Qu'est-ce qu'ils font? Écoute la suite et réponds.

CD 2 4 DIFF

b Écoute encore une fois et compare avec les dessins. Quel chemin est-ce qu'ils doivent prendre: 1, 2, ou 3?

la place Saint-Lambert

WB: Übungsvariante zum Aufdecken

Mind Map Wegbeschreibung, dann CDA 44 1+2

Parler – au choix

3 **Faites une balade virtuelle à Liège. Vous partez toujours de la place Saint-Lambert.**

44|1 45|3 46|7

Exemple:

Je prends la rue de Bruxelles, je continue tout droit et je traverse la place. Où est-ce que je suis maintenant?

Tu es devant la gare?

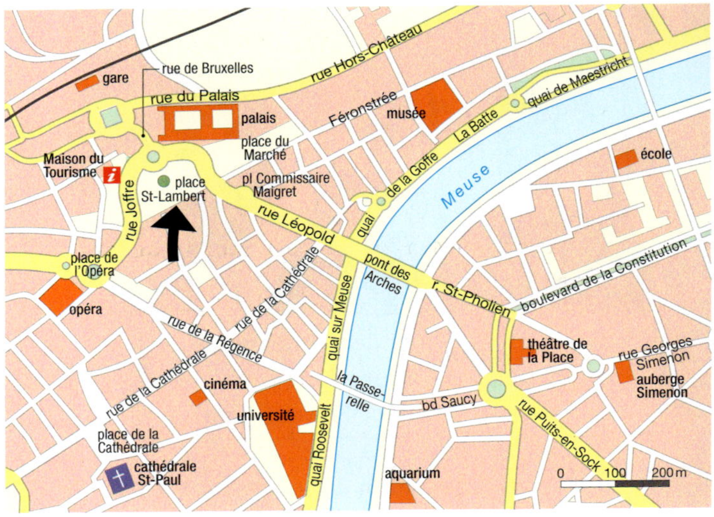

Tu peux utiliser:

prendre la rue ___
continuer tout droit
prendre la première/deuxième/___ rue à gauche / à droite
tourner à gauche / à droite
traverser la place / la rue / le carrefour / ___
aller jusqu'à la place ___ / jusqu'au pont ___

Tu ne comprends pas:

Pardon?
Je n'ai pas compris.
Tu parles trop vite.
Tu peux répéter, s'il te plaît?

KV 32: Spiel zum Üben der Wegbeschreibung

Koop **4** **Un tournoi a lieu dans votre ville. Quelles activités est-ce que vous voulez faire avec vos invités après les matchs? Trouvez dix idées. Échangez vos propositions et mettez-vous d'accord.**

45|4

On pourrait ...
... aller à la / au/aux ___.
... visiter ___.
... faire une balade / des jeux vidéos / ___.

WB: Mindmap

Apprendre à apprendre

5 **Wie du beim Hören Notizen machst** (▶ Méthodes, p. 149/16) WB: Übungsvariante zum Zuordnen

Um Informationen aus einem Hörtext festzuhalten, mache dir während des Hörens Notizen.

- Notiere nur einzelne Wörter, keine ganzen Sätze.
- Lasse Artikel und Konjunktionen weg.
- Kürze lange Wörter ab und verwende Abkürzungen, z. B.:
  ciné (cinéma), pisc. (piscine), p. ex. (par exemple), n° (numéro), 1er (premier), 2e (deuxième).
- Verwende Zeichen statt Wörter, z. B.: + – = → ≠ ! ✔
- Die Notizen sind für dich. Deshalb musst du hier nicht auf die Rechtschreibung achten.

Wende diese Technik in Aufgabe **6** an.

Écouter et comprendre

CD 2 5

6 a Écoute le texte et réponds. Quelles équipes jouent demain?

Montpellier Lausanne Dortmund Fribourg Liège Namur Zurich Dijon

CD 2 5 DELF

b Écoute le texte encore une fois et prends des notes. Reconstitue l'emploi du temps de l'équipe de Montpellier.

* **l'entraînement** *m.* das Training

WB: Zuordnungsübung

c Comparez vos résultats.

Vocabulaire

7 Fais un associogramme sur *le sport*. Complète ton associogramme au cours de l'unité. Tu peux l'utiliser pour les exercices p. 79/11–12 et la tâche B. (▶ Französisch-Ordner)

Activité

8 a Les équipes sont arrivées à Liège en train. Regarde la carte et réponds aux questions.

1. L'équipe de Bilal va de Montpellier à Liège. Par où est-ce que les jeunes passent? Trouve le chemin le plus pratique.
2. Les joueurs de Lausanne (Suisse) et de Dijon (France) passent par quelles villes? Quel chemin est le plus pratique pour eux? Fais des recherches.
3. Où est-ce qu'il faut toujours changer[1]?

b Regarde encore une fois la carte et réponds.

1. Quelle est la capitale[2] de la Belgique?
2. Quels sont les quatre pays voisins[3] de la Belgique? Trouve leur nom en français dans un dictionnaire.

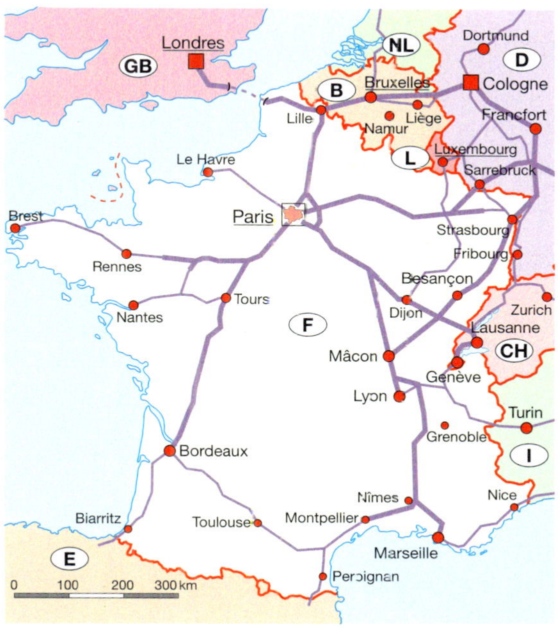

1 **changer** umsteigen
2 **la capitale** die Hauptstadt
3 **le pays voisin** das Nachbarland

Un match de handball

F16: Illustration des *Volet*-Textes zum Einführen des Wortschatzes

Préparer la compréhension

WB: Zuordnungsübung

CD 2 6

47|1

1 Écoute et retrouve les mots sur le dessin. Complète ton associogramme sur le sport.

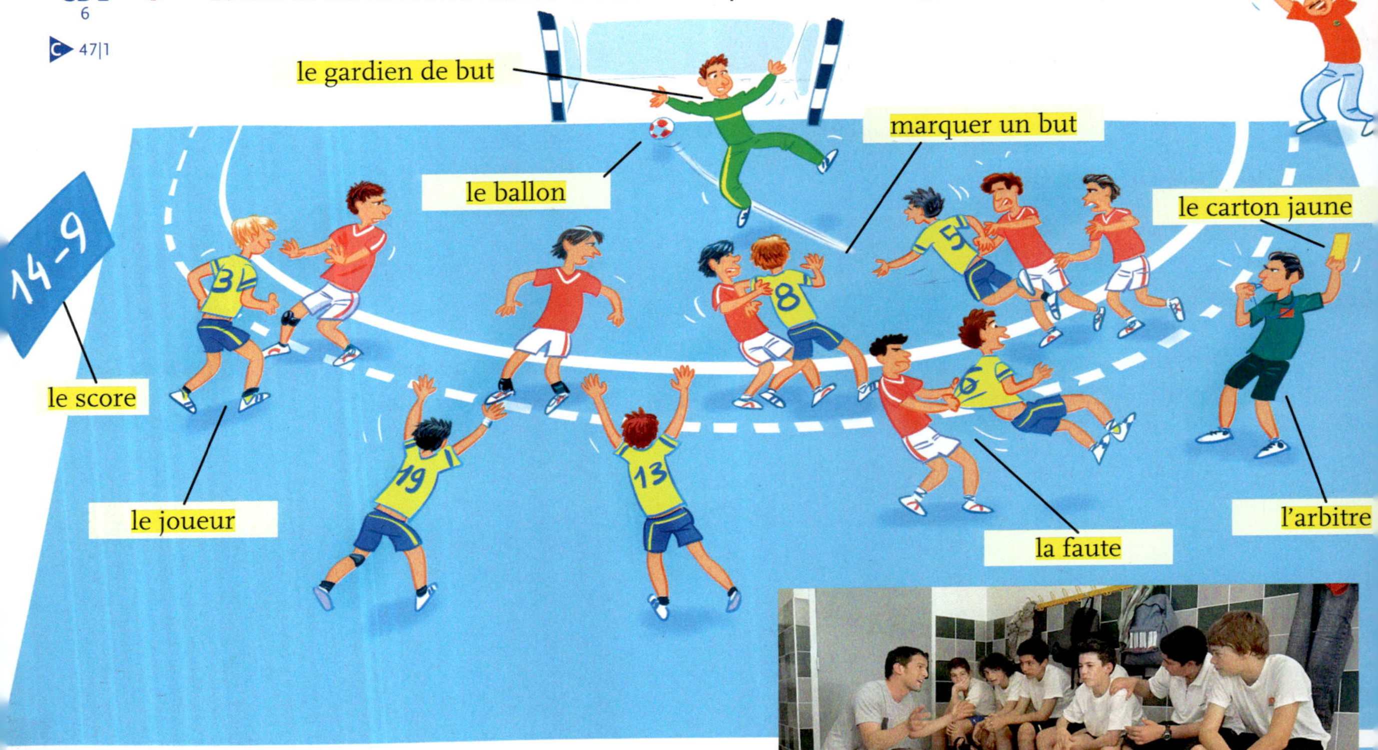

CD 2 7–8

Aujourd'hui, après le petit-déjeuner, le tournoi a recommencé. Hier, les jeunes de Montpellier ont gagné deux matchs, mais ce matin, ils ont perdu contre l'équipe allemande de Fribourg. Après le match, Paul parle aux joueurs pour les encourager.

Paul: Vous avez été formidables! Le jeu n'a pas été facile mais vous avez lutté jusqu'au bout, je suis content. La défense n'a pas toujours réagi mais l'attaque a été super. On peut l'applaudir!

Nicolas: Moi, je trouve que la défense a bien joué mais les Allemands sont trop forts! Ils sont super rapides!

Paul: Oui, eux, ils agissent vite et ils réagissent bien!

Arthur: Pfff! Les Allemands ont fait des fautes pendant tout le match mais l'arbitre n'a rien vu!

Mehdi: Ce n'est pas vrai, il a vu toutes les fautes! Tu dis ça parce qu'il a donné un carton jaune à Max?

Paul: Hé ho, Arthur et Mehdi, vous avez fini, oui? Je peux continuer? Bon, tout à l'heure, vous allez jouer la demi-finale contre les Belges de Namur qui, eux aussi, sont très bons. Vous avez vu leur match contre Zurich. Alors, montrez vos points forts à cette équipe. Gardez le ballon! Vous voulez arriver en finale. C'est encore possible! Je compte sur vous pour gagner ce match! La défense a bien compris? Je compte sur tous les joueurs! Vous voulez réussir, alors, vous ALLEZ réussir!

Lire et comprendre

2 a Lis le début du texte et complète les phrases. (▶ lignes 1–5)

1. Hier, ___. 2. Ce matin, ___. 3. Maintenant, ___.

DELF

b Qu'est-ce que tu apprends sur le match Montpellier – Fribourg? Fais un tableau dans ton cahier et prends des notes. Puis raconte. **WB:** Übungsvariante zum Zuordnen

l'équipe de Montpellier | *l'équipe de Fribourg* | *la défense de Montpellier* | *l'attaque de Montpellier* | *l'arbitre*

formidable

c Qu'est-ce que l'équipe de Montpellier doit faire pour arriver en finale?

Écouter et comprendre

CD 2 9
DELF
DIFF

3 Après le match Montpellier – Namur, Bilal téléphone à Gabriel, un joueur de son équipe qui est malade et qui a dû rester à Montpellier. Vrai ou faux? Écoute et prends des notes. Corrige les phrases fausses.

1. L'équipe de Bilal a gagné le match et va en finale.
2. Nicolas a marqué cinq buts.
3. Bilal n'a pas marqué de buts.
4. Le score à la fin du match est de vingt à treize.

Parler

4 A a regardé un match de foot à la télé. B a regardé un autre match. Posez des questions à votre partenaire et répondez. A commence. (B ▶ p. 134)

A

1. Quel match est-ce que tu as vu?
2. Qui a gagné?
3. Quel score est-ce qu'ils ont fait?
4. Qui a marqué les buts?
5. Est-ce qu'il y a eu des cartons?

FOOTBALL Ligue 1
(Stade Vélodrome, Marseille)

Marseille – Dijon
1 : 2

Buts:
L. Rémy (11e minute) | Y. Sankharé (24e)
G. Kahuta (79e)

Cartons rouges:
– pour N. Nkoulou (Marseille, 79e)
Arbitre: M. N. Rainville

Découvrir

5 **Traduis et compare avec l'allemand.**

1. tout le match 2. tous les matchs 3. toute l'équipe 4. toutes les équipes

S'entraîner

→ Gramm-Eintrag + CDA 4 a+b S. 48+49

//● **6** **Complète les phrases. Utilise *tout le, toute la, tous les, toutes les*.**
(▶ Repères, p. 86/1) //○ ▶ p. 140 48|4

À Marseille, ? jeunes aiment le foot. Nino et ses copains jouent ? mercredis. Aujourd'hui, ils font un tournoi et ils jouent ? journée. ? équipes sont très fortes. Pendant le premier match, Nino a marqué ? buts. Avant le deuxième match, Nino parle à ? équipe. L'arbitre n'a pas vu ? fautes. Mais l'équipe a bien réagi. Est-ce que Nino et son équipe vont gagner ? matchs?

WB: Lückentextübung

CD 2 10 **7** a **Écoute et chante le rap du handball.**

48|3 b **Écris le rap du handball dans ton cahier. Écoute encore une fois et complète par les formes des verbes *applaudir*, *agir*, *réagir*, *finir* et *réussir* que tu entends.** (▶ Verbes, p. 165)

L'attaque ? très vite,
La défense ? ensuite.

J' ?, nous ?,
Ils ?.
Tu n' ? pas?

Ils viennent de Suisse,
Ils ? et ?.
Est-ce qu'ils ??

J' ?, nous ?,
Ils ?.
Tu n' ? pas?

Le match est ?,
Ils ont ?.
Tu as ??

J' ?, nous ?,
Ils ?.
Vous n' ? pas?

WB: Aufdeckübung

Indir. Objekt: Eintrag

49|5 49|6 **8** **Qu'est-ce qu'ils font pendant le tournoi? Trouve des réponses possibles.** (▶ Repères, p. 87/2)

DIFF

Un joueur	*demander* son chemin	à	gardien de but.
Paul	*passer* le ballon	à l'	Gabriel.
Bilal	*parler*	à la	joueurs de Namur.
Philippe	*donner* un carton	au	dame.
L'arbitre	*passer* son portable	aux	Bilal.
Mehdi	*téléphoner*	à un	joueur n° ___.
Le joueur n° ___	*montrer* le stade	à une	équipe de Lausanne.
Le gardien de but	*raconter* le match	à des	jeunes.

Hinweis zu 8: Verben mit *à* Ergänzung zur Vorbereitung der indirekten Objektpronomen → *Unité 5*

WB: Zuordnungsübung

Apprendre à apprendre

9 **Wie du beim Hören eines Textes Notizen strukturieren kannst** (▶ Méthodes, p. 149/14)
Wenn die Aufgabenstellung von dir verlangt, ganz bestimmte Informationen eines Hörtextes zu verstehen, bereite eine Tabelle vor, in die du die Informationen eintragen kannst. Lies die Aufgabenstellung genau durch: Was sollst du verstehen? Zu welchem Thema / welcher Person? Schreibe diese Angaben in deine Tabelle. Wende diese Technik in Aufgabe 10 an.

WB: Aufdeckübung

Écouter et comprendre

KV 33: Arbeitsblatt zur Übung

CD 2 11 ELF ▶ 49|7

10 **Écoute cette émission* de radio. Fais un tableau dans ton cahier et réponds aux questions. C'est quel sport? Quelle équipe a joué contre quelle équipe? Quelle équipe a gagné? Quel est le score à la fin du match?**

* **une émission** eine Sendung

DIFF **WB:** Aufdeckübung

Regarder et comprendre

DVD

11 a **Regarde le match du collège et écoute le commentaire. Qu'est-ce que tu comprends?**

▶ 47|2

b **Regarde encore une fois sans le son et fais des commentaires.**

DVD-Track 5: *Buuut!*

KV 34: Arbeitsblatt zur Übung

l'équipe ___ *jouer* contre ___
le joueur nº ___ *passer* le ballon à ___
marquer un but
l'attaque *être* ___
perdre le ballon
faire une faute
le gardien *avoir* ___
le score (à la fin du match) *être* ___ : ___
pour ___

Écrire

12 a **Écris un petit commentaire sur un match (de foot, de handball, ...). Utilise le présent.**
(▶ Méthodes, p. 155–157/28–30, ▶ Banque de mots, p. 173)

ELF

//O ▶ p. 140

Tu peux choisir:
– le match de handball de Bilal et de son équipe. (▶ **Texte, p. 76**)
– un match que tu imagines.

le joueur nº ___	ne rien / *voir*	*garder* le ballon
les équipes	*lutter*, *faire* une faute	*marquer* ___ but(s)
l'arbitre	*être rapide / fort*	*perdre / gagner* le match
la défense	ne pas / *réagir*, *réagir* bien	*aller* en demi-finale / en finale
l'attaque	*agir* vite	___

b **Lis ton commentaire comme un journaliste de sport à la radio et enregistre* ton texte (30 secondes). Vous pouvez écouter vos résultats en classe.**

* **enregistrer** aufnehmen

Hinweis zu 12: Vorbereitung der *Tâche B*, S. 85

Hinweis: *il/elle veut savoir si* wird lexikalisch eingeführt (als *Chunk*). *savoir* hier nur als Infinitiv.

CD 2 12–13

On va faire la fête

F 17

KV 36

Philippe et Mathieu, les organisateurs du tournoi, et quelques jeunes préparent la fête pour ce soir. Derrière le gymnase, Tobias, un joueur de l'équipe de Zurich, et Nicolas montent une tente pour installer le buffet.

Une demi-heure après:

Philippe: Vous pouvez poser ces plats sur la table. Merci!

Nicolas: C'est quoi, ça?

Bilal: Je ne sais pas, je ne connais pas.

Mathieu: Vous ne connaissez pas?! C'est de la tarte au riz, une spécialité belge! C'est très bon. ...

Le portable de Mathieu sonne.

Mathieu: *Allô oui* ... Philippe, c'est Sandrine, ma femme! Elle veut savoir si tout est là.

Philippe: Non, il faut des boissons! ... Euh... il faut du coca, de l'eau minérale et des jus de fruits.

Mathieu: *Sandrine, tu as entendu? ... Attends* ... Philippe, ma femme demande s'il faut aussi apporter du pain.

Philippe: Non, je passe à la boulangerie.

Mathieu: *Philippe dit qu'il va acheter le pain. Il connaît une super boulangerie! ... D'accord! On t'attend.*

Philippe: Mmh! Ça a l'air bon, tout ça! ... Alors, il y a du fromage, de la charcuterie, des boulettes à la liégeoise, des salades, des gâteaux ...

Bilal: Philippe, la fête commence à quelle heure?

Philippe: Le buffet est à 20 heures et à 18 heures, il y a la remise des médailles.

Tout à coup, Paul arrive.

F 17: Zeichnungen zum Üben der Mengenangaben

KV 36: Wortschatzübung zum *Volet*-Text

Lire et comprendre

DELF 50|1 DIFF

1 a Réponds aux questions. WB: Aufdeckübung

1. Où est-ce que le buffet va avoir lieu?
2. «La tarte au riz», qu'est-ce que c'est?
3. Qui appelle Mathieu sur son portable?
4. Qu'est-ce que Sandrine doit apporter?
5. Pourquoi est-ce que Philippe veut acheter le pain?
6. À quelle heure est-ce qu'ils vont manger?
7. Quand est-ce que la remise des médailles a lieu?
8. Pourquoi est-ce que Paul vient dans la tente?

b Regarde encore une fois la première photo et lis les bulles. Pourquoi est-ce que Tobias ne comprend pas tout de suite Nicolas? Tu peux répondre en allemand.

Écouter et comprendre

51|3

2 a Paul veut parler à toute l'équipe. À ton avis, qu'est-ce qu'il va dire? Tu peux répondre en allemand. (▶ Méthodes, p. 148)

CD 2 14

b Écoute Paul et prends des notes (▶ p. 74/5). Puis, compare tes notes avec le texte (▶ Méthodes, p. 149/16, ▶ Solutions, p. 170). Hinweis: Transkript des Hörtextes → S. 170

//○ ▶ p. 140

Parler

Hinweis zu 3: Einschleifen des Teilungsartikels; Kognitivierung folgt → S. 82/4

50|2 53|11

3 Vous préparez une fête. Faites des dialogues.

– Qu'est-ce que tu apportes?
– J'apporte ___. Et toi?
– ___. Et qu'est-ce qu'on pourrait faire?
– On pourrait ___.
– Ah oui, bonne idée. Et on pourrait aussi ___. / Oh non, on pourrait plutôt ___.

Qu'est-ce qu'on pourrait faire?
danser
écouter de la musique
faire un rallye / un tournoi de beach-volley
préparer un sketch
___

Qu'est-ce qu'on apporte?

Découvrir

Koop **4** **Traduis. Compare avec l'allemand.**

Il faut encore **des** boissons: **du** coca, **de l'**eau minérale et **des** jus de fruits.

S'entraîner

5 a **Écris les recettes. Utilise:** *Il faut du / de la / de l' / des.* (▶ Repères, p. 87/3) ▶ p. 141

51|5 52|6 53|10

WB: Übungsvariante zum Aufdecken

Qu'est-ce qu'il faut pour faire …

1. … un gâteau au chocolat?

2. … une tarte au riz?

CD 2 15 **b** **Tu cherches une recette pour faire une pizza? Écoute et note.** WB: Zuordnungsübung DIFF

KV 37: Lieblingsrezept aufschreiben

6 **Faites des mini-dialogues. Utilisez:**

52|7

beurre, lait, moutarde, fruits, eau,
jus de fruits, œufs, farine, chocolat,
sauce tomate, riz

▶ p. 141

7 a **Qu'est-ce qu'ils disent? Réponds. Utilise:** *Il dit que ___ / Il veut savoir si ___ / Il demande si ___.* (▶ Repères, p. 87/4)

52|8

52|9

b **Gabriel et Bilal téléphonent. Qu'est-ce que Bilal raconte à son équipe? Utilise le discours indirect. Attention aux pronoms!** (▶ Repères, p. 87/4) DIFF WB: Übungsvariante zum Aufdecken

Exemple: Je vais mieux. → Gabriel dit qu'il va mieux.

1 Je vais mieux.

2 Je dois encore rester au lit.

3 J'écoute de la musique.

4 Est-ce que tu as marqué des buts?

5 Est-ce que vous faites la fête, ce soir?

Vocabulaire

8 **Complète ton associogramme sur** *le sport* (▶ p. 75/7). **Tu peux l'utiliser pour la tâche B.**

Écrire

DELF 53|12 DIFF

9 **Le magazine** *Magajeunes* **fait une enquête sur les jeunes et l'Europe. Est-ce que tu as déjà participé à un tournoi, à un échange[1] ou à une rencontre avec des jeunes Européens? Écris un petit article pour ce magazine. Tu peux aussi raconter d'un autre voyage[2].**

Où est-ce que tu es allé/e?
Tu es parti(e)s avec qui?
Qu'est-ce que vous avez fait?
Qu'est-ce que vous avez visité?

Il y a deux mois, je suis parti/e à/en ____ avec ____

1 **l'échange** *m.* der Austausch
2 **le voyage** die Reise

Réviser

Hinweis zu 10: Wiederholung *le, la, les* zur Vorbereitung der indirekten Objektpronomen → *Unité 5*

10 a **Qu'est-ce que c'est? Retrouve les noms. Quelquefois, il y a plusieurs possibilités.**

Exemple:

On peut **le** trouver avec son GPS.

le chemin

1. Les joueurs de Montpellier **la** gagnent.
2. On **l'**achète dans une boulangerie.
3. La femme de Mathieu **les** apporte.
4. L'arbitre **les** voit ou il ne **les** voit pas.

b **À toi! Fais des devinettes comme en a pour tes camarades. Utilise les pronoms objet** *le, la, l', les*.

KV 34: Karte Belgiens zum Ausfüllen

Bienvenue à Liège • Welkom in Luik • Willkommen in Lüttich

Au cœur de l'Europe, **Liège** et sa région vous attendent. Vieux quartiers, rues piétonnes, monuments, musées, promenades à pied, à vélo ou en petit train touristique, à **Liège**, vous avez toujours le choix.

Vous êtes sportif? Montez et descendez les 374 marches de la **montagne de Bueren**.

Vous aimez les bédés? Alors, rendez-vous au musée Hergé à Louvain-la-Neuve. Découvrez la vie et le travail du père de **Tintin** et **Milou**.

Vous aimez les animaux? À **l'aquarium-muséum**, vous pouvez admirer 2500 poissons du monde entier et 20 000 animaux préservés ou ... sous forme de squelettes.

Vous préférez le cinéma? Vous connaissez les films de **Jean-Pierre** et **Luc Dardenne**? Les deux frères ont grandi à Liège et ont choisi cette ville et sa région pour tourner leurs films.

Vous êtes fatigué? Prenez place à côté de Georges Simenon, l'auteur des romans du **commissaire Maigret**. Visitez le quartier d'Outremeuse où il est né et où il a passé sa jeunesse.

Vous n'aimez pas trop marcher? Alors, traversez la ville en bateau. C'est une manière originale de découvrir **Liège**.

Vous avez faim? Découvrez **Liège** et ses spécialités: le chocolat, les gauffres, ...

Lire et comprendre

1 **Regarde le prospectus et donne au moins cinq raisons de visiter Liège.**

Recherche

2 a **Quelles langues est-ce qu'on parle en Belgique? Fais des recherches.**

b **Cherche d'autres informations sur la Belgique.** (▶ www.cornelsen.de/webcodes APLUS-2-84)

Hinweis zu 2b: Unter dem Webcode finden S einen gelenkten Webquest zu Belgien und Brüssel oder alternativ eine Internetrally zu *Liège*.

Choisis une des deux tâches.

CD 2 16–17

A Rencontre européenne

KV 38: Bewertungsbogen *Tâche A*

C'est la fin du tournoi. Toutes les équipes sont dans le grand gymnase et attendent la remise des médailles. Philippe, l'organisateur du tournoi va parler aux joueurs. Mais beaucoup de joueurs ne comprennent pas le français. Imaginez: vous êtes avec eux et vous les aidez. Formez trois groupes: écoutez Philippe et prenez des notes. Puis présentez vos informations aux autres.

Groupe 1:
- Pourquoi est-ce que Philippe est content de ce tournoi?
- Quel est le résultat du tournoi? Faites un tableau.

Groupe 2:
- Quel est le programme pour ce soir et demain?
- Faites une affiche. N'oubliez pas de noter les horaires.

Groupe 3:
- Où est-ce que les cars attendent les équipes, demain?
- Faites un plan du chemin pour aller aux cars.

PF CD 2 18–19 DELF

B En ligne avec nos correspondants

KV 38: Bewertungsbogen *Tâche B*

Après la finale, Bilal appelle Gabriel à Montpellier pour raconter le match. Écoute et écris un texte pour le blog du tournoi.

1. Écoute et prends des notes. (▶ Méthodes, p. 149/16)
   - Qui joue?
   - Comment jouent les deux équipes (l'attaque, la défense, ...)?
   - Comment est l'arbitre?
   - Qui marque des buts?
   - Quel est le score à la fin du match?
2. Utilise tes notes pour écrire ton texte. Utilise aussi ton associogramme. (▶ p. 75/7, p. 83/8).

Nützliche Ausdrücke findest du in den *Repères* (*Qu'est-ce qu'on dit*, p. 86) und im Text (p. 76).

KV 39: Selbstevaluierung des Lernstandes

Qu'est-ce qu'on dit?

Du fragst nach dem Weg
Pardon, Monsieur/Madame,
pour aller à (la gare), s'il vous plaît?

Du beschreibst einen Weg
Vous allez tout droit / jusqu'au (feu rouge).
Vous continuez tout droit / jusqu'à (la gare).
Vous prenez (la première rue à gauche).
Au (deuxième) carrefour, vous allez (tout droit).
(Au feu rouge,) vous tournez à gauche / à droite.
Vous traversez (la place / le pont / le carrefour) et vous y êtes.

1. Tu vas tout droit.
2. Tu prends la deuxième rue à droite.
3. Tu tournes à gauche.
4. Tu traverses la place.

Hinweis: Modell-Dialog in den Lehrermaterialien

Du sprichst über ein (Hand)ballspiel
L'équipe est très forte.
La défense / L'attaque / Le gardien de but agit vite / réagit bien.
Les joueurs ont lutté (jusqu'au bout).
Ils font des fautes.
L'arbitre a donné un carton jaune/rouge à un joueur.
L'arbitre a vu toutes les fautes.
Ils jouent la demi-finale / la finale contre (l'équipe allemande).
Ils vont en finale.
Le joueur n° (dix) a marqué (tous les) buts.

Du machst Vorschläge
On pourrait (faire une fête).
On pourrait (acheter de la tarte au riz et du coca).

Du gibst wieder, was andere sagen/fragen
(Sandrine) demande s'(il faut du pain).
(Gabriel) dit qu'il va mieux.
Il veut savoir si l'équipe a gagné la finale.

Grammaire

Du sprichst über das Ganze oder alle:

Dazu brauchst du:

GH 31 **1**

Ils jouent **toute la** journée.
Il voit **toutes les** fautes.

→ **den Begleiter** *tout*

tout le match — **tous** les matchs
toute l'équipe — **toutes** les équipes

!
tout le match
das ganze Spiel

WB: Lückentextübung

Übt und wiederholt gemeinsam

Übersetzt: *alle Tore, das ganze Finale, jeden Donnerstag, alle Mannschaften, die ganze Mannschaft, jeden Tag, alle Belgier, die ganze Nacht.*

(▶ Solutions, p. 170)

Du verwendest ein Verb, das ein Objekt mit „à“ anschließt: Dazu brauchst du:

GH 32 **2** Bilal parle **à son entraîneur**. → **das indirekte Objekt**

Il parle **à une dame.** → parler **à qn**
Bilal téléphone **à Gabriel.** → téléphoner **à qn**

Vergleiche:
Max invite son copain. direktes Objekt
Max parle à son copain. indirektes Objekt

Übt und wiederholt gemeinsam

Erstellt eine Liste der Verben mit direktem Objekt und eine Liste der Verben mit indirektem Objekt (▶ Liste alphabétique, p. 208–219).
(▶ Solutions, p. 170)

WB: Zuordnungsübung

Du gibst eine unbestimmte Menge von etwas an: Dazu brauchst du:

GH 34 **3** Il achète **du** pain. → **den Teilungsartikel**

Il achète **du** coca. (le coca)
Il achète **de la** charcuterie. (la charcuterie)
Il achète **de l'**eau minérale. (l'eau minérale)
Il achète **des** gâteaux. (les gâteaux)

! ~~de + le~~ = **du**
! ~~de + les~~ = **des**

Übt und wiederholt gemeinsam

Übersetzt: 1. *Ich kaufe Brot.* 2. *Mathieu kauft Getränke.* 3. *Haben wir Mehl?*
(▶ Solutions, p. 170)

WB: Zuordnungsübung **WB:** Aufdeckübung

Du gibst wieder, was andere sagen/fragen: Dazu brauchst du:

GH 35 **4** Mathieu **dit que** c'est bon. → **die indirekte Rede/Frage**

Mathieu: «C'est très bon.»	Mathieu **dit que** c'est très bon.
Philippe: «Est-ce que tout est là?»	Philippe **demande si** tout est là.
Mathieu: «Tu m'entends, Sandrine?»	Mathieu **demande si** elle l'entend.
Paul: «Vous venez, les garçons?»	Paul **veut savoir si** les garçons viennent.
Nicolas: «Je peux poser le plat?»	Nicolas **demande s'**il peut poser le plat.

WB: Aufdeckübung

Neue Verben: **KV 56:** Tabelle zum Notieren der neuen Verben

GH 33 **5** Verben auf -ir (Typ réagir)
GH 36 connaître → ▶ *Verbes*, p. 164–167
▶ 51|4

Lege je eine Verbkarteikarte für die neuen Verben an.

WB: Verbparadigma *réagir, connaître*

Hier kannst du überprüfen, was du in den *Unités* 3–4 an Wortschatz und Grammatik gelernt hast. Unter www.cornelsen.de/webcodes APLUS-2-88 kannst du diese Aufgaben herunterladen und dann ausfüllen.

Hinweis: Arbeitsblätter unter Webcode für Verwendung in Lernplattformen freigegeben.

Vocabulaire

FÖR

1 **Tu fais du shopping avec ton corres. Écris les dialogues dans ton cahier. Utilise *ce*/*cette*/*ces*. Pense aussi à l'accord des adjectifs.**

Exemple: – On achète ce tee-shirt jaune?
– Oui, il est joli. / Non, je trouve qu'il est moche.

beau
nul
joli
moche
pratique
sympa

FÖR

2 a **Trouve les mots. Note-les dans ton cahier.**

1. Quand plusieurs clubs de foot jouent contre d'autres clubs, on parle d'un ? .
2. Pendant cette rencontre, les joueurs font des matchs qu'ils gagnent ou qu'ils ? .
3. Les joueurs ne jouent pas seuls, mais en ? . Leur ? les encourage avant les matchs.
4. L' ? donne des cartons jaunes ou rouges quand les joueurs font des ? .

b **Lis les définitions. Ton/Ta partenaire devine le mot. A commence.** **(B ▶ p. 134)**

a C'est un objet qu'il faut pour monter une tente.
c C'est un endroit où on prend le train.
e C'est quelqu'un qui joue dans une équipe sportive.
g C'est quelque chose qu'on cherche quand on a un problème.

1. le petit-déjeuner
3. la robe
5. le carrefour
7. la demi-finale

Grammaire

Le comparatif et le superlatif

FÖR

3 a **Compare et note les phrases dans ton cahier. Pense à l'accord des adjectifs.**

1

l'équipe en bleu / l'équipe en jaune / fort

2

la vie en ville / la vie dans un village / calme

3
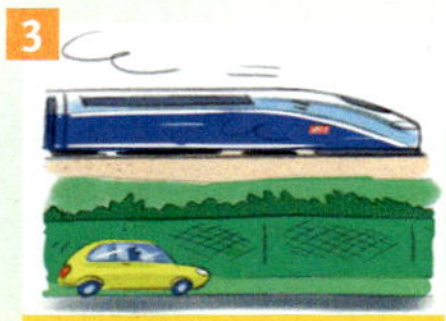

ce train / cette voiture / rapide

4

le jean bleu / le jean noir / cher

5

Marie / Sophie / grand

Hinweis: Diagnosebögen und Förderübungen → Diagnose- und Förderteil der Lehrermaterialien. Auch diese KVs und ihre Hörtexte sind für Verwendung in Lernplattformen freigegeben.

FÖR

b Donne ton avis. Mets les adjectifs au superlatif. Écris les phrases dans ton cahier.

Exemple: 1. Je trouve que «Intouchables» est le film le plus drôle de tous les temps.

film/drôle bédé/célèbre joueur/fort ville/beau chanteuse/bon sport/branché …	du moment de France d'Europe de tous les temps …

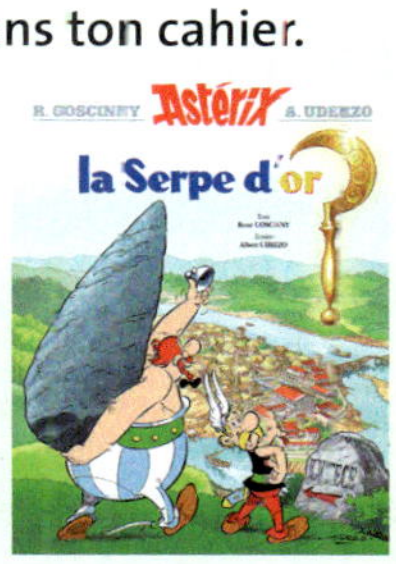

le parkour

William Accambray

L'article partitif *du / de la / de l'*

FÖR **4** **Tu prépares une fête et tu fais les courses. Qu'est-ce que tu dois acheter? Note les noms avec l'article partitif dans ton cahier.**

1. Pour une tarte aux pommes il faut …
2. Comme boissons il faut …

Le déterminant indéfini *tout*

FÖR **5** **Qu'est-ce qu'ils font? Complète les phrases par** *tout le*, *toute la*, *tous les*, *toutes les*.

1. ? classe / *écouter* / la prof.
2. Au CDI, on / *ranger* / ? bédés sur l'étagère.
3. Gabriel / *appeler* / ? joueurs de son équipe.
4. Elle / *manger* / ? chocolat.
5. ? filles / *adorer* / «bédé des filles».

L'interrogation indirecte

FÖR **6** **Ta classe fait une excursion à Montpellier. Votre guide ne comprend pas l'allemand. Tu l'aides.**

Exemple: 1. Elle demande si nous allons à la plage aujourd'hui.

1. **Lea:** Gehen wir heute an den Strand?
2. **Flo:** Ich kenne das Stadtzentrum von Montpellier schon.
3. **Jan:** Gehen wir morgen ins Polygone shoppen?
4. **Max:** Gibt es ein Internetcafé* in dieser Straße?
5. **Max:** Ich muss eine E-Mail senden.
6. **Jan und Max:** Wir haben Hunger.

* **le cybercafé** das Internetcafé

CD 2 20

Augustin est nouveau

* **par semaine** pro Woche

Hinweis: Fakultatives Modul → jederzeit einsetzbar; kann auch wegfallen. *en partitif* und lokal wird verpflichtend in *À plus! 3* eingeführt.

1 a **Lis le texte. Qu'est-ce qu'on apprend sur le nouveau?**

b **De quoi est-ce que Nicolas et Augustin parlent?**

Exemple: 1. Nicolas: «Je n'en ai pas.» → Nicolas parle d'un effaceur.

1. Nicolas: «Je n'en ai pas.»
2. Nicolas: «Tu en veux?»
3. Nicolas: «Tu peux en emprunter deux.»
4. Nicolas: «Tu peux en faire au club Molière.»
5. Nicolas: «On en a beaucoup.»
6. Augustin: «Je n'en ai plus.»

2 **Posez des questions à votre partenaire. Il/Elle répond.**

Exemples:

– Tu as un portable?
– Oui, j'en ai un. / Non, je n'en ai pas.

– Tu veux des bonbons?
– Oui, j'en veux. / Non, je n'en veux pas.

Pour les questions, utilise:

avoir / *vouloir*	un ordinateur un portable un vélo un instrument des animaux des bonbons

faire du sport / de la guitare / ___

Pour les réponses, utilise:

Oui,	j'en ai j'en veux j'en fais.	un/une / deux / ___. beaucoup / trop / ___.
Non,	je n'en ai je n'en veux je n'en fais	pas. plus.

CD 2 21 **3** **Écoute et lis le poème. Puis, continue-le.**

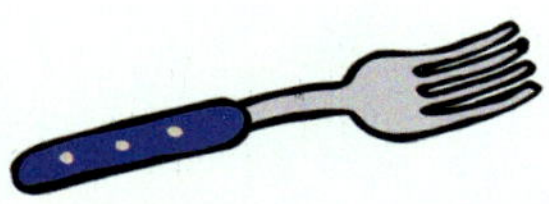

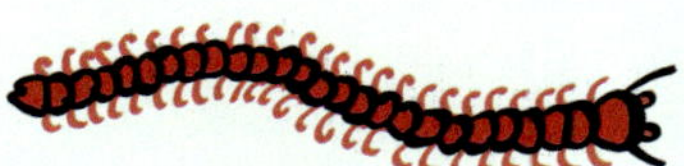

Nous, nous avons deux bras[1]
Les poissons n'en ont pas
Nous avons trente-deux dents[2]
Les fourchettes[3] en ont quatre
Nous n'avons pas de pattes[4]
Les mille-pattes[5] en ont mille[6]
Nous, nous avons deux pieds[7]
Les chaises en ont quatre
Nous avons des oreilles[8]
Les murs[9] en ont aussi
Nous avons un cœur[10]
Les salades aussi

1 **le bras** der Arm
2 **la dent** der Zahn
3 **la fourchette** die Gabel
4 **la patte** die Pfote
5 **le mille-pattes** der Tausendfüßler
6 **mille** tausend
7 **le pied** der Fuß
8 **l'oreille** *f.* das Ohr
9 **le mur** die Wand
10 **le cœur** das Herz

CD 2 22 **4** **Écoute et chante la chanson de ZAZ «Je veux».**
(▶ www.cornelsen.de/webcodes APLUS-2-91)

Unité 5 S comme solidarité

KV 60: Redemittel zur Bildbeschreibung

PF Tâches – au choix

Am Ende dieser Unité kannst du

A verschiedene Persönlichkeitstypen deiner Schule vorstellen.

B Regeln für einen friedlichen Umgang miteinander aufstellen.

Compétences communicatives

Du lernst

- über Schule und Schulprobleme zu sprechen. (▶ V1)
- jemanden aufzufordern, etwas zu tun / zu unterlassen. (▶ V2)
- Handlungen zu beschreiben und zu beurteilen. (▶ V2, V3)
- jemanden zu ermutigen. (▶ V3)

Dazu brauchst du z. B.

- die indirekten Objektpronomen.
- den verneinten Imperativ.
- weitere Adjektive (Typ *courageux/-euse*)
- die Verneinung mit *ne … personne*.
- Außerdem lernst du das Verb *écrire*.

Compétences interculturelles

- Du erfährst etwas über das Schulleben in Frankreich.
- Du lernst ein Antimobbing-Projekt kennen.

Apprendre à apprendre

Du lernst

- wie du beim Schreiben Hilfsmittel im Buch nutzen kannst
- wie du deinen Ausdruck verbessern kannst.

CD 2 23–24

Dans la cour de

KV 19

WB

Drrrring! Enfin, c'est la récré! On va au CDI ou aux toilettes. On retrouve ses copains dans les couloirs et on leur raconte les dernières nouvelles. On sort dans la cour pour jouer. Mais là, les grands font souvent la loi. Pour les petits, ce n'est pas toujours facile. Voilà quelques personnalités de la cour.

La star

Elle est jolie et fait très attention à son look. Tous les garçons sont fans d'elle et toutes les filles veulent être son amie.

Le bon copain

Il a beaucoup d'humour, il est sportif et il est sympa avec tout le monde. On l'aime bien et il n'est jamais seul.

Les surveillants

Ils surveillent la récré, la cantine et la permanence.

F19: Illustrationen des *Volet*-Textes zum Einüben des Vokabulars

WB: Zuordnungsübung

récré

La brute

*Il adore **la bagarre**: il est toujours le plus fort. Ses **victimes** sont souvent les plus petits, les élèves **timides** ou les bons élèves.*

Le CPE

*On le voit souvent à la récré. C'est un peu un «super-surveillant»: on lui **signale** tous les problèmes au collège. C'est aussi **le chef** des surveillants.*

La médiatrice

*Elle est là pour aider quand il y a des **conflits** entre élèves et pour trouver des solutions avec eux. On peut aussi lui **confier** ses problèmes **personnels**.*

Lire et comprendre

DELF

56|1
56|2
56|3

DIFF

1 C'est qui? Réponds. (▶ Texte, p. 94–95)

1. Il/Elle est drôle et tout le monde adore ses blagues.
2. Il/Elle aide les élèves quand ils ont des problèmes personnels.
3. Les vêtements et le look sont très importants pour lui / pour elle.
4. Il/Elle surveille les surveillants et écoute les élèves.
5. Les élèves les voient dans la cour, pendant les repas et en permanence.
6. Quand il/elle arrive, les petits ont souvent peur.

Parler

53|14

2 Décris un bon copain ou une bonne copine à ton/ta partenaire. **WB:** Memory

Il/Elle	est sympa/sportif(-ive)/fort(e) en ___. a beaucoup d'humour. a beaucoup d'amis. fait attention à son look. ___.	On peut	lui parler quand on a un problème. lui confier ses problèmes. lui téléphoner pendant des heures. lui raconter les dernières nouvelles. lui demander les solutions des devoirs. ___.

Hinweis zu 2: S verwenden *lui*. Kognitivierung der indirekten Objektpronomen *lui*, *leur* folgt in der nächsten Übung.

Découvrir

3 a Wer ist mit *lui* und *leur* gemeint? (▶ Texte, p. 94–95)

1. On **lui** signale tous les problèmes au collège.
2. On peut **lui** confier ses problèmes personnels.
3. On **leur** raconte les dernières nouvelles.

b Ersetze die indirekten Objekte durch *lui* oder *leur*.

1. Nathan | donne | un cadeau | à Lisa.
→ Nathan | ? | donne | un cadeau.

2. Bilal | raconte | des blagues | à ses amis.
→ Bilal | ? | raconte | des blagues.

3. Zoé | envoie | un mail | à Martin.
→ Zoé | ? | envoie | un mail.

Quelqu'un lui a passé le ballon ...

S'entraîner

4 a Complète. Utilise *lui* ou *leur*. (▶ Repères, p. 108/1)

▶ 57|4

1. Pourquoi est-ce que tu confies tes problèmes à Rose?
   – Je ? confie mes problèmes parce que c'est ma meilleure amie.
2. Pourquoi est-ce que tu ne parles plus à Fred et à Maxime?
   – Je ne ? parle plus parce que ce sont des brutes.
3. Pourquoi est-ce que vous ne répondez pas au prof?
   – On ne ? répond pas parce qu'on n'a pas compris la question.
4. Qu'est-ce que M. Lafargue a confisqué à Samira et à Isidore?
   – Il ? a confisqué leurs portables.

b Qu'est-ce qu'ils font? Fais des phrases et utilise *lui* ou *leur*. (▶ Repères, p. 108/1)

Exemple: Il/*dire* bonjour *aux élèves* → Il leur dit bonjour.

WB: Übungsvariante zum Aufdecken

▶ 57|5

1

M. Pi / *dire* bonjour *aux élèves* → M. Pi leur dit bonjour.

2

Il/*poser* une question *aux élèves*

3

Amélie/*pouvoir* répondre *au prof*

4

Sébastien/*envoyer* un texto *à une élève*

5

Malika/*raconter* les dernières nouvelles *à ses copines*

6

Ils/*dire* au revoir *au prof*

Regarder et comprendre

DVD-Track 6: *Qui fait quoi au collège?*

DVD **5** **Regarde la séquence. Qu'est-ce qui est comme dans ton école? Qu'est-ce qui est différent? Raconte.**

▶ 58|6

KV 40: Arbeitsblatt zur Bearbeitung der Übung

Écrire

6 **Fais un portrait comme dans le texte (▶ p. 94–95). Décris «le prof préféré des élèves» ou «l'élève préféré des élèves».**

//O ▶ p. 141

WB: Memory

KV 44: Personentypen zum Beschreiben

CD 2 25–29

Au secours!

Hinweis: *mal finir* und *J'y vais!* werden lexikalisch eingeführt (als *Chunks*).

F 20: Redemittel zu Konflikt/Konfliktlösung

KV 58

WB

1 Zoé et ses copains sortent du collège. Ils voient deux jeunes qui agressent Cédric, un petit de sixième.

2 L'un des deux garçons tient le petit par le bras. L'enfant crie et appelle au secours.

3 Cédric est malheureux. Il pleure.

4

KV 58: Interjektionen im Französischen und Deutschen

WB: Sortierübung

Lire et comprendre

1 a Vrai ou faux? Corrige les phrases fausses. DIFF

DELF 59|1

1. Deux jeunes agressent un enfant.
2. Ils veulent son portable.
3. Cédric ne crie pas. Il a trop peur.
4. Les brutes font mal à l'enfant.
5. Le petit leur donne son portable et son argent.
6. Zoé veut aider Cédric.
7. Lisa a peur. Elle veut partir.
8. Nathan a une idée: il va parler aux deux brutes.
9. Bilal est d'accord avec Zoé.
10. Les quatre copains vont chercher le CPE.

b Comment est-ce qu'on dit cela en français?

1. Wie sagt Cédric, dass die Jugendlichen ihn nicht anfassen sollen?
2. Wie drückt er aus, dass einer der Jugendlichen ihm wehtut?
3. Wie ruft er um Hilfe?
4. Wie sagt Zoé, was sie vom Verhalten der Jugendlichen hält?
5. Wie kündigt sie an, dass sie jetzt einschreiten will?
6. Mit welchen Worten hält Lisa Zoé zurück?

WB: Lückentextübung

Parler

Hinweis zu 2: Erste Anwendung des verneinten Imperativs; funktioniert ohne vorherige Kognitivierung.

2 Tu as un problème. Ton/Ta partenaire te donne un conseil. A commence. (B ▶ p. 134)

53|13

A

1. Je suis fatigué/e.
3. J'ai vu une bagarre dans la cour.
5. Je n'ai pas compris l'exercice.
7. ___.

(Ne) pleure (pas).
(Ne) rêve (pas) en cours.
(Ne) préviens (pas) le CPE.
(Ne) va (pas) à l'infirmerie.
(Ne) raconte (pas) tout au surveillant.
(Ne) regarde (pas) la télé jusqu'à minuit.
(Ne) confie (pas) tes problèmes à la médiatrice.
___.

Vocabulaire

DIFF **3** **Trouve le verbe qui convient et complète par la bonne forme.**

agresser	aimer	arrêter	casser	confier	hésiter	pleurer	prévenir	voir

1. Annie est malheureuse parce que son copain ne l'aime plus. Elle ? ses problèmes à sa copine: «Je voudrais savoir s'il ? une autre fille.» Sa copine dit: « ?, s'il te plaît. Ne ? pas à cause de ce garçon! Il est bête.»
2. Hugo et Rémi ? une bagarre dans la cour: Fred ? Julien. Il veut lui ? la figure parce que Julien lui a volé 10 euros. Il faut faire quelque chose, mais quoi? Hugo et Rémi ?. Enfin, ils ? les surveillants.

S'entraîner

60|4 62|8 **4 a** **Xavier présente des personnalités de sa classe. Complète avec le pronom objet indirect** *me*, *te*, *lui*, *nous*, *vous* **ou** *leur*. (▶ Repères, p. 108/1)

1

Farid est mon meilleur copain. Je ? raconte tout.

2

Liane ? emprunte toujours des affaires …

3

Damien et Olivier sont des brutes. Farid et moi, on ne ? parle plus.

4

Madame Verne adore ? raconter sa vie.

CD 2 30–31 **b** **Écoute et chante «S comme solidarité».** (▶ www.cornelsen.de/webcodes APLUS-2-100)

60|3 **5** **Comment est-ce qu'ils sont? Utilise des adjectifs.** (▶ Repères, p. 108/2)

DIFF

1. Henri n'a pas d'amis dans la classe. → Il est seul.
2. Adeline parle trop pendant les cours.
3. Léonie a peur mais elle agit.
4. Paul n'aime pas parler devant la classe.
5. Youssef n'a pas bien dormi.
6. Viviane et Soraya pleurent.
7. Attention, ce chien peut te faire mal!
8. Meryem comprend toujours tout.

courageux	bavard
malheureux	timide
dangereux	fatigué
intelligent	seul

WB: Übungsvariante zum Zuordnen

6 a Fais des slogans pour la salle de classe! (▶ Repères, p. 109/3) **WB:** Übungsvariante zum Aufdecken

61|5
61|6
62|7

Exemple:

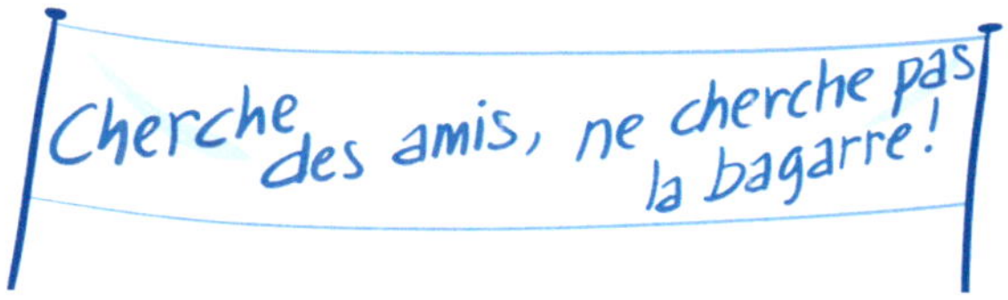

1. chercher des amis – chercher la bagarre
2. réagir avec humour – réagir trop tard
3. faire du foot – faire la loi au club
4. aider les victimes – aider les brutes
5. oublier les conflits – oublier *ses* amis
6. encourager les timides – encourager les gens qui volent
7. applaudir les gens courageux – applaudir les brutes
8. rigoler quand un copain raconte une blague – rigoler quand un grand frappe un petit

b À toi. Fais trois autres slogans comme en a.

Écouter et comprendre

KV 41: Tabellen-Vorlage zur Bearbeitung der Übung

CD 2
32
DELF

7 Comment est-ce qu'Ambre, Yann, Mathis et Noémie réagissent quand ils voient une agression? Écoute l'émission de radio et prends des notes. Tu peux faire un tableau. Puis réponds à la question à l'aide de tes notes. (▶ Méthodes, p. 149/16) //O ▶ p. 141

WB: Übungsvariante zum Markieren

Apprendre à apprendre

KV 42: Tabellen-Vorlage zum Eintragen der nachzuschlagenden Wörter

8 Wie du beim Schreiben Hilfsmittel im Buch nutzen kannst (▶ Méthodes, p. 144/1)

Wenn du einen französischen Text schreiben willst, kannst du die Hilfsmittel im Anhang dieses Buches nutzen. Du willst zum Beispiel ausdrücken: „Anna schreibt Paul eine Mail." Du weißt aber nicht, wie man „schreiben" auf Französisch sagt. So gehst du vor:

1. Schlage das gesuchte Wort in der alphabetischen Vokabelliste nach (▶ Liste alphabétique, p. 208–219). Dort findest du die Übersetzung und die Fundstelle.
2. Schlage das Wort in der chronologischen Liste nach (▶ Liste des mots, p. 174–207). Dort findest du einen Beispielsatz.
3. Hinweise zur Konjugation findest du in der Verbliste (▶ Verbes, p. 164–167).

Wende diese Hilfsmittel in der Aufgabe 9 an.

schreiben jdm etw. écrire qc à qn → 5/3

- qc: Hieran erkennst du, dass du an das Verb ein direktes Objekt anschließen kannst.
- à qn: Hieran erkennst du, dass du an das Verb ein indirektes Objekt anschließen kannst.
- 5/3: Fundstelle: Du findest das Wort in Unité 5 Volet 3.

Écrire – au choix

62|9

9 Le soir, Lisa raconte l'histoire de l'agression dans son journal. / Nathan raconte l'histoire de l'agression dans son blog. Imagine et écris l'un des deux textes. (▶ Texte, p. 98–99, ▶ Méthodes, p. 155/28)

KV 43: Redemittel des *Volet*-Textes zum Ausschneiden

CD 2 33–34

Dites non à la violence!

F19

Nathan frappe à la porte du CPE. Il n'y a personne dans le bureau! Nathan cherche monsieur Lafargue et le trouve devant la salle des profs. Vite, Nathan lui raconte l'histoire. Quand ils arrivent devant le collège, les deux agresseurs sont déjà partis. Zoé, Lisa et Bilal consolent Cédric.

M. Lafargue: Tu es blessé, Cédric? Ils t'ont fait mal?

Cédric: Ça va, Monsieur, mais j'ai eu très peur.

M. Lafargue: Ils t'ont volé quelque chose?

Cédric: Oui, ils m'ont pris mon argent et mon casque.

M. Lafargue: Tu connais ces deux garçons?

Cédric: Je ne veux dénoncer personne ... sinon, après, ils vont me harceler.

M. Lafargue: N'aie pas peur, tu peux tout me dire. Tu sais, ils vont recommencer et on ne peut pas accepter ça. C'est trop grave.

Bilal: Moi, je les connais. Ils sont dans un autre collège. Ils frappent les petits et leur volent leurs affaires. Les victimes n'osent pas les dénoncer parce que ces types les menacent. Mon frère, qui a fait de la boxe avec eux, les connaît bien. Ils sont très forts et peuvent être assez violents.

Zoé: Pfff! Ils sont lâches. Ils agressent les plus faibles! C'est nul!

M. Lafargue: Tu as raison. Mais vous, vous avez bien agi. Quand on est témoin d'une agression, il faut réagir. Bon, venez avec moi, nous allons prévenir le principal et appeler la police. Sois rassuré, Cédric, ces deux jeunes vont te laisser tranquille.

Nathan: J'ai une idée! On pourrait écrire une charte contre la violence.

Lisa: Oui, et on l'écrit pour le journal du collège!

F19: Illustration aus *V1* zum Wiederholen des Vokabulars

Lire et comprendre

DELF 63|1 63|3

1 **Réponds aux questions.** ▶ p. 142

1. Où est-ce que Nathan trouve le CPE?
2. Qui est devant le collège quand M. Lafargue et Nathan arrivent?
3. Qu'est-ce que les agresseurs ont volé à Cédric?
4. Qui connaît les agresseurs?
5. Qu'est-ce que M. Lafargue veut faire?
6. Qu'est-ce que Nathan et Lisa veulent faire?

Parler

63|4

2 a **A est témoin de cette agression et téléphone à B pour demander du secours. B lui pose des questions et A répond. (B ▶ p. 134–135)**

b **B est témoin d'une autre agression. A lui pose des questions. B répond et A prend des notes.**

c **Comparez vos notes avec le dessin correspondant.**

WB: Übungsvariante zum Aufdecken

A

1. Où est-ce que l'agression a lieu?
2. L'agresseur est un garçon ou une fille?
3. Qu'est-ce qu'il/elle porte?
4. Qu'est-ce qu'il/elle fait?
5. Est-ce que la victime est blessée?

S'entraîner

64|6

3 a **Les jeunes sont différents. Continue les phrases d'après le modèle. Utilise** *ne … personne*, *ne … rien*, *ne … jamais*. **(▶ Repères, p. 109/4)** DIFF

Exemple: 1. Annabelle aide tout le monde. Isabelle n'aide personne.

2. À la cantine, Magali mange tout. Séverine ___.
3. Foued répond toujours aux profs. Dylan ___.
4. Ludivine a toujours raison. Anaïs ___.
5. Zorah veut dénoncer des élèves. Bakar ___.
6. Fred fait toujours ses devoirs. Greg ___.
7. Bruno a menacé des petits. Marius ___.

WB: Aufdeckübung

b **Tu trouves cet article sur un problème de harcèlement au collège. Mais il est déchiré. Retrouve l'ordre des mots. (▶ Repères, p. 109/4)**

1. de problèmes | a | n' | avec l'agresseur | La victime | eu | jamais
2. ne | Les témoins de l'agression | dénoncer | veulent | personne
3. rien | ne | veulent | dire | Les élèves de la classe
4. dit que son fils | a | Le père de l'agresseur | n' | personne | menacé
5. n' | fait | qu'il | a | rien | dit | Il

Hinweis zu 3: *ne … jamais* / *ne … rien* = Wiederholung
ne … personne = neu ⚠ Stellung!

Vocabulaire

63|2 DIFF

4 **Trouve l'intrus et justifie ta réponse. Tu peux répondre en allemand.**

1. frapper qn – agresser qn – consoler qn – faire mal à qn
2. prévenir qn – aller chercher qn – rigoler – appeler au secours
3. C'est honteux! – C'est lâche! – C'est l'horreur! – C'est génial!
4. Ça va mal finir! – N'aie pas peur! – Sois rassuré! – Viens, je vais te consoler!

WB: Übungsvariante zum Markieren | **KV 45:** Tabellen-Vorlage zum Ausfüllen

Écouter et comprendre

CD 2 35 DELF 64|7 DIFF

5 **Écoute le dialogue. Pourquoi est-ce que Mohamed appelle sa mère? Qu'est-ce qui se passe tout à coup? Prends des notes, puis raconte.** (▶ Méthodes, p. 149/15–16)

Wenn du nach Frankreich fährst, musst du dir diese Notrufnummern merken:

la police 17

les pompiers 18

le SAMU 15

*(le **s**ervice d'**a**ide **m**édicale **u**rgente)*

Apprendre à apprendre

6 **Wie du deinen Ausdruck verbessern kannst** (▶ Méthodes, p. 156/29.2) **WB:** Aufdeckübung

a Vermeide in Texten die Wiederholung von Nomen und Eigennamen. Das kannst du tun, indem du z. B. Objekt- oder Personalpronomen verwendest. Du kannst ein Pronomen immer dann einsetzen, wenn es für eine Sache oder eine Person steht, die unmittelbar zuvor erwähnt wurde. Der Bezug muss eindeutig sein. Überarbeite auf diese Weise die Sprechblasen in der Aufgabe 6b.

b Lest den folgenden Dialog. Er enthält einige Wiederholungen. Welche sind nötig? Welche vermeidbar? Spielt den Dialog zu zweit nach und ersetzt überall dort, wo es möglich ist, die Nomen und Eigennamen durch Pronomen. ▶ p. 142

Réviser

7 a Les questions de la récré. Trouvez dix questions. Il y a plusieurs possibilités.

Est-ce que/qu'	on a après la récré?
Qu'est-ce que/qu'	tu trouves mon nouveau look?
Pourquoi est-ce que/qu'	ton casque a coûté?
Combien est-ce que/qu'	vous avez vu le match à la télé hier soir?
Où est-ce que/qu'	on joue au foot?
Comment est-ce que/qu'	tu ne parles plus avec moi?
Quand est-ce que/qu'	tu as acheté ta chemise?
	il y a à la cantine à midi?
	vous cherchez toujours la bagarre?
	on a cours de français aujourd'hui?

b À toi. Trouve cinq autres questions. Pose ces questions à ton/ta partenaire. Il/Elle répond.

Hinweis zu 7: Wiederholung der Fragestellung mit *est-ce que*. *Unité 6* führt die Inversionsfrage (rezeptiv) ein.

Regarder et comprendre

DVD-Track 7: *Les claques*

KV 46: Arbeitsblatt zur Bearbeitung der Übung

DVD **8 a** Regarde la séquence sans le son. Qu'est-ce que tu vois? Raconte.

b Regarde la scène dans la cour encore une fois sans le son. À ton avis, que disent les acteurs? Écris un dialogue.

65|8

c Puis regarde toute la séquence avec le son. Comment est-ce que tu la trouves? Donne ton avis. Tu peux utiliser tes listes d'expressions (▶ p. 57/8, ▶ p. 60/6).

C'est un film important. | Cette séquence montre bien le problème du harcèlement.

La scène dans ___ est terrible. | Cette séquence est exagérée. | ___.

On voit que le témoin hésite. | Ça (ne) me plaît (pas). | La fin est ouverte.

Hinweis zu 8: Weitere Infos, Materialien und Filme des französischen Bildungsministeriums → Internet unter *„Agir contre le harcèlement"*

Activité – au choix

9 a Tu es témoin de cette scène. Tu la racontes à quelqu'un. Qu'est-ce que tu lui dis?

b Vous avez vu la séquence de l'exercice 8? Après le cours, un élève parle à la prof. Imaginez leur dialogue.

harceler qn | frapper qn
faire mal à qn | faire peur à qn
menacer qn | agresser qn | ___

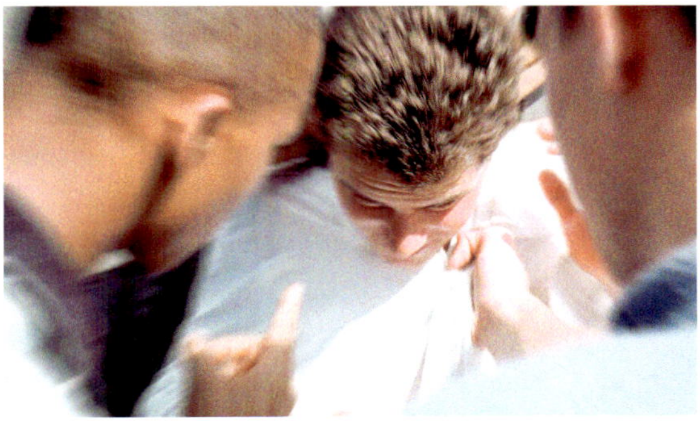

KV 57: Wortgitterrätsel zum Reaktivieren der *„petits mots"* (Konjunktionen, Adverbien etc.)

Le harcèlement, c'est quoi?

Ce sont des «petites» violences répétées. Elles peuvent être physiques: coups, jeux dangereux imposés, affaires volées ou cassées. Elles peuvent aussi être psychologiques: le plus souvent, ce sont des menaces ou des moqueries (p. ex. parce que quelqu'un est très petit, très gros ou très pauvre). Les victimes? 8 à 10 % des collégiens, ce sont en moyenne trois ou quatre élèves par classe!

Qui sont les victimes?

- **9,4 % des élèves de 6e** disent qu'ils sont victimes de harcèlement, contre **5,6 % des élèves de 3e**.
- ***9,2 % des garçons*** *disent qu'ils sont victimes de harcèlement, contre* ***5,6 % des filles.***

Confier ses problèmes

Parmi les victimes qui parlent, **38,4 %** confient leurs problèmes à leur famille, **34,3 %** à leurs amis, et seulement **5,6 %** à un adulte du collège. Il y a toujours **21,7 %** des victimes de harcèlement qui ne parlent à personne …

Oser réagir

Devant un cas de harcèlement, près de deux témoins sur trois préfèrent ne rien faire et ne rien dire.

Médiation

1 Tu as lu cet article sur le problème du harcèlement. Qu'est-ce que tu as compris? Raconte à un ami / une amie qui ne parle pas le français.

Écrire

2 Que pense ce garçon? Quel est son problème? Imagine.

Choisis une des deux tâches.

PF **A** **Des personnalités de notre collège** KV 47: Bewertungsbogen *Tâche A*

Présente des personnalités de ton collège à ton/ta corres français. Chosis trois personnes et fais leur portrait. Tu peux faire un petit film ou une affiche pour les présenter.

- Wie heißen die Personen, die du vorstellen möchtest? (► Banque de mots, p. 173)
- Wo findet man sie in der Schule meistens?
- Was ist typisch für sie?
- Welche Rolle oder Funktion haben sie in der Schule?
- Mit welchem Anliegen geht man zu ihnen?

Nützliche Ausdrücke findest du im Text (p. 94–95).

KV 44: Personentypen zum Beschreiben

PF **B** **En ligne avec nos correspondants** KV 47: Bewertungsbogen *Tâche B*

oop

Vos correspondants français veulent faire quelque chose contre la violence au collège. Sur leur blog, ils demandent des idées pour une charte de solidarité. Aidez-les.

- Überlege dir drei Situationen an der Schule, in denen man sich solidarisch zeigen kann.
- Notiere Wörter, mit denen du über diese Situationen auf Französisch sprechen kannst.
- Vergleicht eure Ergebnisse zu zweit. Erstellt zusammen eine Liste von fünf Regeln für ein friedliches Miteinander an der Schule.
- Stellt euren Mitschülern eure Regeln vor.
- Stellt dann in der Klasse eine Liste mit zehn Regeln für eure Partnerklasse zusammen.

Nützliche Ausdrücke findest du in den *Repères* (*Qu'est-ce qu'on dit*, p. 108) und im Text (p. 98–99, p. 102).

KV 48: Selbstevaluierung des Lernstandes

Qu'est-ce qu'on dit?

59|2

Du forderst jemanden auf, etwas zu tun oder zu unterlassen
Il faut (faire quelque chose).
Arrête/Arrêtez (ou ça va mal finir).
Ne me touche/touchez pas.
Ne fais/faites pas ça.
Ne crie/criez pas comme ça.

Du rufst um Hilfe
Au secours!

Du beurteilst etwas
On ne peut pas accepter ça.
C'est trop grave/dangereux.
C'est honteux/lâche.
Vous avez bien agi.

Du ermutigst jemanden
N'aie/N'ayez pas peur.
Sois/Soyez rassuré(e/s).
Tu peux / Vous pouvez tout me dire.

Hinweis: → Modell-Dialog in den Lehrermaterialien

Grammaire

Du ersetzt indirekte Objekte:

GH 37 **1**

– Tu parles **à Maurice**?
– Non, je ne **lui** parle plus.

Dazu brauchst du: → **die indirekten Objektpronomen**

– Tu racontes cette histoire à ton copain?
– Tu racontes la bagarre à ta copine?
– Vous confiez vos problèmes aux surveillants?

– Tu	**me**	fais mal!
– Il	**t'**	a pris ton sac?
– Oui, je	**lui**	raconte cette histoire.
– Oui, je	**lui**	raconte la bagarre.
– Ces brutes	**nous**	ont fait peur.
– Ils veulent	**vous**	faire peur aussi.
– Oui, on	**leur**	confie nos problèmes.

Übt und wiederholt gemeinsam

1 Vergleicht die direkten und die indirekten Objektpronomen. Welche Formen unterscheiden sich?
2 Übersetzt: 1. *Du tust ihr weh!* 2. *Sie gibt ihnen Geld.* 3. *Sie stehlen ihm sein Handy.*
(▶ Solutions, p. 170)

WB: Aufdeckübung

Du beschreibst Personen:

GH 38 **2**

Ils sont **courageux**.

Dazu brauchst du: → **die Adjektive auf *-eux***

Il est courageux. Elle est courageuse.
Ils sont courageux. Elles sont courageuses.

WB: Zuordnungsübung

Du forderst jemanden auf, etwas zu unterlassen: Dazu brauchst du:

GH 39 **3**

Ne crie pas.
Ne criez pas. → **den verneinten Imperativ**

Singular	Plural
Ne fais **pas** ça.	**Ne** faites **pas** ça.
Ne le frappe **pas**.	**Ne** le frappez **pas**.
! **N'**aie **pas** peur.	! **N'**ayez **pas** peur.
! **Ne** sois **plus** triste.	! **Ne** soyez **plus** tristes.

Unterscheide beim Sprechen
N'aie [ɛ] pas peur. Hab keine Angst.
Aïe [aj] Aua!

Übt und wiederholt gemeinsam

1 Beschreibt die Bildung des verneinten Imperativs.
2 Fordert euch abwechselnd auf: 1. nicht zu schreiben; 2. nicht zu weinen; 3. nicht mehr traurig zu sein; 4. keine Angst zu haben; 5. nicht mehr zu sprechen.
(▶ Solutions, p. 171)

Weitere Verneinungen:

GH 40 **4**

Je **ne** vois **personne**. → **die Verneinung mit *ne ... personne***

Je	**ne**	frappe	**personne.**
Tu	**n'**	as vu	**personne?**
Il	**n'**	y a	**personne.**
Il	**ne**	va inviter	**personne.**
Elle	**ne**	veut parler à	**personne.**

! Mon fils **n'**a **pas** agressé cette dame.
Mon fils **n'**a agressé **personne.**

Übt und wiederholt gemeinsam

Übersetzt:
1. Er sieht niemanden.
2. Ich finde niemanden.
3. Er hat niemanden gesehen.
4. Ich habe niemanden gefunden.
5. Sie wollen niemanden anzeigen.
6. Wir haben niemandem gedroht.
7. Er wird niemanden anrufen.
(▶ Solutions, p. 171)

WB: Aufdeckübung

Neue Verben: **KV 56:** Tabelle zum Notieren der neuen Verben

GH 41 **5**
→ 63|5

écrire
tenir, prévenir (wie venir)
menacer, dénoncer (wie commencer)
harceler (wie acheter)

→ ▶ *Verbes*, p. 164–167

Lege je eine Verbkarteikarte für die neuen Verben an.

WB: Verbparadigma *écrire*

Hier kannst du überprüfen, was du in den *Unités* 4–5 gelernt hast. Unter www.cornelsen.de/webcodes APLUS-2-110 **kannst du diese Aufgaben herunterladen und dann ausfüllen.**

Hinweis: Arbeitsblätter unter Webcode für Verwendung in Lernplattformen freigegeben.

Compréhension écrite

FÖR

1 Lis le texte et trouve les bonnes réponses.

★★★★★

(23 commentaires clients)

Écrire un commentaire client

Valentin est seul.
Seul dans un collège où la CPE et les professeurs pensent que tout va bien.
Seul dans une classe où tous les élèves savent mais ne disent rien.
Seul en cours à côté de Bastien, une brute qui le harcèle et lui vole son argent mais qui est aussi la star de la classe et que tout le monde aime.
Valentin n'ose rien faire parce qu'il est seul. Il ne peut confier ses problèmes à personne.
Les parents de Valentin adorent leur fils mais ne voient pas qu'il est malheureux.
Le principal observe Valentin et Bastien mais il pense qu'ils sont amis.
Et Valentin reste à côté de l'élève qui lui fait mal. Il passe même ses récréations avec lui et lui donne des biscuits.
Barbara, une fille de la classe, a compris le problème de Valentin et elle n'est pas contre lui. Elle va l'aider. Un jour, elle accompagne Valentin dans les couloirs. Il n'est plus seul.
Alors, il ose enfin faire quelque chose …

1. Quel est le problème de Valentin?
   a Un garçon menace Valentin.
   b Une fille harcèle le copain de Valentin.
   c Un professeur harcèle des élèves.
   d Le principal observe toujours Valentin.

2. Qui connaît le problème de Valentin?
   a son père et sa mère
   b une professeur
   c toute la classe
   d la CPE

3. Qui aide Valentin à la fin?
   a Bastien
   b la CPE
   c une élève de sa classe
   d un garçon qu'il rencontre à la récré

Compréhension orale

CD 2 36

FÖR

2 Tu es à l'école en France. Le prof d'EPS présente le programme de l'association sportive*. Lis d'abord les questions puis écoute et note les réponses dans ton cahier.

a Est-ce qu'il y a une équipe de foot de fille?
b C'est quand, le club de volley?
c Le club de natation, ça coûte combien?
d Le handball, c'est à quelle heure, le vendredi?
e Quand est-ce que le club de ski est à Chamonix?

* **l'association sportive** der Sportverein

Hinweis: Diagnosebögen und Förderübungen → Diagnose- und Förderteil der Lehrermaterialien.
Auch diese KVs und ihre Hörtexte sind für Verwendung in Lernplattformen freigegeben.

PRÉPARATION AU DELF

Production orale

FÖR

3 a Tu es place de la Comédie à Montpellier. Tu cherches les endroits 1–3. Demande ton chemin à B. (B ▶ p. 135)

1 le musée Fabre **2** le Polygone **3** la poste

b Maintenant, B te pose des questions. Explique-lui le chemin.

* **hôtel de ville** *m.* das Rathaus

Médiation

CD 2 37

FÖR

4 Maintenant vous êtes à l'office du tourisme pour demander des informations. Écoute et fais la médiation entre tes parents et le monsieur à l'office du tourisme.

Production écrite

FÖR

5 Imagine: tu habites à Francfort et ton collège a participé à un tournoi de handball international à Montpellier. Ton correspondant français / Ta correspondante française a été malade pendant le tournoi et a dû rester au lit. Tu lui racontes le tournoi dans un mail, à l'aide des dessins et du tableau.

1

2

3

4

5

6

Montpellier – Francfort 17:25	Genève – Francfort 21:22
Bruxelles – Montpellier 21:15	Bruxelles – Genève 23:18
Francfort – Bruxelles 22:22	Montpellier – Genève 20:16

Finale: Bruxelles – Francfort 23:21

KV 49: Tabellen-Vorlage zum Ausführen der Umfrage

La vie en chiffres

CD 2
38–39

En France, les jeunes dorment en moyenne huit heures par nuit, c'est-à-dire **56** heures par semaine, **240** heures par mois ou

3 000 heures par an! Pas mal, non?

Ils passent environ sept minutes par jour sous la douche, c'est-à-dire **2 555** minutes ou **43** heures par an.

Ils passent environ **56** minutes par jour dans le bus, dans le tram ou dans le métro[1], sur leur vélo ou dans leurs baskets, c'est-à-dire **462** minutes par semaine, **1980** minutes par mois ou encore **24 090** minutes par an!

Et aux toilettes? On compte en moyenne **18** minutes par jour, c'est-à dire **108** heures par an!

Les collégiens français ont entre **25** et **28** heures de cours par semaine et environ **16** semaines de vacances par an, c'est-à-dire **900** à **1026** heures de cours par an.

1 **le métro** die U-Bahn
2 **les réseaux sociaux** *m. pl.* die sozialen Netzwerke

1 a Et vous, quels sont les chiffres de votre vie? Faites un sondage dans votre classe.

Combien de temps est-ce que tu chattes par jour?

compter	zählen
en moyenne	im Durchschnitt
environ	ungefähr
par semaine/mois/___	pro Woche/Monat/___
c'est-à-dire	das heißt

b Est-ce que votre vie est comme en France? Comparez vos résultats avec les chiffres français.

Hinweis: Fakultatives Modul → jederzeit einsetzbar; kann auch wegfallen.
Idealer Einsatzort: jederzeit vor *Unité 6* (dort Zahlen über 1000).

En moyenne, les jeunes surfent sur Internet **32** heures par mois (mails, chats, jeux, réseaux sociaux[2]),

c'est-à-dire **384** heures par an.

Les jeunes entre **11** et **14** ans passent en moyenne deux heures par jour devant la télé, c'est-à-dire **730** heures par an.

Leurs parents passent trois heures et demie par jour devant la télé, c'est-à-dire **1277** heures par an!

Les jeunes passent en moyenne une heure cinquante par jour à table, c'est-à-dire

670 heures par an.

Tu veux rester en forme?

Alors rigole **6** minutes par jour, c'est-à-dire **2190** minutes ou **36** heures et demie par an. Ce n'est pas une blague!

Ta rubrique perso

CD 2 41 Tu comptes pour moi

106, 107, 108…
Je compte les heures et
les minutes
209, 210, 211…
Et les moments où on discute.
364, 365…
Je compte les jours de l'année[1],
501, 502, 503…
Nos histoires drôles et nos secrets[2].
885, 886…
Je voudrais toujours le garder,
998, 999…
Le cadeau de notre amitié[3].

1 **l'année** *f.* das Jahr
2 **le secret** das Geheimnis
3 **l'amitié** *f.* die Freundschaft

CD 2 42–43 La chanson des corvées[1]

C'est toujours la même chanson
Il faut ranger ma chambre
Mes pulls et mes pantalons
Ranger les stylos sur le bureau
Et les cahiers dans mon sac à dos[2]
Ranger les livres sur l'étagère
Ne pas oublier de faire la poussière[3]
Passer l'aspirateur[4] et faire mon lit
Mais enfin, ce n'est pas une vie!

Refrain
Pourquoi faire toutes ces corvées?
Pourquoi toujours recommencer?
Je voudrais qu'on me fiche la paix[5]
Je voudrais qu'on me fiche la paix!

1 **la corvée** die lästige Pflicht
2 **le sac à dos** der Rucksack
3 **faire la poussière** Staub wischen
4 **passer l'aspirateur** staubsaugen
5 **Je voudrais qu'on me fiche la paix!** Ich möchte, dass man mich in Ruhe lässt!

CD 2 40 **2** C'est le moment du quiz «La question du jour» sur *Radio Junior*. Écoute et trouve la solution.

CD 2 41 **3 a** Écoute et lis le poème «Tu comptes pour moi». Puis écris ton «poème en chiffres».

CD 2 42–43 **b** Écoute et chante «La chanson des corvées».

c Et toi, combien d'heures par semaine est-ce que tu aides à la maison?

Unité 6 En Languedoc-Roussillon

Tâches – au choix
Am Ende dieser Unité kannst du

A eine Erzählung mit Hilfe eines Lesebildes präsentieren.

B die Sehenswürdigkeiten und Traditionen deiner Region vorstellen.

F 21 / WB: Einstieg in die *Unité*

Hinweis: Diese *Unité* hat den Schwerpunkt Leseverstehen.
Sie kann durch die Lektüre 978-3-06-520149-0 ersetzt werden.

Compétences communicatives

Du lernst

- Informationen über eine Region zu verstehen. (▶ V1)
- eine Erzählung zu verstehen und darüber zu sprechen. (▶ V2)

Dazu brauchst du z. B.

- Zahlen über 1000.
- reflexive Verben.
- die Frage mit Präposition + *qui*/*quoi*.
- die Inversionsfrage.
- Außerdem lernst du Verben auf *-ir* (Typ *offrir*).

Compétences interculturelles

- Du lernst den Languedoc-Roussillon näher kennen.
- Du lernst Erzählungen aus dieser Region kennen.

Apprendre à apprendre

Du lernst

- wie du unbekannte Wörter erschließen kannst.
- wie du einen Lesetext entschlüsseln kannst.
- wie du ein Lesebild erstellen kannst.

WB: Zuordnungsübung

KV 21: Karte zum Beschreiben der Orte in Languedoc-Roussillon

CD 2 44–45

Une région aux mille visages

Le Languedoc-Roussillon, c'est ...

... Montpellier, la capitale de la région, qui compte 255 000 habitants.

les gorges de l'Hérault

la Grotte des demoiselles

le canal du Midi

... une région touristique avec une nature et des paysages magnifiques. Elle attire 15 millions de touristes par an.

... la mer et les plages! La station balnéaire la plus célèbre est La Grande-Motte, construite en 1967.

... une région où on joue beaucoup au rugby. Le Montpellier Hérault Rugby est un des meilleurs clubs de France. Dans ce club, il y a la plus grande école de rugby de France où 530 enfants de 7 à 15 ans s'entraînent tous les jours pour devenir des champions.

… des monuments romains comme le pont du Gard et les arènes de Nîmes.

À l'époque romaine, ce pont amène l'eau dans les villes de la région.

Dans ces arènes, à l'époque romaine, des gladiateurs luttent devant 24000 personnes! Aujourd'hui, au même endroit, on peut voir des corridas et écouter des concerts.

… la cité de Carcassonne, qui existe depuis le Moyen-Âge et qui se trouve entre Toulouse et Montpellier. C'est la plus grande forteresse d'Europe: ses remparts font trois kilomètres. Aujourd'hui, deux millions de touristes par an se promènent entre ses murs.

… une région de traditions. Par exemple, il y a les férias de Nîmes et de Béziers. Tous les ans, elles attirent beaucoup de monde. Pendant plusieurs jours, les gens dansent et s'amusent. Et attention! On lâche aussi des taureaux dans les rues! En juillet, les fans du sport se retrouvent pour le Festival International des Sports Extrêmes.

le Festival International des Sports Extrêmes

Lire et comprendre

1 a Qu'est-ce qu'on peut voir et qu'est-ce qu'on peut faire en Languedoc-Roussillon? Donne des exemples.

▶ 68|1

b Le texte s'appelle «Une région aux mille visages». Pourquoi? Justifie ta réponse.

▶ 70|3

c Retrouve Béziers, Carcassonne, Nîmes et le pont du Gard sur une carte de France. (▶ carte, p. 232)

WB: Übungsvariante zum Markieren

Parler

2 **Imagine que tu vas passer tes vacances en Languedoc-Roussillon. Où est-ce que tu voudrais aller? Pourquoi? Explique à ton/ta partenaire. Tu peux utiliser:**

71|8

Je voudrais	aller à visiter	___	parce que	j'aime j'adore	la mer / la plage / le soleil. le sport / la nature et les randonnées. m'amuser / faire la fête. l'histoire romaine. ___.
				je suis fan du Moyen-Âge. ___.	

Et toi?

Apprendre à apprendre

WB: Memory

3 **Wie du unbekannte Wörter erschließen kannst** (▶ **Méthodes, p. 153/26, p. 154/26.3**)

Koop

a Welche Möglichkeiten kennst du schon, um Wörter zu verstehen, die du noch nicht gelernt hast? Tausche dich mit deinem Partner / deiner Partnerin aus.

b Viele unbekannte Wörter kannst du verstehen, weil sie mit Wörtern verwandt sind, die du schon kennst. Zum Beispiel kennst du ein Nomen (*l'attaque*) und kannst daher ein Verb verstehen, das zu derselben Wortfamilie gehört und daher ähnlich ist (*attaquer*).
Wende diese Vorgehensweise in den Aufgaben **4** und **5a** an.

71|7

DIFF

4 a **Tu connais ces mots. Trouve un mot de la même famille que tu connais déjà.**

1. l'habitant – ?
2. touristique – ?
3. s'entraîner – ?
4. arriver – ?
5. le portable – ?
6. le joueur – ?

b **Tu ne connais pas encore ces mots, mais tu peux les comprendre. Qu'est-ce qu'ils veulent dire? Trouve d'abord un mot de la même famille que tu connais déjà.**

régional

la beauté

montagneux

ensoleillé

la possibilité

historique

Médiation

5 a Lis le texte sur le canal du Midi. Qu'est-ce que les mots surlignés veulent dire? (▶ Méthodes, p. 153/26)

DIFF **b** Ton ami/e est fan d'histoire et de technologie, mais il/elle ne comprend pas le français. Donne-lui les informations les plus importantes sur le canal du Midi. (▶ Méthodes, p. 157/31)

Le canal du Midi

C'est un canal qui va de Sète (près de Montpellier) à Toulouse et qui fait 240 kilomètres de long. Pourquoi est-ce que ce canal existe? Bonne question! À l'époque romaine et au Moyen-Âge, on transporte beaucoup de marchandises[1] en bateau. Mais il n'y a pas de passage pour aller de la mer Méditerranée à l'océan Atlantique et les bateaux doivent contourner[2] l'Espagne et le Portugal. Résultat: on doit faire un voyage[3] de 3 000 kilomètres!

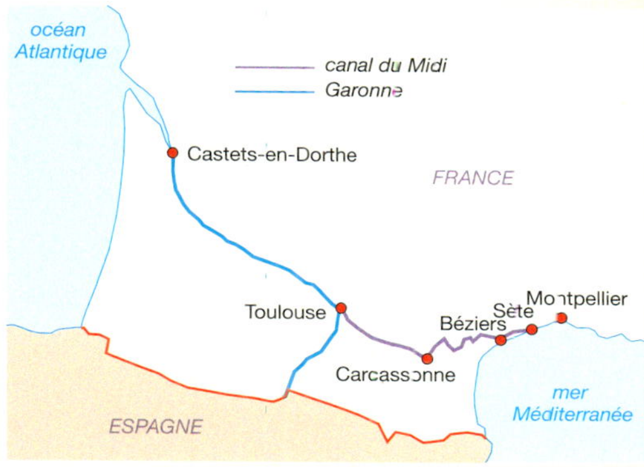

En 1662, l'ingénieur Paul Riquet fait une proposition au roi[4] Louis XIV: construire un canal entre la mer Méditerranée et la Garonne pour aller beaucoup plus vite! Depuis son enfance, ce canal, c'est son rêve. Son idée intéresse le roi, mais il ne dit pas «oui». Il ne dit pas «non» non plus ... Après cinq années d'attente, Riquet a enfin la réponse du roi et peut commencer les travaux. Et quels travaux! Avec l'aide de 12 000 travailleurs et après 15 années, le canal est terminé en 1681. C'est une grande réussite! Beaucoup de bateaux passent par le canal du Midi et transportent des marchandises très différentes: des fruits, du poisson ... et même des pierres pour construire des monuments à Paris!

Le voyage le plus célèbre a lieu en 1716, quand un bateau amène la statue de Louis XIV de Paris à Montpellier. Tout le monde l'attend, on organise une très grande fête et la statue arrive dans le port sous les applaudissements des gens. Quand les premiers trains arrivent, vers 1858, le canal du Midi perd son importance. Aujourd'hui, il reste célèbre, mais il est devenu un chemin touristique.

la statue de Louis XIV à Montpellier

1 **la marchandise** die Ware 2 **contourner** umfahren, *hier:* umschiffen 3 **le voyage** die Reise 4 **le roi** der König

S'entraîner

C 68|2

6 a Il a plu sur la carte postale! Qu'est-ce que Léonie a écrit? Complète.
(▶ Repères, p. 128/1)

▶ p. 143

Salut!
Je passe des vacances super à Carnon, dans une grande maison qui ___ tout près de la mer. Je ___ bien: je vais à la plage avec ma cousine (elle ___ Jenny) et on fait du beach-volley, euh, plutôt: on essaie! On ___ aussi! Les garçons, eux, ___ au foot du matin au soir. Et tous les soirs, quand nous ___, c'est la bagarre pour les meilleures places devant la télé. Mais c'est pour rigoler, bien sûr! Et toi, tu ___ bien? Et ton frère? Vous ___ déjà pour votre tournoi de tennis?
Grosses bises et à bientôt!
Léonie

Lola Mendès
27, allée de la Pinède
33120 Arcachon

se trouver / s'amuser
s'appeler
se baigner
s'entraîner
se retrouver

s'amuser
s'entraîner

b À toi. Ça y est, tu es en vacances! Écris une carte postale à ton/ta corres français/e. Qui utilise le plus de verbes pronominaux (*s'amuser*, *s'appeler*, *se baigner*, *s'entraîner*, *se promener* et *se trouver*)?

▶ p. 143

WB: Lückentextübung

C 65|9
70|4
70|5

DIFF

7 Tu pars en vacances? N'oublie pas tes objets préférés! Mais est-ce que tu sais depuis quand ces choses existent? Demande à ton/ta partenaire. Il/Elle devine.
(▶ Les nombres, p. 163, ▶ Solutions, p. 171)

KV 50: Bingo-Spielkarten zum Ausschneiden

À ton avis, les espadrilles existent depuis quand?

Je pense qu'elles existent depuis ___.

les espadrilles *f.*

le lecteur MP3

le portable

la lampe de poche

l'euro

le bikini

l'appareil-photo *m.*

le skate

les lunettes de soleil *f.*

le jean

1850
1878
1890
1898
1929
1946
1957
1979
1998
2002

Écouter et comprendre

KV 51: Arbeitsblatt zur Bearbeitung der Übung

CD 2 46 ELF ▸ 71|6

8 Lundi matin, *Radio Junior* parle des évènements* du week-end. Fais un tableau, écoute le texte et note:

– les évènements qui ont eu lieu,
– le nombre de spectateurs pour les quatre évènements.

* **l'évènement** *m.* die Veranstaltung

▸ p. 143

WB: Zuordnungsübung

Vocabulaire

9 a Fais un associogramme sur le thème de la région (▸ Texte, p. 116–117), puis complète-le par d'autres mots et expressions que tu connais déjà.

b Complète ton associogramme au cours de l'unité. Tu peux l'utiliser pour la tâche B.

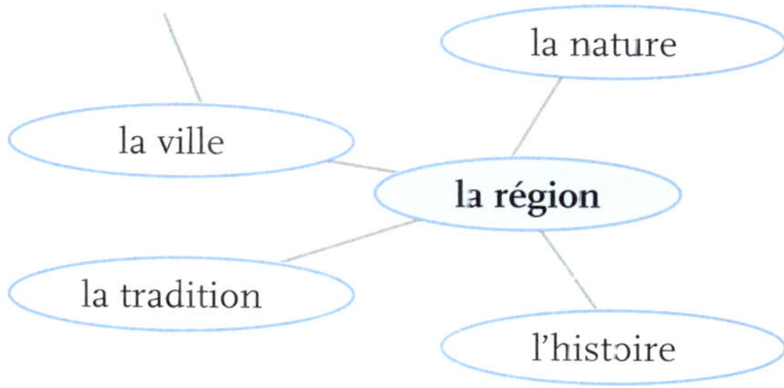

WB: Übungsvariante zum Markieren

Activité

10 C'est quelle tradition du Languedoc-Roussillon? Tu décris ta photo à B et B devine. (B ▸ p. 135)

À gauche, / À droite, Au centre, Au premier plan[1], À l'arrière-plan[2],	on voit il y a	___.

1 **au premier plan** im Vordergrund
2 **à l'arrière-plan** im Hintergrund

WB: Zuordnungsübung KV 60: Redemittel zur Bildbeschreibung

Regarder et comprendre

DVD-Track 8: *Montpellier – ça bouge!*

DVD **11** Le Languedoc-Roussillon est une région qui bouge. Regarde la séquence et dis pourquoi.

F 22: Illustrationen des *Volet*-Textes zum Nacherzählen der Geschichte

CD 2
47–50

La légende du marchand de cages

WB: Sortierübung

Martin, le cousin de Zoé, est à Montpellier pour les vacances. Les jeunes visitent le château de Margon, près de Béziers. Zoé se souvient d'une histoire: la légende du marchand de cages.

Un jeune homme, qui s'appelle Joan, vend des cages à oiseaux sur les marchés de la région. Partout où il va, les gens trouvent ses cages très belles, mais ils ne les achètent pas. Joan est pauvre, il a faim. À qui peut-il demander un peu de pain?

Un jour, le marchand de cages arrive dans un village où les habitants fêtent l'arrivée du printemps. Ils ont mis leurs plus beaux vêtements. Ils dansent et ils chantent, ils font la fête. Joan, lui, est malheureux et fatigué. Alors, il demande de l'argent à un homme qui lui répond:

– Tu es jeune et fort. Pourquoi ne travailles-tu pas? À quoi passes-tu ton temps?

Joan lui raconte ses problèmes. L'homme l'écoute, il le comprend. Tout à coup, un bel oiseau bleu se pose sur son bras. Alors, l'homme dit à Joan:

– Je t'offre cet oiseau qui va t'aider. Il va te donner assez de pain et bien d'autres choses jusqu'à la fin de ta vie!
– Oh, merci! Vous êtes bon! Qui êtes-vous?

Mais l'homme ne répond pas. Il a disparu.

Apprendre à apprendre

1 Wie du einen Lesetext entschlüsseln kannst (▶ Méthodes, p. 152/25) WB: Zuordnungsübung

Mach dir schon vor dem Lesen klar, worauf du beim Lesen des Textes achten willst. Dann verstehst du mehr, als wenn du einfach drauf losliest. Nutze dazu die „W"-Fragen (*questions-clés*), die du aus dem Deutschunterricht kennst: wer? (*qui?*), was? (*quoi?*), wo? (*où?*), wann? (*quand?*), wie? (*comment?*), und warum? (*pourquoi?*). Notiere sie auf einem Blatt oder als Tabelle.
Lies den Text mehrmals und notiere dir dabei zu jeder Frage, zu der du schon etwas sagen kannst, die Antwort.
Wende diese Technik beim Lesen der Erzählung „*Le marchand de cages*" an.

Le marchand de cages rentre chez lui. Il demande d'abord un bon repas à l'oiseau. Et l'oiseau lui donne un bon repas. Ensuite, Joan demande des nouveaux vêtements, une maison et un cheval aussi! Et l'oiseau lui donne tout cela. La vie est belle, maintenant!

Un jour, le jeune homme part à cheval avec l'oiseau bleu. Il arrive au château de Margon où on prépare une fête de mariage. Mais les invités ne vont pas pouvoir danser parce que les musiciens ne sont pas venus! Et Joan, que fait-il? Il parle à son oiseau et au même moment, cinquante musiciens arrivent. La fête peut avoir lieu!
Le marié, qui a observé la scène, fait une proposition au jeune homme. Il veut échanger son château et la mariée, la belle Isabelle, contre l'oiseau magique. Comment ose-t-il faire cela?! La jeune fille est furieuse.

Isabelle ne veut plus épouser cet homme qui ne l'aime pas! Elle préfère offrir sa vie au jeune marchand de cages!
Joan, lui, regarde Isabelle. Elle est très belle! Elle a des yeux magnifiques et des cheveux couleur d'or! Il l'aime déjà. Alors, il répond au marié que son château ne l'intéresse pas. Mais il échange l'oiseau contre la mariée et repart avec elle, heureux.

Le marié dit alors à ses invités qu'il va être l'homme le plus riche du monde. Et il demande de l'or à l'oiseau. Mais l'animal ne réagit pas. L'homme s'énerve, il crie, mais il ne se passe rien.

– Es-tu magique, oui ou non? De quoi es-tu capable!? Je veux de l'or, beaucoup d'or, vite!

Le bel oiseau bleu regarde alors le marié dans les yeux, puis il ouvre la porte de sa cage et s'envole pour toujours.

Lire et comprendre

72|1 **2 a** **Lis le texte et réponds aux questions-clés.** (▶ Méthodes, p. 153/25.3)

72|2 **b** **Raconte l'histoire à l'aide des dessins. Utilise tes réponses de a.**

c **Discutez à deux. Expliquez pourquoi …** DIFF

… l'homme offre un oiseau à Joan.
… Isabelle préfère épouser Joan.
… Joan donne l'oiseau au marié.
… l'oiseau bleu s'envole.

Parler

3 Pose des questions à ton/ta partenaire. Il/Elle répond. (▶ Repères, p. 129/2)

À qui?
Avec qui?

aller au cinéma
jouer au beach-volley
faire du shopping
envoyer beaucoup de textos
raconter des blagues
faire ses devoirs
passer ses après-midis
penser souvent
confier ses problèmes
partir en vacances
___

S'entraîner

4 Pose des questions à cinq camarades de classe et réponds à leurs questions. (▶ Repères, p. 129/2)

73|5
74|6

Exemples:
– À qui est-ce que tu penses quand tu entends le mot «vacances»?
– Je pense à mes parents, à mes cousins …

– À quoi est-ce que tu penses quand tu entends le mot «vacances»?
– Je pense au soleil, à la mer …

vacances	France
famille	copain
musique	fête
___	

WB: Aufdeckübung

74|7

5 a Voici des titres d'articles du magazine *Magajeunes*. Reformule les questions pour interviewer des jeunes dans la rue. Utilise *est-ce que*. (▶ Repères, p. 129/3) **WB:** Aufdeckübung DIFF

Connaissez-vous votre région?

À quoi jouez-vous?

Que lisez-vous en vacances?

Que pensez-vous des corridas?

Êtes-vous accro au soleil?

Comment console-t-on un ami?

Aimez-vous être seul/e?

Faut-il de l'argent pour être heureux?

b À toi. Trouve cinq autres titres sous forme de questions pour le magazine. Utilise l'inversion. (▶ Repères, p. 129/3)

Apprendre à apprendre

6 **Wie du ein Lesebild erstellen kannst** (► Méthodes, p. 154/27)

a Um darzustellen, wie du einen Lesetext verstanden hast und wie er auf dich gewirkt hat, kannst du ein Lesebild (*une affiche de lecture*) erstellen. Ein Lesebild ist ein gestaltetes Plakat und enthält z. B. den Titel des Textes und eine Zeichnung, die eine für dich wichtige Szene oder die Aussage des Textes veranschaulicht.

b Um dein Lesebild der Klasse zu präsentieren, kannst du es zuerst beschreiben (► p. 121/10) und dann erklären, warum du diese Darstellung gewählt hast. Dazu kannst du die Ausdrücke auf S. 154 verwenden.
Wende diese Technik in der Aufgabe 7 an.

WB: Zuordnungsübung

Activités

7 **Fais une affiche de lecture pour «La légende du marchand de cages».** (► Méthodes, p. 154/27) (► Französisch-Ordner)

8 **Jouez la scène au château (lignes 22–41).**

Hinweis zu 8: Lautes und szenisches Lesen trainieren S selbstständig mithilfe der CD des *Carnet d'activités*. Dort finden sie alle Lehrbuchtexte als Hörtexte.

Écrire – au choix

► 74|8

9 a **«Pourquoi ne travailles-tu pas?» (ligne 11).**
Alors, Joan raconte ses problèmes à l'homme.
Qu'est-ce qu'il lui dit? Imagine.

b **«Comment ose-t-il faire cela?!» (lignes 28–29).**
La belle Isabelle raconte sa journée dans son journal. Qu'est-ce qu'elle écrit? Imagine.

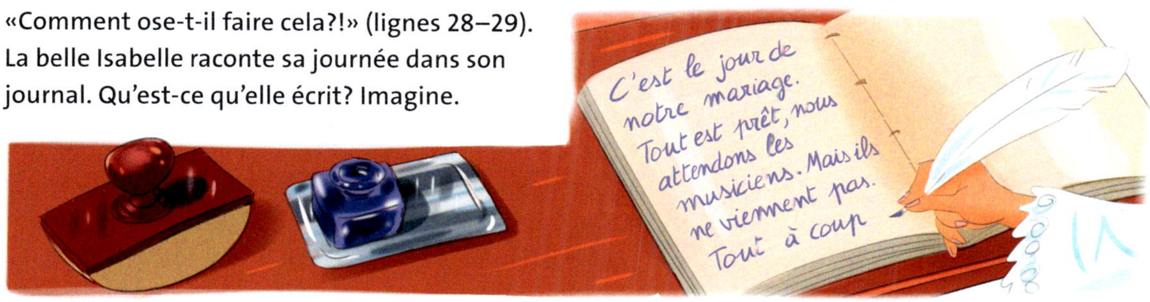

Hinweis zu 9: S schreiben im Präsens.

KV 57: Wortgitterrätsel zum Reaktivieren der *„petits mots"* (Konjunktionen, Adverbien etc.)

Pour aller plus loin

CD 2 51

► 75|9

10 **D'où vient le nom du pic Saint-Loup? Pour connaître la réponse, écoute ou lis «La légende des trois pics du Languedoc».** (► www.cornelsen.de/webcodes APLUS-2-125)

WB: Übungsvariante zum Zuordnen

Choisis une des deux tâches.

PF **A** **«Disparition à Montpellier»** **KV 52:** Bewertungsbogen *Tâche A*

Fais une affiche de lecture sur cette histoire et présente-la. (▶ Méthodes, p. 154/27)

- Lies die Erzählung und entschlüssele sie mit Hilfe der „W"-Fragen. (▶ Méthodes, p. 153/25.3)
- Erschließe unbekannte Wörter (▶ Méthodes, p. 153/26; p. 145/5)
- Welche Einzelheiten aus der Erzählung willst du in deinem Lesebild hervorheben? Gestalte dein Lesebild.
- Sammle Ausdrücke, mit denen du den anderen dein Lesebild beschreibst und begründest, warum du es so gestaltet hast.

Nützliche Ausdrücke findest du in der Übung, p. 121/10 und in den *Repères* (*Qu'est-ce qu'on dit*, p. 128).

Disparition à Montpellier

Aujourd'hui, Lila est contente. Sa classe va visiter le quartier de Celleneuve et l'église Sainte-Croix avec madame Domergue, la prof d'histoire. Après, ils veulent faire un pique-nique dans le parc de Celleneuve. Ils ont rendez-vous devant la gare Saint-Roch où ils vont prendre le bus. Lila se dépêche parce qu'elle est en retard. Quand elle arrive à la gare, ses copains Yann, Lucien, Pauline et les autres sont déjà là.

À Celleneuve, ils prennent des petites rues, puis ils entrent dans l'église pour la visiter. Madame Domergue explique des choses très intéressantes sur l'histoire de Sainte-Croix: c'est l'église la plus ancienne de Montpellier! Yann regarde une statue qui tient une grande tablette dans les mains. Il remarque des dessins sur la tablette. Qu'est-ce que ça peut être? Mais il n'a pas le temps de les regarder parce que le groupe ressort de l'église pour continuer la visite du quartier avec ses vieilles maisons. Ensuite, ils visitent les ruines d'un château. Madame Domergue dit:
– On raconte qu'il y a des souterrains[1] ici qui communiquent[2] avec l'église.
– Des souterrains?, demande Yann. C'est génial! Où sont-ils?
– C'est le problème. On ne le sait pas. Moi, je me demande s'ils existent.

Après le pique-nique, le groupe se promène encore un peu dans le parc. Il fait beau et il y a une bonne ambiance. Max et Jacob jouent au frisbee, les autres parlent et rigolent.
Vers quatre heures, la classe retourne dans le centre-ville. Lila voudrait aller au Polygone avec ses copains, mais ils n'ont pas le temps: Pauline doit passer chez sa grand-mère, Yann a son cours de guitare et Lucien son entraînement de rugby. Alors, Lila rentre chez elle. En ville, elle croise Willy. Elle n'aime pas trop cet homme. On le voit partout. On ne sait jamais pourquoi, mais il est toujours là. On ne sait pas trop qui il est, non plus. Elle n'ose pas trop le regarder. Elle a un peu peur de lui.

Le soir, à table, Lila raconte à ses parents sa journée quand le téléphone sonne. C'est monsieur Alonso, le père de Yann. Il veut parler à la jeune fille. Que se passe-t-il?
– Lila, dit-il d'une voix inquiète, Yann a disparu. Il n'est pas allé à son cours de guitare. Et sur son portable, ça ne répond pas. Sais-tu où il est?

1 **le souterrain** *hier:* unterirdischer Bau
2 **communiquer avec qc** mit etw. verbunden sein

PF

B En ligne avec nos correspondants

KV 53: Vorlage zur Bewertung der dargestellten Sehenswürdigkeiten

Présentez votre région à vos correspondants français à l'aide d'une affiche.

KV 54: Bewertungsbogen *Tâche B*

- Welche Sehenswürdigkeiten gibt es in eurer Region? Sammelt Ideen, diskutiert sie und einigt euch auf die Orte, die ihr eurer französischen Partnerklasse vorstellen wollt.
- Schreibt zu jedem Ort einen kurzen Text. Wenn euch Wörter fehlen, könnt ihr sie in einem Wörterbuch nachschlagen. (▶ Méthodes, p. 145/5)
- Korrigiert eure Texte gegenseitig. (▶ Méthodes, p. 156/30)
- Sucht zu den Texten passende Bilder und gestaltet euer Plakat. Ihr könnt auch eine digitale Präsentation erstellen.

Nützliche Ausdrücke findet ihr in den *Repères* (*Qu'est-ce qu'on dit*, p. 128), im Text (p. 116–117) und in der Übung, p. 121/10. (▶ Banque de mots, p. 173)

KV 55: Selbstevaluierung des Lernstandes

– Non, Monsieur. Mais Lucien le sait peut-être ...

– Non, j'ai déjà téléphoné chez lui, il ne sait pas où est Yann non plus. ... Je vais prévenir la police. ...

Le lendemain, Yann n'est pas au collège et il n'est pas rentré chez lui non plus. Il a peut-être eu un accident? En tout cas, il lui est arrivé quelque chose! Lila, Pauline et Lucien sont très inquiets.

Tout à coup, Lila repense à l'église Sainte-Croix. Elle se souvient de la tête de Yann quand il a regardé une des statues ... Il est peut-être retourné là-bas! Alors, les trois jeunes vont à Celleneuve pour chercher leur copain.

Quand ils entrent dans l'église, Lucien va vite vers la statue avec la tablette.

– Eh, venez voir, dit-il. C'est le plan des souterrains! Regardez, l'église est ici et le château est là! Yann est peut-être au château!

Vite, les trois copains vont dans les ruines du château! Il ne faut pas perdre de temps!

Quand ils arrivent là-bas, Willy est là aussi! Que fait-il là? Les jeunes ont peur. Et ils ont peur aussi pour Yann qui est peut-être en danger!

Maintenant, ils observent Willy qui se penche sur un puits en ruine. Il va tomber!

L'homme a entendu les jeunes derrière lui. Tout à coup, il se retourne et crie:

– Vite, venez m'aider! Un garçon est tombé dans le puits!

Les trois jeunes se dépêchent. Ils tiennent Willy par les jambes et Willy tend la main à Yann. Le pauvre garçon ressort du puits. Il est très pâle, mais il n'est pas blessé. Il leur raconte alors qu'il a voulu retrouver les souterrains. Il a inspecté le puits, mais il a perdu l'équilibre et il est tombé dedans. Il a eu beaucoup de chance parce que le puits est rempli de feuilles mortes[3]. Ça lui a sauvé la vie[4]!

Yann est trop content de voir ses copains. Pauline le console et lui donne de l'eau. Lucien appelle les parents de Yann. Lila, elle, cherche Willy pour lui dire «merci», mais il n'est plus là.

3 **les feuilles mortes** das Laub
4 **sauver la vie** das Leben retten

Qu'est-ce qu'on dit?

Du stellst eine Region vor

C'est une région (magnifique/touristique / de traditions).
C'est (une région) qui attire (15 millions de touristes) par (an).
La capitale de la région, c'est (Montpellier).
La ville de (Montpellier) compte (255 000) habitants.
(La cité de Carcassonne) se trouve (entre Toulouse et Montpellier).
C'est (le monument / la station balnéaire) le/la plus (célèbre).
C'est un des (meilleurs clubs) de (France).
C'est un endroit où on peut voir (des monuments romains) / faire (des randonnées).
À l'époque romaine, / En 1985, / Aujourd'hui, (le pont du Gard est un monument important).

Du sprichst über eine Geschichte:

Cette histoire se passe (au Moyen-Âge). Elle a lieu à (Beziers).
(Cette légende) parle de (Joan, un pauvre marchand de cages).
D'abord, / Ensuite, / Puis, / Enfin, / À la fin, (il est malheureux).
Un jour, (le jeune homme part).
Tout à coup, (un oiseau se pose sur son bras).
Alors, (il parle à son oiseau).

Grammaire

Du sagst, was jemand tut: | Dazu brauchst du:

GH 42 **1** Les gens **s'amusent.** → **reflexive Verben**

	se	**baigner**
je	**me**	baigne
tu	**te**	baignes
il/elle/on	**se**	baigne
nous	**nous**	baignons
vous	**vous**	baignez
ils/elles	**se**	baignent

	s'	**entraîner**
je	**m'**	entraîne
tu	**t'**	entraînes
il/elle/on	**s'**	entraîne
nous	**nous**	entraînons
vous	**vous**	entraînez
ils/elles	**s'**	entraînent

Übt und wiederholt gemeinsam

Legt für die reflexiven Verben der *Unité* Verbkarten an. Übt die Konjugationen mithilfe eines Würfels.

(▶ Solutions, p. 171)

WB: Lückentextübung

Weitere Fragemöglichkeiten:

GH 43 **2**

De quoi est-ce qu'elle parle? → **die Frage mit Präposition +** *qui*/*quoi*

parler **de** qc — **De quoi** est-ce qu'elle parle?
parler **de** qn — **De qui** est-ce qu'elle parle?
penser **à** qn — **À qui** est-ce que tu penses?
penser **à** qc — **À quoi** est-ce que tu penses?

Übt und wiederholt gemeinsam

1 Übersetzt:
1. *Von wem sprecht ihr? (parler de qn)*
2. *Mit wem spricht sie? (parler à qc)*
3. *Wem antwortest du? (répondre à qn)*
4. *Mit wem telefonierst du? (téléphoner à qn)*

2 Jeder bildet drei Fragen mit Präposition + *qui/quoi*. Korrigiert euch gegenseitig und beantwortet die Fragen.

(▶ Solutions, p. 171)

WB: Aufdeckübung

GH 44 **3**

Qui **êtes-vous?** → **die Inversionsfrage**

Est-ce que tu es magique? → **Es-tu** magique?
Qu'est-ce qu'il fait? → Que **fait-il**?
Pourquoi est-ce que tu ne travailles pas? → Pourquoi **ne travailles-tu pas**?

!
Comment **ose-t-il** faire cela?
Que **pense-t-elle** du marié?

Die Inversionsfrage wird vor allem in der geschriebenen Sprache verwendet.

Übt und wiederholt gemeinsam

Beschreibt die Reihenfolge der Satzglieder in der Inversionsfrage.

(▶ Solutions, p. 171)

WB: Aufdeckübung

Neue Verben: **KV 56:** Tabelle zum Notieren der neuen Verben

GH 45 **4**
72|3
73|4

Verben auf -ir (Typ offrir)
vendre (wie attendre)
disparaître (wie connaître)
→ ▶ *Verbes*, p. 164–167

Lege je eine Verbkarteikarte für die neuen Verben an. **WB:** Verbparadigma *ouvrir*

C'était comment, au Moyen-Âge?

CD 2
52

Un groupe de jeunes visite la cité de Carcassonne. Ils discutent avec le guide.

Guide: Au Moyen-Âge, la cité était riche[1] parce que beaucoup de gens faisaient du commerce[2]. Au 12e siècle[3], il y avait entre 3 000 et 4 000 habitants ici.

Arthur: Combien d'habitants est-ce qu'il y a dans la cité aujourd'hui?

Guide: Cent ou peut-être cent vingt.

Cyril: Et vous, vous habitez dans la cité?

Guide: Oui, j'habite ici depuis toujours[4]. Quand j'étais petit, mes parents et moi, nous habitions en face du château et je rêvais d'être chevalier[5].

Lily: Où est-ce que vous alliez à l'école?

Guide: Ici, dans la cité, bien sûr! La cité n'est pas un musée.

Arthur: Est-ce que les enfants allaient à l'école au Moyen-Âge?

Guide: À la campagne, les enfants travaillaient tôt mais dans les villes, il y avait des écoles. Bon, on continue la visite. On prend la petite rue, derrière le restaurant.

Lily: Monsieur, qu'est-ce qu'on mangeait au Moyen-Âge?

Guide: Autrefois[6], on mangeait beaucoup de pain, de la soupe et le dimanche, de la viande[7]. Ça y est, nous arrivons au château …

1 **riche** reich
2 **faire du commerce** Handel treiben
3 **au 12e siècle** im 12. Jahrhundert
4 **depuis toujours** schon immer
5 **le chevalier** der Ritter
6 **autrefois** früher
7 **la viande** das Fleisch

DELF **1 a** **Trouve dans le texte les phrases qui correspondent aux dessins.**

1

2

3

4

b **Le guide parle de la cité de Carcassonne d'hier et d'aujourd'hui. Trouve des exemples pour chaque époque dans le texte.**

Hinweis: Fakultatives Modul → jederzeit nach *Unité 6* einsetzbar; kann auch wegfallen. Das *imparfait* lernen S in *À plus! 3* verpflichtend.

2 a Fais un tableau dans ton cahier et note les formes de l'imparfait que tu trouves dans le texte.

b Complète le tableau.

	être	faire	avoir	habiter	___
je/j'	*étais*				
tu	*étais*	*faisais*			
il/elle					
___					

CD 2 53 **3** Madame Lagrange raconte sa vie. Écoute et lève le doigt[1] quand elle parle d'autrefois.

4 a Qu'est-ce que Marius faisait quand il avait six ans? Imagine. Utilise l'imparfait.

Quand Marius avait six ans, il avait peur du noir[2].

avoir peur du noir[2]
passer les week-ends chez son grand-père
faire des balades avec sa grand-mère
jouer dans la rue
ne pas / *aimer* la moutarde
faire du vélo avec les copains
rêver d'être chevalier
être très bavard

b Et toi, qu'est-ce que tu faisais quand tu avais six ans? Utilise l'imparfait et des expressions de temps.

le week-end   le lundi/mardi   le matin
l'après-midi   le soir   la nuit
toujours   souvent   tous les jours[3]

Quand j'avais six ans, j'habitais à Isny avec mes parents et nous faisions souvent du ski.

1 **lever le doigt** *hier:* sich melden
2 **avoir peur du noir** Angst vor dem Dunkeln haben
3 **tous les jours** jeden Tag

Unité 1

page 14

4 **C'est mercredi. Qu'est-ce que les jeunes font? Posez des questions à votre partenaire. Il/Elle répond. A commence.**

Exemple: **A:** Est-ce qu'Idris joue au ping-pong?
B: Oui. / Non, il joue ___.

Tes informations pour **A**

à	de

Tes questions à **A**

5. Paul/foot?
6. Mathilde/cartes?
7. Maxime/guitare?
8. Flore/percussions?

B

jouer	**au**	ping-pong tennis beach-volley foot handball
	aux cartes	

jouer	**de la**	flûte guitare
	de l'accordéon **du** piano **des** percussions	

Unité 2

page 32

7 **Vous préparez un pique-nique. Jouez le dialogue au téléphone. A commence.**

Ihr begrüßt euch am Telefon.
Deine Antworten auf die Fragen von **A**:
Du hast
1. Jules und Florine angerufen,
2. zwei Flaschen Obstsaft gekauft,
3. Sandwiches vorbereitet.
4. Du bringst deine Hängematte mit.

Du fragst,
5. ob A etwas vorbereitet hat,
6. ob A Chips gekauft hat,
7. ob A seinen/ihren Bruder eingeladen hat.
8. was A (noch) mitbringt.
Ihr verabschiedet euch.

B

page 35

6 a A pose des questions. Tu réponds.

– Oui,	c'est	lui.
– Non,	ce n'est pas	elle.
	ce sont	eux.
	ce ne sont pas	elles.

b Tu poses des questions. A répond.

– Sur la photo numéro 1, est-ce que c'est ___?
– Sur la photo numéro 2, est-ce que ce sont ___ et ___?

Unité 3

page 60

4 A te pose des questions. Donne-lui au moins cinq réponses. Puis pose tes questions à A.

Il faut / Il ne faut pas ...
... être cool.
... crier.
... faire ses devoirs.
... faire les courses.
... ranger sa chambre.
... perdre ses affaires.
... être là pour ses enfants.
... avoir des bonnes notes.
... avoir des notes catastrophiques.
... rentrer tôt/tard à la maison.
... arriver à l'heure / en retard.
___.

1. Qu'est-ce qu'il faut faire pour avoir des enfants contents?
2. Et qu'est-ce qu'il ne faut pas faire?

Unité 4

page 77

4 A a regardé un match de foot à la télé. B a regardé un autre match. Posez des questions à votre partenaire et répondez. A commence.

1. Quel match est-ce que tu as vu?
2. Qui a gagné?
3. Quel score est-ce qu'ils ont fait?
4. Qui a marqué les buts?
5. Est-ce qu'il y a eu des cartons?

FOOTBALL Ligue 1
(Stade Marcel Picot, Nancy)

Nancy – Montpellier
1 : 0

Buts:
André Luiz (11ᵉ minute)
Cartons rouges:
– pour V. Hilton (Montpellier 43ᵉ)
– pour B. Stambouli (Montpellier 60ᵉ)
Arbitre: M. P. Kalt

Fais le point 2

page 88

2 b Lis les définitions. Ton/Ta partenaire devine le mot. A commence. B continue.

b C'est un endroit où on peut tourner à gauche, à droite ou aller tout droit.
d C'est le match qui a lieu avant la finale.
f C'est un repas qu'on prend le matin.
h C'est un vêtement que les garçons ne portent pas.

2. la gare
4. la solution
6. la sardine
8. le joueur

Unité 5

page 99

2 Tu as un problème. Ton/Ta partenaire te donne un conseil. A commence.

2. J'ai mangé trop de chocolat.
4. Je suis malheureux/-euse.
6. J'ai bientôt une interro d'anglais.
8. ___.

(Ne) pleure (pas).
(Ne) rêve (pas) en cours.
(Ne) préviens (pas) le CPE.
(Ne) va (pas) à l'infirmerie.
(Ne) raconte (pas) tout au surveillant.
(Ne) regarde (pas) la télé jusqu'à minuit.
(Ne) confie (pas) tes problèmes à la médiatrice.
___.

page 103

2 a A est témoin d'une agression et téléphone à B pour demander du secours. B lui pose des questions et A répond. B prend des notes.

1. Où est-ce que l'agression a lieu?
2. L'agresseur est un garçon ou une fille?
3. Qu'est-ce qu'il/elle porte?
4. Qu'est-ce qu'il/elle fait?
5. Est-ce que la victime est blessée?

b B est témoin de cette agression.
A lui pose des questions et B répond.

WB: Aufdeckübung

c Comparez vos notes avec le dessin correspondant.

Bilan des compétences

page 111

3 a Tu es place de la Comédie à Montpellier. A te pose des questions. Explique-lui le chemin.

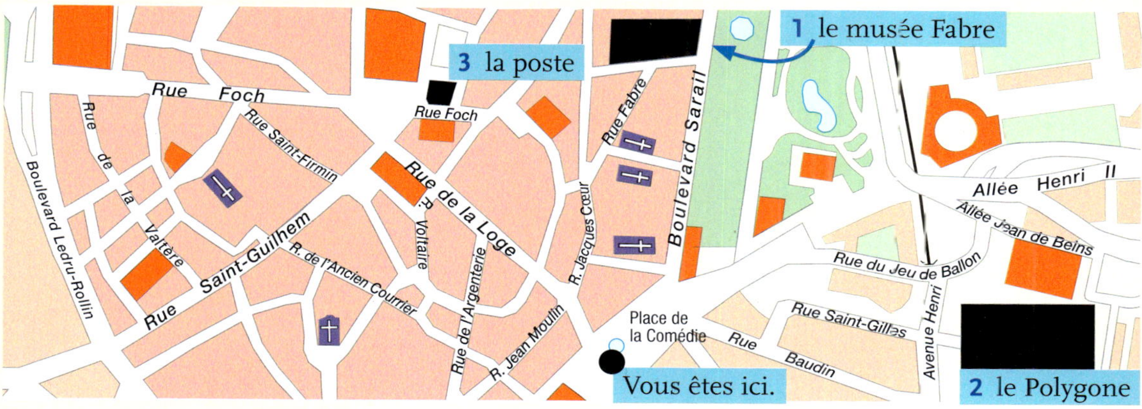

b Tu cherches les endroits 4–6. Demande ton chemin à A.

4 l'hôtel de ville*   5 l'église Saint-Roch   6 l'Office de Tourisme

* **l'hôtel de ville** *m.* das Rathaus

Unité 6

page 121

10 C'est quelle tradition du Languedoc-Roussillon? A commence. Ensuite, tu décris ta photo à A et A devine.

À gauche, / À droite, Au centre, Au premier plan[1], À l'arrière-plan[2],	on voit il y a	___.

1 **au premier plan** im Vordergrund
2 **à l'arrière-plan** im Hintergrund

Unité 1

page 19

//O

8 a **Trouve dix raisons*d'aller à Montpellier.** (▶ Repères, p. 24/2)

Exemple:
À Montpellier il y a des jolis quartiers.
Il y a un grand aquarium fantastique.

* **la raison** der Grund

petit *grand* *joli*	musée(s) rue(s) piscine(s) cinéma(s) place(s) café(s) parc(s) ___	*fantastique* *célèbre* *tranquille* *moderne* *branché* *magnifique* *intéressant* *sympa*

Denke an die Angleichung der Adjektive.

page 20

//O

11 **Expliquez quatre mots à votre partenaire. Utilisez** *où, qui, que/qu'* **et** *pour* **+ infinitif.**

C'est	un endroit	où	___.
	un truc un animal un sport	qui que/qu'	
	quelque chose	pour	

- endroit / *emprunter* des livres
- endroit / *nager*
- animal / *aimer* le poisson
- animal / *habiter* dans l'eau
- *appeler* les copains
- *faire* du camping
- truc / *acheter* à la boulangerie
- sport / *faire* en montagne

Unité 2

page 32

CD 1 33

//O

4 a **Hör dir die Sätze an und lies mit. Ist von Zukunft, Gegenwart oder Vergangenheit die Rede? Woran hast du das erkannt?**

1. Ils ont invité des copains.
2. Ils vont inviter des copains.
3. Il a préparé une salade.
4. Il va préparer une salade.
5. Je fais un gâteau.
6. J'ai fait un gâteau.

page 35

//O **5** **Raconte le samedi de Paul. Qu'est-ce qu'il a fait? Utilise le passé composé avec *être* ou *avoir*. Fais l'accord du participe si nécessaire.** (▶ Repères, p. 44/1)

1. Paul ? dormi longtemps.
2. À midi, sa mère ? partie.
3. Paul ? resté à la maison avec sa sœur.
4. Il ? appelé son copain Pierre.
5. Ils ? parlé pendant des heures.
6. Après, Paul ? regardé des bédés.
7. À 4 heures, il ? allé chez Pierre.
8. Sa sœur ? partie chez leurs grands-parents.
9. Paul et sa mère ? rentrés vers 6 heures.
10. Sa sœur ? restée chez les grands-parents.

page 37

//O **13** **Qu'est-ce qu'on fait avec ces choses? Réponds et utilise *le*, *l'*, *la*, *les*.**

1. Qu'est-ce qu'on fait avec des figurines? → On **les** collectionne.

1. ... un musée? *(visiter)*
2. ... une chanson? *(chanter/écouter)*
3. ... des films? *(regarder)*
4. ... un ananas? *(manger)*
5. ... les devoirs? *(faire)*
6. ... un CD? *(écouter/acheter)*
7. ... le bus? *(prendre/attendre)*
8. ... une bougie? *(souffler)*

page 41

DVD //O **8** **Regarde la séquence et raconte. Utilise le présent.**

Djamel veut aller au ___.
Il est en ___.
Il perd ___.
Après, il cherche ___.
Djamel retourne ___.
Il va chez ___.
Sa copine attend ___.
C'est trop tard pour ___.
Ils regardent ___.

* **le porte-monnaie** der Geldbeutel

Unité 3

page 53

3 **Sur son blog, un jeune acteur a répondu à un fan. Complète les questions par** *quel*, *quelle*, *quels*, *quelles*. **Puis trouve les réponses correspondantes.** (▶ Repères p. 64/1)

1. ? musique est-ce que tu aimes?
2. ? livre est-ce que tu lis en ce moment?
3. ? couleurs est-ce que tu aimes?
4. ? animaux est-ce que tu aimes?
5. ? vêtements est-ce que tu aimes porter?
6. Tu as ? âge?

a J'aime les chevaux.
b J'aime le bleu et le rouge.
c J'aime porter un jean avec un tee-shirt.
d J'ai 21 ans.
e J'aime beaucoup le rock.
f En ce moment, je lis un livre de Fred Vargas.

6 **Prépare des questions (drôles?) pour un/une camarade. Utilise** *quel*, *quelle*, *quels* **et** *quelles*. **Puis faites une interview. Vous pouvez l'enregistrer. Tu peux utiliser :**

jour mois jeu vidéo matière ville vêtements musique film objet dessert endroit recette shampoing bus ___

(ne pas) aimer préférer détester acheter télécharger collectionner visiter manger oublier prendre ___

page 56

4 a **Ils sont comment? Compare. Utilise** ➕ *plus* / 🟰 *aussi* / ➖ *moins* **+ adjectif +** *que*. **Fais attention à l'accord de l'adjectif.** (▶ Repères, p. 65/4)

1 

= grand
Morgane est ___ Chloé.

2 
– pratique
Une robe est ___ un pantalon.

3 
+ beau
Le pull noir est ___ le pull rouge.

4 

= sympa
Alexis est ___ Fabien.

5 

+ calme
Le R&B est ___ le rap.

6 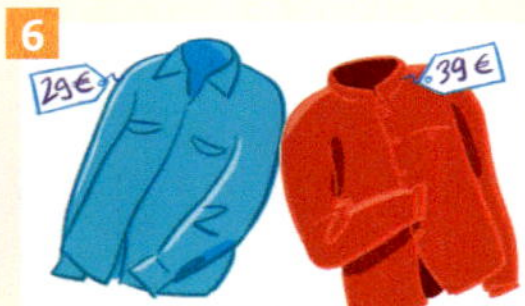

– cher
La chemise bleue est ___ la chemise rouge.

7 
= petit
Le chien est ___ le cochon d'Inde.

8 

+ content
Julie est ___ Lila.

page 57

CD 1 51 //O DELF

7 Tu vas chercher ton nouveau correspondant à la gare. Mais c'est qui? Regarde d'abord le tableau. Il y a des mots-clés. Écoute le texte. Quels mots-clés est-ce que tu entends? Note-les dans ton cahier. Puis écoute le texte encore une fois et trouve ton correspondant.

vêtements	couleurs	accessoires
pull	bleu	casque
tee-shirt	jaune	sac
jean	noir	
baskets	rouge	
	vert	

page 60

//O

5 Échangez vos avis. Utilisez le superlatif. Faites attention à l'accord. (▶ Repères, p. 65/5)

Pour moi, l'acteur le plus drôle, c'est Jamel Debbouze. Et pour toi?

Pour moi, les matières les moins intéressantes, ce sont les maths et l'anglais. Et pour toi?

Pour moi,	la couleur la chanteuse l'actrice la ville la marque (de voiture)	la plus la moins	*intéressant* *drôle* *sympa* *beau* *branché* *catastrophique* *célèbre* *idiot* *terrible* *pénible*	c'est ___.
	le sport le style de musique l'acteur l'animal le magazine	le plus le moins		
	les vêtements les matières	les plus les moins		ce sont ___.

Unité 4

page 78

I/O **6** Complète les phrases. Utilise *tout le*, *toute la*, *tous les*, *toutes les*. (▶ Repères, p. 86/1)

À Marseille, ? jeunes aiment le foot. Nino et ses copains jouent ? mercredis. Aujourd'hui, ils font un tournoi et ils jouent ? journée. ? équipes sont très fortes. Pendant le premier match, Nino a marqué ? buts. Avant le deuxième match, Nino parle à ? équipe. L'arbitre n'a pas vu ? fautes. Mais l'équipe a bien réagi. Est-ce que Nino et son équipe vont gagner ? matchs?

page 79

I/O **12 a** Regarde les dessins et écris un petit reportage sur le match. (▶ Méthodes, p. 155–157/28–30)

DELF

1 hier / *jouer* contre

2 joueur n° ___ / *marquer* / but

3 arbitre / *donner* / carton / à ___

4 joueur n° ___ / *marquer* / but

page 81

CD 2 14 I/O **2 b** Écoute. Quelles notes correspondent au texte? (▶ p. 75/5)

1 *finale Montpellier-Fribourg*

	Fribourg	Montpellier
++	forte, rapide	bonne, peut gagner!!
– –	fautes, gardien, buts = chance	

2 *finale Montpellier-Fribourg*

	Fribourg	Montpellier
++	gardien	rapide, peut gagner!!
– –	défense	

3 *finale Montpellier-Fribourg*

	Fribourg	Montpellier
++	attaque	gardien, peut gagner
– –		

c Lis le texte (▶ Solutions, p. 170) et corrige.

page 82

//O **5 a** **Écris les recettes. Utilise:** *Il faut du / de la / de l' / des.* **(▶ Repères, p. 87/3)**

Qu'est-ce qu'il faut pour faire ...

1. ... un gâteau au chocolat?

farine beurre lait sucre chocolat noir œufs

2. ... une tarte au riz?

farine œufs sucre lait beurre levure riz eau

6 **Faites des mini-dialogues. Utilisez:**

beurre, lait, moutarde, fruits, eau, jus de fruits, œufs, farine, chocolat, sauce tomate, riz

Unité 5

page 97

//O **6** **Fais un portrait comme dans le texte (▶ p. 94–95). Décris «le prof préféré des élèves» ou «l'élève préféré des élèves».**

être branché/cool/drôle
préparer ses cours
ne pas / donner trop de devoirs
poser beaucoup de questions
écouter quand il y a des problèmes
avoir beaucoup d'humour
connaître toutes les réponses
aider ses élèves

WB: Memory

page 101

//O **7** **Que font ces jeunes quand ils voient une bagarre? Fais le tableau dans ton cahier, écoute et coche.**

CD 2 32

ELF

	Ambre	*Yann*	*Mathis*	*Noémie*
prévenir les surveillants				
crier «Arrêtez!»				
prendre ses jambes à son cou				
appeler au secours				

WB: Übungsvariante zum Markieren

page 103

//O **1** **Trouve la bonne réponse.**

1. Où est-ce que Nathan trouve le CPE?
Il le trouve …
a dans son bureau.
b devant la salle des profs.
c dans la cour de récré.

2. Qui est devant le collège quand M. Lafargue et Nathan arrivent?
a Les brutes qui frappent Cédric.
b La victime seule.
c Cédric avec Lisa, Zoé et Bilal.

3. Qu'est-ce que les agresseurs ont volé à Cédric?
Ils lui ont volé …
a son argent et son casque.
b son casque et son portable.
c cinq euros et son portable.

4. Qui connaît les agresseurs?
a Bilal
b Nathan
c Zoé

5. Qu'est-ce que M. Lafargue veut faire?
Il veut …
a prévenir le principal.
b parler avec les agresseurs.
c appeler les parents de Cédric.

6. Qu'est-ce que Nathan et Lisa veulent faire?
Ils veulent …
a harceler les agresseurs.
b écrire une charte contre la violence.
c apprendre la boxe à Cédric.

page 104

//O **6 b** Lest den folgenden Dialog. Er enthält einige Wiederholungen. Spielt den Dialog zu zweit nach und ersetzt die markierten Nomen und Eigennamen durch Pronomen.

Beachtet die Stellung der Objektpronomen im Satz.

Unité 6

page 120

//O **6 a** **Il a plu sur la carte postale! Qu'est-ce que Léonie a écrit? Complète.** (▶ Repères, p. 128/1)

Salut!
Je passe des vacances super à Carnon, dans une grande maison qui ___ trouve tout près de la mer. Je ___ amuse bien: je vais à la plage avec ma cousine (elle ___ appelle Jenny) et on fait du beach-volley, euh, plutôt: on essaie! On ___ baigne aussi! Les garçons, eux, ___ entraînent au foot du matin au soir. Et tous les soirs, quand nous ___ retrouvons, c'est la bagarre pour les meilleures places devant la télé. Mais c'est pour rigoler, bien sûr! Et toi, tu ___ amuses bien? Et ton frère? Vous ___ entraînez déjà pour votre tournoi de tennis?
Grosses bises et à bientôt!
Léonie

Lola Mendès
27, allée de la Pinède
33120 Arcachon

se trouver / s'amuser
s'appeler
se baigner
s'entraîner
se retrouver

s'amuser / s'entraîner

//O **b** **À toi. Ça y est, tu es en vacances! Écris une carte postale à ton/ta corres français/e. Qui utilise le plus de verbes pronominaux (*s'amuser*, *s'appeler*, *se baigner*, *s'entraîner*, *se promener* et *se trouver*)?**

Salut!
Je suis à ____.
se trouver (en France / entre Marseille et Nice / près de Lyon / au bord de la mer)
s'amuser (avec des copains)
se baigner (dans la mer / le matin)
s'appeler (Nino)
s'entraîner (au foot / tous les jours / pour devenir un champion)
se promener (avec qn / le soir / dans la vieille ville)
À bientôt! / À plus!

page 121

//O CD 2 46 **8** **Lundi matin, *Radio Junior* parle des évènements* du week-end. Écoute le texte et note le nombre de spectateurs pour les quatre évènements.**

* **l'évènement** *m.* die Veranstaltung

évènement	*match de foot*	*festival*	*concert*	*corrida*
combien de spectateurs?				

23 000
13 600
19 000
342 000

Outils pour apprendre | Lernhilfen

Hier findest du Lernhilfen, mit denen du selbstständig lernen, üben und wiederholen kannst. Einige davon kennst du schon aus *À plus! 1*.

Neu 1 Nachschlagehilfen in deinem Französischbuch

In deinem Französischbuch findest du viele Übersichten, die dir die Arbeit erleichtern können.

1 Die erste Doppelseite einer *Unité*	Du bereitest dich auf eine Klassenarbeit vor? Auf der ersten Doppelseite jeder *Unité* findest du eine Übersicht über alles, was in der *Unité* vorkommt.
2 *Repères*	Du hast einen Grammatikpunkt noch nicht ganz verstanden? Auf den letzten Seiten jeder *Unité* findest du eine Zusammenfassung des grammatischen Stoffs und der neuen Ausdrücke der *Unité*. Auf den blauen Kärtchen gibt es Übungen, mit denen du selbstständig überprüfen kannst, ob du alles verstanden hast. Die Lösungen dazu findest du im *Solutions*-Teil, p. 168–171.
3 Wortlisten	Wenn du ein Wort vergessen hast, dann schlage es in den Wortlisten (p. 174–207) deines Französischbuches nach. Dort findest du viele nützliche Hinweise: zu Aussprache und Verwendung des Wortes, zu Ausnahmen und zu Wortfamilien. Die dort verwendeten Symbole und Abkürzungen sind auf Seite 174 erklärt.
4 Verbliste	Auf den Seiten 164–167 findest du die Konjugationen aller Verben, die du in Band 1 und 2 kennen lernst. Diese Listen kannst du zum Nachschlagen und zum Lernen verwenden.
5 Glossar der Übungsanweisungen	Du verstehst eine Übungsanweisung nicht? Im *Glossaire*, p. 229 findest du die Übersetzung der häufigsten Übungsanweisungen.

Übung

Löse diese Aufgaben mithilfe deines Französischbuchs.

1. Was heißt „Stimme" auf Französisch? Worauf musst du bei diesem Wort achten?
2. Finde heraus, was „*Justifie ta réponse.*" und „*Décris le dessin.*" auf Deutsch heißen.
3. In welcher *Unité* erfährst du etwas über Montpellier?
4. Welche neuen Verben lernst du in der *Unité 3* kennen?
5. Welche Verben werden genauso konjugiert wie *prendre*?
6. Finde drei regelmäßige Verben auf *-ir*.

2 Verbkartei **WB:** Zuordnungsübung

Lege für die Verben, die du schon kennst, eine Verbkarteikarte an. Auf die Karteikarten trägst du alle Verbformen ein, die du schon kennst. Ergänze deine Verbkarten immer dann, wenn du eine neue Zeitform kennen lernst, z. B. das *passé composé*.

Infinitif *aller*	**Terminaison**	**Régulier** ☐ **Irrégulier** ☒	**Particularité**
	Présent	**Impératif**	
	je/j'		**Futur**
	tu	*Va.*	
	il/elle/on		**Passé composé**
	nous	*Allons.*	je suis *allé/allée*
	vous	*Allez.*	**Imparfait**
	ils/elles		
	se conjugue comme: ———		

3 Lernplakate

Lernplakate sind große Merkzettel, auf denen du alles Wichtige zu einem Thema übersichtlich darstellst.

So gehst du vor:

1. Sammle die Lerninhalte, die du auf deinem Lernplakat darstellen willst.
2. Fertige eine Skizze des Plakats an. Du kannst Zeichen (z. B.: → oder !), Symbole (z. B. ☺ oder ⚠), Kästchen, Farben und Unterstreichungen zur Verdeutlichung verwenden.
3. Überprüfe deine Skizze auf Fehler oder lass sie von deinem Lehrer / deiner Lehrerin korrigieren.
4. Übertrage deine Skizze ordentlich und gut lesbar auf ein festes Papier, das in der Klasse als Lern- und Merkhilfe aufgehängt werden kann.

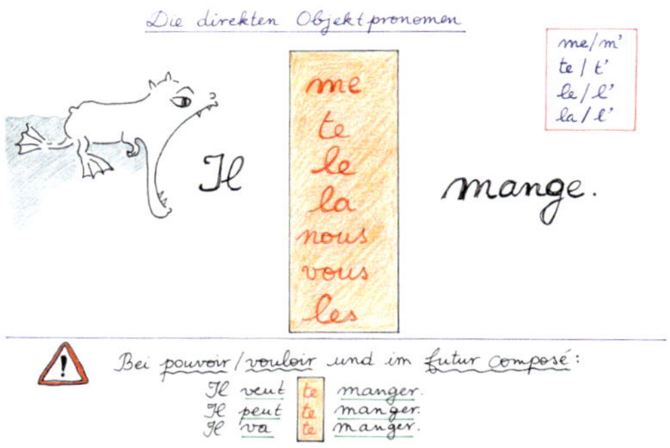

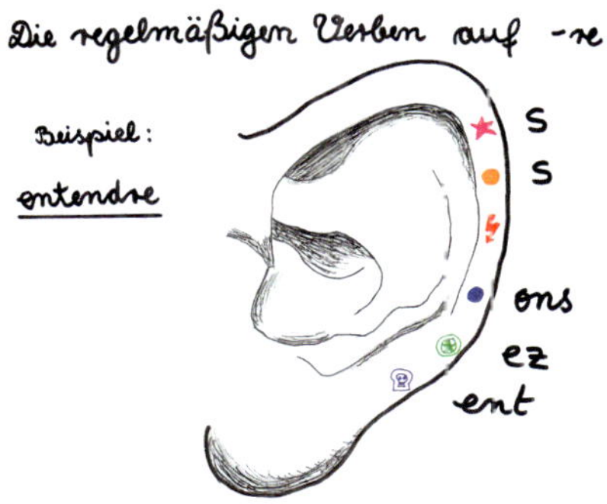

TIPP Wenn du ein Lernplakat nur für dich selbst gestaltest, ist entscheidend, dass *du* damit gut lernen kannst.

Neu 4 Dein Französisch-Ordner

Ein Französisch-Ordner ist ein Lernwerkzeug, mit dem du das, was du in Französisch gelernt hast, sammeln, ordnen und für die nächsten Schuljahre aufbewahren kannst. In einem solchen Ordner hast du alles Wissenswerte parat und kannst es schnell nachschlagen, z. B. wenn du Hausaufgaben machst oder dich auf eine Klassenarbeit vorbereitest. Lege in deinem Französisch-Ordner verschiedene Abteilungen an, z. B. Wortschatz, Informationen über Frankreich, Grammatik, Methoden, Portfolio, Tests und Klassenarbeiten. Wenn du etwas Neues gelernt oder erarbeitet hast, ordnest du es in die jeweilige Abteilung ein.

Erstelle für jede Abteilung ein Inhaltsverzeichnis und trage darin die Inhalte der Abteilung fortlaufend und nummeriert ein.

TIPP Auch deine Verbkartei kannst du in deinem Französisch-Ordner abheften.

Neu 5 Unbekannte Wörter im Wörterbuch nachschlagen

Du suchst ein unbekanntes Wort und findest es nicht in den Wortlisten deines Französischbuches? Schlage es in einem Wörterbuch nach. In einem zweisprachigen Wörterbuch gibt es meistens einen französisch-deutschen und einen deutsch-französischen Teil – so wie in deinem Französischbuch.

Schlage das Wort unter seiner Grundform nach: Verben im Infinitiv, Nomen im Singular, Adjektive in der maskulinen Singularform. Hat das Wort verschiedene Bedeutungen, musst du die passende herausfinden.

TIPP In einem Wörterbuch findest du auch Hinweise zur Aussprache und zum Gebrauch eines Wortes.

1. Das französisch-deutsche Wörterbuch

So ist ein Wörterbucheintrag aufgebaut:

Wortart:
n. = *nom* (Nomen)
v. = *verbe* (Verb)
adj. = *adjectif* (Adjektiv)

Genus:
f. = *féminin* (weiblich),
m. = *masculin* (männlich)

la sardine [saʀdin] *n. f.*

1 *Tier* die Sardine
2 *beim Camping* der Hering (zum Befestigen von Zelten im Boden)
3 **le banc de ~** der Sardinenschwarm
4 **être serrés comme des ~** dicht gedrängt stehen

1, 2, 3, 4 = verschiedene Bedeutungen des Wortes

zusammengesetzter Ausdruck

~ = Tilde (Die ~ ersetzt das gesuchte Wort.)

Übung

1 Welches französische Wort für „Hering“ passt hier am besten?

Wir wollten noch das letzte Zelt aufbauen, aber dann sind uns die Heringe ausgegangen.

2 Welches deutsche Wort für *sardine* passt hier am besten?

Notre repas va être fantastique: on va manger du pain, des tomates et des sardines et comme dessert, un gâteau au chocolat!

TIPP In Online-Wörterbüchern kannst du bei der Suche auch konjugierte Verbformen eingeben (z. B. *ils viennent*).

2. Das deutsch-französische Wörterbuch

Wenn du ein französisches Wort suchst, schlägst du im deutsch-französischen Teil des Wörterbuches nach. Lies den gesamten Eintrag und wähle das für deinen Satz passende französische Wort aus.

1, 2, 3, 4 = verschiedene Bedeutungen des Wortes

umg. = umgangssprachlich (*fam.* = *familier*)

Hering, der

1 *Tier* **hareng** [haʀɑ̃] *n. m.*
2 *beim Camping* **la sardine** [saʀdin] *n. f.*
3 *umg.* **(dünner, schmaler Mann) l'échalas** [eʃala] *n. m.*
4 **keinen ~ vom Teller ziehen** schwach sein

~ = Tilde (Die Tilde ersetzt das gesuchte Wort.)

Redewendung

TIPP Überprüfe das gefundene französische Wort, indem du es auch im französisch-deutschen Teil des Wörterbuchs nachschlägst.

Übung

Das Wort „Schale“ kommt im folgenden Text fünf Mal vor. Schlage „Schale“ im deutsch-französischen Wörterbuch nach und entscheide jedes Mal, welches französische Wort (oder welcher französische Ausdruck) passt.

Liebes Tagebuch, ich habe mich wieder einmal bei meiner Mutter beliebt gemacht. Wir waren bei dem Geburtstag meiner Tante eingeladen (gähn!) und meine Mutter hat mich gezwungen, mich in Schale zu werfen … Als Mitbringsel wollten wir eine große Schale mit Windbeuteln mitbringen (ich liebe Windbeutel!), doch als ich aus dem Auto ausstieg, wurde eine Bananenschale, die auf dem Bürgersteig lag, mir (und der Schale mit den Windbeuteln) zum Verhängnis. Da lagen sie nun, die Windbeutel! Meine Mutter ist fast in Ohnmacht gefallen und ich hätte mich am liebsten in eine Nussschale verkrochen …

Apprendre le vocabulaire | Wortschatz lernen – einprägen – wiederholen

Hier findest du unterschiedliche Techniken, mit denen du Vokabeln lernen und wiederholen kannst. Einige davon kennst du schon aus *À Plus 1*.

6 Mit der Wortliste lernen

Du findest unter www.cornelsen.de/webcodes APLUS-2-147 eine Schablone, mit der du die Wörter in der *Liste des mots* lernen kannst. Die Beispielsätze in der dritten Spalte zeigen dir, wie die Wörter im Satz verwendet werden.

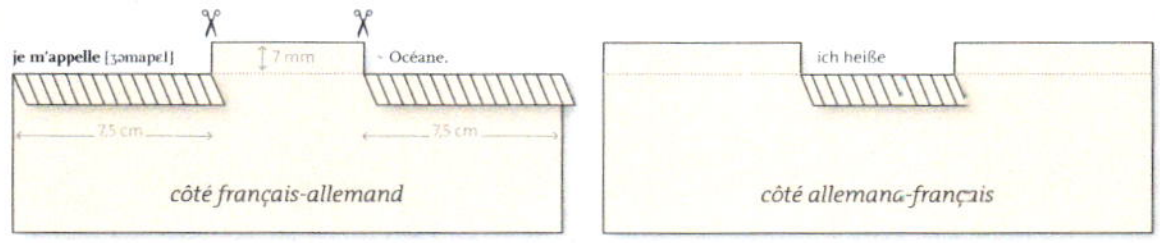

7 Mit Karteikarten lernen

Zuerst liest du das französische Wort laut und sagst die deutsche Bedeutung dazu. Dann kontrollierst du, ob das richtig war. Im nächsten Durchgang liest du die deutsche Bedeutung, sagst das französische Wort und kontrollierst dich wieder.

TIPP Zeichne zu den Wörtern, die du lernen willst, kleine Bilder, die zur Bedeutung der Wörter passen.

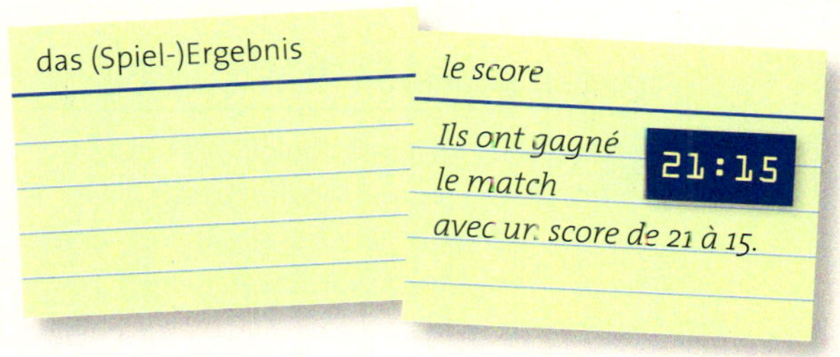

8 Mit Merkzetteln lernen

Bringe Zettel mit Wörtern, die du dir merken willst, gut sichtbar in deinem Zimmer an.

9 Mit digitalen Medien lernen

Vokabeln kannst du auch mit Hilfe von Vokabellernprogrammen auf deinem Computer oder deinem Handy lernen. Du kannst digitale Medien aber auch als Aufnahmegeräte nutzen und mit deinen eigenen Aufnahmen lernen. Bei der Aufnahme sagst du das deutsche Wort und lässt eine Pause von etwa 5 Sekunden. Dann sagst du das französische Wort. Beim Üben sagst du das französische Wort in dieser Pause und hörst dir dann die Lösung an.

10 Durch Ordnen lernen

1. Wortpaare bilden

Lerne Wörter paarweise. Suche zu neuen Wörtern ein „Partner-Wort“, das zu ihnen passt, z. B. das Gegenteil, ein Wort mit einer ähnlichen Bedeutung oder auch ein Wort aus der gleichen Wortfamilie.

demander – répondre

le bus – le car

appeler – un appel

2. Wörter und Ausdrücke in einem Vokabelnetz ordnen
Wörter, die zu einem Thema gehören, kannst du in einem Vokabelnetz ordnen. Das geht so:

1. In die Mitte eines Blattes schreibst du das Thema (z. B. *mon style*).
2. Du bestimmst für das Thema verschiedene Oberbegriffe (z. B. *mes objets préférés, mes vêtements* ...).
3. Zu diesen Oberbegriffen suchst du weitere passende Wörter.
4. Du kannst dein Vokabelnetz beliebig erweitern und mit neuen Wörtern, die du gelernt hast, ergänzen.

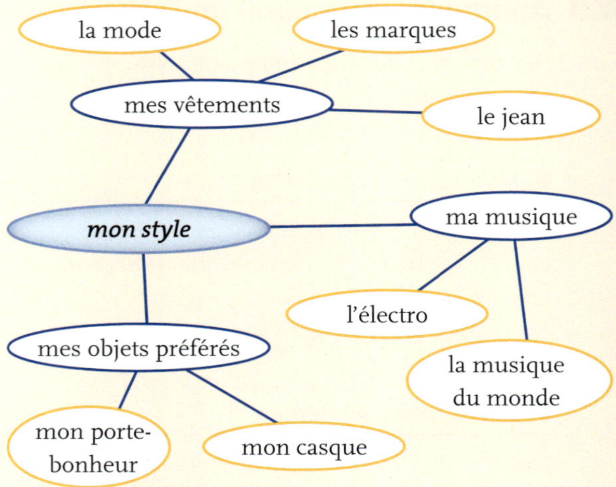

Neu

11 Wortschatz sammeln

Du kannst die Texte deines Lehrbuchs als Fundgrube nutzen. Sammle Wörter und Ausdrücke aus diesen Texten und ordne sie in Gruppen wie z. B. Situationen und Redeabsichten, Wortfamilien, Ausdrücke mit einem bestimmten Verb. Erweitere deine Listen im Verlauf des Schuljahres mit neuen Wörtern und Ausdrücken, die du lernst, und lege weitere Gruppen an. Wenn du Dialoge oder Texte schreibst, sieh zuerst in deinen Listen nach, ob du dort schon eine Sammlung zu diesem Thema hast.
TIPP Sammle die Listen in der Wortschatz-Abteilung deines Französisch-Ordners. (▶ p. 145/4)

Ich rede über meine Vorlieben:
Moi, j'aime ...
Mon truc, c'est ...
Je suis accro à ...

Ausdrücke mit *avoir*:
avoir lieu
avoir raison
avoir un caractère de chien
avoir faim/soif

Wortfamilie:
le livre *la lecture*
la librairie
lire

12 Übungen erfinden

Wenn du dir Übungen für andere ausdenkst, lernst du dabei selbst mit. Erfinde für deine Lernpartner Wortschlangen, Wortgitter, Wortpaar- oder *intrus*-Übungen. Du kannst auch die Definition eines Wortes aufschreiben und deine Lernpartner das Wort wiederfinden lassen.

L'intrus: Welches Wort passt nicht?
la guitare – la photo – le piano – l'accordéon

Gegenteil:
aimer – ? *petit* – ?

Écouter et comprendre | Hörverstehen

In diesem Buch begegnen dir drei Arten von Höraufgaben: Je nach Aufgabenstellung musst du entweder grob verstehen, worum es in einem Text geht, nur ganz bestimmte Informationen heraushören oder ganz genau verstehen, was gesagt wird.

Für alle Aufgabenarten gilt:
– Du musst nicht jedes Wort verstehen. Wenn dir beim Hören also unbekannte Wörter begegnen, hör einfach weiter!
– Bevor du einen Hörtext hörst, liest du dir die Aufgabenstellung genau durch und stellst dich auf die dort beschriebene Situation ein.

TIPP Je öfter du Französisch hörst, desto leichter wirst du es verstehen. Nutze daher die CD in deinem *Carnet d'activités*. Dort findest du alle Lektionstexte als MP3-Dateien.

13 Verstehen, worum es geht

CD 2
54

Es gibt drei Fragen, die dir helfen, Hörtexte grob zu verstehen:

1. *Qui parle?* (Wer?)
2. *Où sont les personnes?* (Wo?)
3. *De quoi est-ce que les personnes parlent?* (Was/Worüber?)

Wenn du diese drei Fragen beantwortet hast, kannst du kurz und knapp erklären, worum es im gehörten Text geht. Notiere deine Antworten, aber nicht in ganzen Sätzen, sondern als Stichworte.

TIPP Achte beim Hören auch auf den Klang der Stimmen und auf Geräusche. Sie geben dir zusätzliche Informationen über Orte und Stimmungen.

Übung

1 Hör dir das Gespräch an. Worum geht es? Beantworte die Fragen 1–3.

2 Welche Zeichnung passt nicht zum Gespräch?

3 Vergleicht eure Ergebnisse zu zweit.

14 Einzelne Informationen heraushören

CD 2
55

Wenn die Aufgabenstellung von dir verlangt, bestimmte Informationen zu verstehen, bereite dich auf das Hören vor: Welche Art von Hörtext erwartest du (Telefongespräch, Durchsage, Radiosendung ...)? Welche Wörter könnten vorkommen?
Beim Hören achtest du nur auf die Informationen, die für die Aufgabenstellung wichtig sind, und notierst sie. Alles andere kannst du ausblenden.
Wenn du den Hörtext ein weiteres Mal hörst, ergänzt und korrigierst du deine Notizen.

TIPP Wenn du mehrere Informationen aus einem Text heraushören sollst, legst du dir vor dem Hören eine Tabelle an, in die du die gehörten Informationen eintragen kannst.

Übung

Du fährst nach Montpellier, doch du weißt nicht, welche Kleider du einpacken sollst. Höre dir die folgende Wettervorhersage an und sag dann, für welche Art von Kleidung du dich entscheidest.

Neu 15 Das Gehörte genau verstehen

In einigen Situationen musst du kurze Texte oder Hinweise im Detail verstehen, um zu wissen, was genau passiert bzw. was du zu tun hast (z. B. wenn dir jemand am Telefon einen Weg beschreibt). In solchen Situationen ist es hilfreich, dass du dir beim Hören Notizen machst.
Wenn du beim Hören etwas nicht verstehst, höre nicht einfach auf Notizen zu machen, sondern lass an dieser Stelle eine Lücke. Beim nächsten Hördurchgang kannst du die Lücken in deinen Notizen schließen.

Neu 16 Sich Notizen machen

WB: Zuordnungsübung

Mach dir beim Hören Notizen, sonst vergisst du das, was du gehört und verstanden hast. Da beim Hören alles sehr schnell geht und du wenig Zeit zum Schreiben hast, solltest du dir angewöhnen, deine Notizen so knapp wie möglich zu halten. Hier einige Tipps dazu:

- Notiere nur einzelne Wörter, keine ganzen Sätze.
- Lasse Artikel und Bindewörter weg, z. B. *équipes* + *entraîneurs* (anstatt *les équipes et les entraîneurs*)
- Kürze lange Wörter ab und verwende Abkürzungen, z. B.: km *(kilomètre)*, pl St-L *(place Saint-Lambert)* usw.
- Verwende Zeichen und Symbole statt Wörter, z. B.
  = → ♥ ! } ♪ ☼ ♀ ♂ > ✔ ⊖ ⊕

Übung

1 Mach aus den Sätzen Notizen:
Antoine et Marc sont au centre commercial du Polygone. Ils cherchent un cadeau pour leur copine Colette. Ils trouvent une super BD de Titeuf. Mais est-ce que Colette aime Titeuf? Ils appellent Léa, la meilleure amie de Colette. Léa trouve que c'est une bonne idée. Alors les garçons achètent la bédé.

2 Vergleicht eure Notizen untereinander. Wo könnt ihr noch sparsamer sein?

Regarder et comprendre | Hör-Seh-Verstehen

Neu 17 Bilder einer Filmsequenz zum Verstehen nutzen

Alle Techniken, die du vom Hörverstehen kennst, kannst du auch auf das Hör-Seh-Verstehen übertragen. Beim Hör-Seh-Verstehen erleichtern dir die Bilder zusätzlich das Verstehen. Wenn du z. B. einen Wetterbericht im Fernsehen siehst, verstehst du dank der Bilder viel, selbst ohne Ton. Auch in Filmen können dir die Bilder viele wichtige Informationen vermitteln. Achte beim Sehen besonders auf Gestik und Mimik der Personen: Was drücken ihre Bewegungen und ihr Gesicht aus? Sehen die Personen traurig oder fröhlich aus, aufgeregt oder ruhig, enttäuscht oder wütend?

TIPP Auch die Hintergrundmusik gibt dir oft Hinweise darauf, wie die gezeigte Situation zu verstehen ist.

Parler | Sprechen

18 Freies Sprechen lernen

1. Laut lesen

Wenn du Texte laut vorliest, lernst du dadurch auch, flüssiger zu sprechen. Lies dabei nicht Wort für Wort. Schau dir stattdessen immer einen ganzen Satz an und sprich ihn dann mehrmals hintereinander aus.

TIPP Das laute Lesen kannst du auch mit der CD im *Carnet d'activités* üben. Hör dir einen Text Satz für Satz an und sprich die Sätze nach. Sobald dir das gut gelingt, kannst du versuchen mit der CD mitzulesen.

2. Freies Sprechen üben

Wenn du Redewendungen oder Sätze auswendig gelernt hast, kannst du sie beim Sprechen leichter verwenden.
Dadurch sprichst du flüssiger und freier.
Lerne vor allem:
- einzelne Sätze (z. B. aus einem *Volet*-Text), die du besonders schwierig findest oder die dir besonders gut gefallen,
- die Sätze aus dem Abschnitt *Qu'est-ce qu'on dit?* in den *Repères*.

TIPP Sprich die Sätze laut und achte dabei auf die Bindung der Wörter. Sprich sie auch auf unterschiedliche Weise: mal fröhlich, mal wütend, mal traurig ...

19 Einen Dialog oder ein Rollenspiel vorspielen

So geht ihr vor:

1. Sammelt zuerst Ideen zur vorgegebenen Situation und notiert sie in Stichpunkten. Welche Personen kommen vor? Was sagen sie? Wie verhalten sie sich?
2. Dann schreibt ihr das „Drehbuch" und verteilt die Rollen.
3. Danach arbeitet jeder für sich, um sich auf seine Rolle vorzubereiten und sie einzuüben:
   - Welche Bewegungen und Gesichtsausdrücke machen deine Rolle beim Vortragen lebendiger? Bist du fröhlich, angespannt oder traurig? Schreibe dir Hinweise in deinen Text – am besten in einer anderen Farbe.
   - Brauchst du Requisiten (z. B. Schultasche, Jacke, Handy, Einkaufstasche), um deine Rolle anschaulicher zu gestalten?
   - Lerne deinen Text auswendig.
4. Am Ende probt ihr gemeinsam euer Rollenspiel und übt dabei auch die Gestik und die Mimik ein.

TIPP Beim Üben kannst du als Hilfestellung den „Kniff mit dem Knick" verwenden (p. 151/20).

20 Der Kniff mit dem Knick

Bei Rollenspielen (und bei kurzen Präsentationen) ist das Ziel, deine Rolle oder deinen Text frei vorzutragen. Als Hilfestellung kannst du aber einen „erlaubten" Spickzettel verwenden: den „Kniff mit dem Knick".

So funktioniert er:

1. Du schreibst den Text, den du vortragen möchtest, auf den großen Teil eines Blattes.
2. Du unterstreichst in deinem Text die wichtigsten Stichwörter.
3. Diese Stichwörter überträgst du auf den kleinen Teil des Blattes. Sie dienen dir beim Einüben als Gedächtnisstütze: Du klappst den ausführlichen Text weg und schaust nur auf deine Stichwörter. Wenn du nicht mehr weiter weißt, kannst du dein Blatt aufklappen, um in deinem Text nachzuschauen.
4. Zum Vortragen kannst du die Spalte mit den Stichwörtern abtrennen und diese als „Stichwortgeländer" benutzen.

Neu

21 Die Rückmeldung

Bewertet eure Dialoge und Rollenspiele gegenseitig. Besprecht gemeinsam mit eurem Lehrer / eurer Lehrerin: Was wollt ihr bewerten? Ihr könnt zum Beispiel den Inhalt, die sprachliche Richtigkeit und die Lebhaftigkeit des Vortrags bewerten. Legt Kriterien fest und schreibt sie auf.
Ein Beispiel für einen Rückmeldungsbogen findet ihr unter: www.cornelsen.de/webcodes APLUS-2-151

TIPP Fangt bei eurer Rückmeldung immer mit dem an, was gut war.

Lire et comprendre des textes | Texte lesen und verstehen

In diesem Buch triffst du auf drei Arten von Leseaufgaben: Je nach Aufgabenstellung musst du entweder grob verstehen, worum es in einem Text geht, nur ganz bestimmte Informationen herauslesen oder ganz genau verstehen, was im Text steht. Dabei gilt:

– Du musst nicht jedes Wort verstehen. Wenn dir beim Lesen also unbekannte Wörter begegnen, lies einfach weiter!
– Du musst beim ersten Lesen nicht alles im Detail verstehen. Gehe schrittweise vor und nähere dich dem Text „von außen nach innen".

22 Vor dem Lesen

Das Aussehen eines Textes verrät dir oft schon etwas über seinen Inhalt. Schau dir Texte, die du lesen sollst, also vorher genau an:

1. Um welche Art von Text handelt es sich?
2. Hat der Text eine Überschrift? Was sagt sie dir über den Textinhalt?
3. Ist der Text mit Bildern, Fotos oder anderen Illustrationen versehen? Welche Informationen liefern sie dir?

Textarten sind z. B.:

E-Mail	Dialog	Werbeprospekt
Blog	Gedicht	Zeitungsartikel
Erzählung	SMS	usw.

23 Verstehen, worum es geht

Es gibt drei Grundfragen, die dir helfen, Lesetexte grob zu verstehen:
1. **De qui** parle le texte?
2. **Où** sont ces personnes?
3. **Qu'est-ce qu'**elles font?

Wenn du diese drei Fragen beantwortet hast, kannst du kurz und knapp erklären, worum es im gelesenen Text geht. Lies den Text einmal ganz durch, ohne dich von unbekannten Wörtern aufhalten zu lassen.
Notiere deine Antworten, aber nicht in ganzen Sätzen, sondern als Stichworte (▶ Méthodes, p. 149/16).

24 Einzelne Informationen herauslesen

Lies dir die Aufgabenstellung genau durch. Welche Informationen werden von dir verlangt? Überfliege den Text und suche ihn dabei nur nach diesen Informationen ab. Alles andere kannst du überlesen.

Grotte de la DEVÈZE
Découverte en 1886, la grotte de la Devèze est une grotte avec plusieurs paliers.
Dans la première salle se trouve une magnifique cascade pétrifiée. Plus loin, une imposante stalagmite émerveille le visiteur avec ses formes architecturales. À voir absolument!
Durée: 1 h. Tarifs: Adultes: 9 €, Enfants: 7 €, Enfants (– de 4 ans): gratuit.
à 5 km de St Pons-de-Thomières 34420 Courniou les Grottes

Hier ein Beispiel: Du fährst mit deiner Familie nach Montpellier und ihr wollt eine der vielen Höhlen in der Umgebung erkunden. Du liest einen Prospekt zu der Höhle von Devèze und sollst nur herausfinden, wie viel die Besichtigung der Höhle für deine Familie kostet.
1. Halte nur nach Zahlen Ausschau. So findest du schnell den Abschnitt, in dem es um die Preise geht.
2. Wenn du den Abschnitt gefunden hast, lies ihn dir gut durch, um genau zu verstehen, wer wie viel zahlen muss.
3. Notiere dir sofort, was du herausgefunden hast, damit du nicht später von vorne anfangen musst.

Neu 25 Einen Lesetext genau verstehen

WB: Zuordnungsübung

Du hast nach dem ersten Lesen eines Textes schon grob verstanden, worum es geht. Um den Text ganz zu „knacken", näherst du dich ihm am besten in drei Schritten.

Übung
Unter www.cornelsen.de/webcodes APLUS-2-152 findest du einen Text, mit dem du diese drei Schritte ausprobieren kannst.

1. Einen Text in Sinnabschnitte gliedern

Texte haben meistens einen Aufbau, der das Verstehen erleichtert. Du findest z. B. in Zeitungstexten eine Überschrift, eine Einleitung, einen Hauptteil (der nach Themen gegliedert ist) und einen Schluss.
Um einen Text genau zu verstehen, kannst du dir diese Gliederung bewusst machen:
1. Teile den Text in Sinnabschnitte ein. Ein solcher Sinnabschnitt kann einen oder mehrere Absätze des Textes umfassen.
2. Gib jedem Sinnabschnitt eine Überschrift, die zusammenfasst, worum es darin geht.

2. Mit „Verstehensinseln" arbeiten

Mach in jedem Sinnabschnitt sichtbar, was du schon verstanden hast, und was du noch „knacken" musst:
1. Lies jeden Abschnitt und unterstreiche darin alles, was du verstehst. Das sind deine „Verstehensinseln".
2. Schau dir diese „Inseln" nun genauer an. Welche Wörter und Informationen kannst du dir um sie herum erschließen?
3. Lies den gesamten Text noch einmal und unterstreiche dabei wieder alles, was du verstanden hast.
4. Bleiben Wörter übrig, die du noch nicht verstanden hast? Schlage sie in einem Wörterbuch nach (▶ Méthodes, p. 145/5), wenn du den Eindruck hast, dass sie für dein Textverständnis wichtig sind.

3. Die „W“-Fragen beantworten

Sammle und vervollständige deine Leseergebnisse mit Hilfe einer Tabelle. So gehst du vor:

1. Von links nach rechts trägst du die folgenden „W“-Fragen (*questions-clés*) ein: „wer?“ (*qui?*), „wo?“ (*où?*), „wann?“ (*quand?*), „was?“ (*quoi?*), „wie?“ (*comment?*) und „warum?“ (*pourquoi?*).
2. Von oben nach unten trägst du die Überschriften der Sinnabschnitte ein, in die du den Text gegliedert hast (▶ Méthodes, p. 152/25.1).
3. Dann füllst du die Felder deiner Tabelle mit den Informationen, die du verstehst.
4. Mach dir klar, welche Informationen dir noch fehlen, und lies den Text ein weiteres Mal. Suche ihn dabei gezielt nach den noch fehlenden Informationen ab und notiere sie.
5. Gibt es noch immer Fragen, zu denen du im Text keine Antwort findest? Das ist möglich, denn nicht alle Texte liefern Antworten auf alle „W“-Fragen.

La légende de la belle Maguelone

	Qui?	***Où?***	***Quand?***	***Quoi?***	***Comment?***	***Pourquoi?***
1 = Le départ	*Pierre*	*Provence*	*au Moyen-Âge*	*– entend parler de Maguelone (M)* *– décide de partir à Naples*		*– beauté de M = célèbre*
2 = Le tournoi	*Pierre*	*Naples (Italie)*	*au Moyen-Âge*	*– gagne un tournoi*		
3 = La rencontre	*Pierre, le roi de Naples, Maguelone (fille du roi)*	*Naples*	*au Moyen-Âge*	*– Pierre = invité chez le roi* *– Pierre + Maguelone ♥* *– P → M 3 anneaux d'or*	*– tout de suite*	*– preuve d'amour*

TIPP Es fällt dir leichter, deine Tabelle auszufüllen, wenn du Wichtiges im Text farblich kennzeichnest, z. B. neu auftretende Personen, zeitliche Abläufe oder Begründungen.

26 Unbekannte Wörter erschließen

Gerade beim Lesen kannst du viele Wörter verstehen, obwohl du sie noch nicht gelernt hast. Es gibt verschiedene Möglichkeiten, die Bedeutung eines unbekannten Wortes zu erschließen.

1. Wörter über Bilder erschließen

Nutze Bilder und Fotos, z. B. in Blogs, Prospekten oder Zeitungsartikeln, um die Bedeutung eines Wortes herauszufinden.

2. Kenntnisse aus anderen Sprachen nutzen

In den europäischen Sprachen gibt es zahlreiche Wörter, die denselben Ursprung haben und sich daher sehr ähnlich sind. Nutze dein Wissen aus anderen Sprachen, um dir französische Wörter zu erschließen.

l'équateur	ekwator
der Äquator	equator
the equator	ecuador
ekvator	ekvator

Übung

1.	Biljet	a	la soupe
2.	konferans	b	élegant/e
3.	die Suppe	c	la catégorie
4.	charming	d	le billet
5.	elegant	e	la tribune
6.	la categoría	f	la conférence
7.	tribina	g	charmant/e

Neu

3. Wörter über Wortfamilien erschließen

Wie im Deutschen gibt es auch im Französischen sogenannte Wortfamilien. Wörter gehören dann zu derselben Wortfamilie, wenn sie einen gemeinsamen Wortstamm haben, z. B. **chant**er – le **chant** – le **chant**eur / la **chant**euse. Diese Ähnlichkeit kannst du dir zunutze machen, um unbekannte Wörter zu erschließen. Du liest z. B. das Wort *la participation*.

- Kennst du ein Wort mit demselben Wortstamm? (→ *participer*)
- Was bedeutet es? (→ „teilnehmen")
- Was könnte also *la participation* bedeuten? (→ „die Teilnahme")

Übung

Was bedeuten diese Wörter?
allergique – la maladie – le chômeur – l'hésitation – naturel/le – la blessure – sonner – se marier

TIPP Manchmal sind an den Wortstamm Vorsilben oder Nachsilben angehängt, die eine bestimmte Bedeutung haben. Wenn du einige davon kennst, hast du es beim Erschließen leichter. Hier zwei Beispiele:

Vorsilbe ***re-*** (noch einmal, wieder)
demander → ***re**demander* noch einmal fragen
Nachsilbe ***-eur***/***-euse*** (jmd, der eine Tätigkeit ausübt)
jouer → *le jou**eur***, der Spieler,
*la jou**euse*** die Spielerin

Neu

27 Einen Lesetext mit Hilfe eines Lesebildes präsentieren

Beim Lesen von Erzählungen können sich in der Vorstellung der Leser viele unterschiedliche Bilder von den Personen, den Ereignissen, den Orten und auch von der Atmosphäre entwickeln. Um diese Eindrücke festzuhalten und das, was du in der gelesenen Geschichte besonders wichtig findest, zum Ausdruck zu bringen, kannst du ein Lesebild erstellen. Ein Lesebild ist ein gestaltetes Plakat, das deinen ganz persönlichen Blick auf eine Geschichte widerspiegelt – ein bisschen wie deine ganz persönliche Titelseite. Es kann folgende Dinge enthalten:

- den Titel des Textes
- eine kurze Zusammenfassung der Geschichte
- einige Abschnitte oder Schlüsselwörter des Textes
- deine Meinung zum Text
- eine Zeichnung oder Collage, die einen wichtigen Abschnitt oder die Botschaft des Textes veranschaulicht.

Um dein Lesebild der Klasse zu präsentieren, kannst du es zuerst beschreiben (linker Kasten) und dann erklären, warum du diese Darstellung gewählt hast. Dazu kannst du die Ausdrücke im rechten Kasten verwenden.

Pour décrire ton affiche de lecture:

À gauche, / À droite, Au centre, Au premier plan[1], À l'arrière-plan[2], Ici/Là,	on voit ____. il y a ____.

1 **au premier plan** im Vordergrund
2 **à l'arrière-plan** im Hintergrund
3 **le personnage (principal)** die (Haupt-)Figur

Pour présenter ton affiche de lecture:

J'ai dessiné ____ parce que ____.
Le titre (du texte / de l'histoire / ____), c'est « ____ ».

L'histoire	a lieu se passe	à ____.

Le texte La légende	parle de ____.

C'est la scène où ____.
Le personnage (principal)[3], c'est ____.
Dans la phrase « ____ », on voit que ____.
Les mots importants sont « ____ ».
À mon avis, ____.
Je trouve que / pense que ____.

Écrire des textes | Texte schreiben

28 Vor dem Schreiben

Beim Schreiben von Texten gilt: Nicht einfach drauflosschreiben! Je besser du das Schreiben vorbereitest, desto besser werden dir deine Texte gelingen.

So gehst du vor:

1. Lies dir genau die Aufgabenstellung durch und stell dir folgende Fragen:
   - Welche Art von Text wird von dir verlangt? Sollst du eine E-Mail, einen Blogeintrag oder einen Spielbericht schreiben?
     Was ist typisch für diese Textsorte? Für eine E-Mail sind z. B. typisch: eine Anrede am Anfang, ein Gruß am Ende sowie Smileys und andere Sonderzeichen (*x*, ^^, <x> usw.).
   - Worum soll es im Text gehen? Was gibt die Aufgabenstellung vor?
   - An wen richtet sich der Text? Das ist wichtig, weil du anders schreibst, je nachdem ob du dich an Gleichaltrige oder Erwachsene, Freunde oder Unbekannte wendest.
2. Sammle anschließend Ideen zum Thema und zu den inhaltlichen Punkten, die von der Aufgabenstellung verlangt werden.
   - Formuliere sie am besten gleich auf Französisch. Notiere sie in Stichpunkten oder ordne sie in einem Vokabelnetz an (▶ Méthodes, p. 148/10.2).
   - Wenn du nach geeigneten Ausdrücken suchst, schau in den *Repères* der jeweiligen Unité in der Rubrik *Qu'est-ce qu'on dit?* nach. Du kannst auch deinen Französisch-Ordner (▶ Méthodes, p. 145/4) nach einer passenden Liste durchsuchen.
3. Plane nun den Aufbau deines Textes: Womit fängst du an? Was kommt danach? Wie beendest du den Text? Lege ein Stichwortgeländer an, das dir beim Schreiben als Orientierungshilfe dienen kann:
   - Formuliere kurze Überschriften für die verschiedenen Abschnitte deines Textes.
   - Ordne dann jedem Abschnitt die passenden Redemittel aus deiner Ideensammlung zu.

Übung

Du hast die Aufgabe, deinem französischen Austauschpartner eine E-Mail zu schreiben, in der du einen besonderen Tag an eurer Schule beschreibst.
Sammle dazu zuerst Ideen und Ausdrücke und erstelle dann ein Stichwortgeländer.

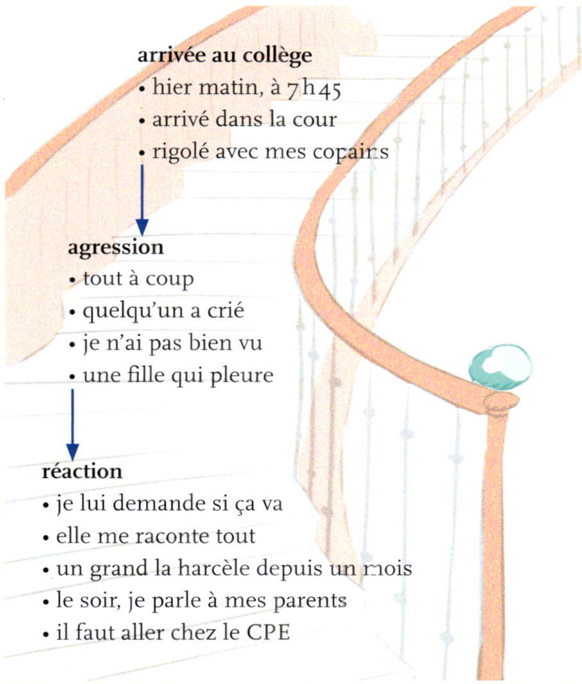

Neu

29 Während des Schreibens

1. Eigene Texte klar gliedern

Wenn du in einem Text etwas erzählst oder beschreibst, muss dein Text eine klare Gliederung haben, damit dein Leser das Geschriebene gut nachvollziehen kann. Dies erreichst du z. B., indem du zeitliche Angaben verwendest.

d'abord
puis / ensuite / après
enfin
le matin / l'après-midi / le soir
lundi matin / midi / après-midi / soir
à 9 heures / à midi

2. Den Ausdruck verbessern

Vermeide Wiederholungen, um deinen Text für den Leser abwechslungsreicher zu machen.

– Ersetze Nomen oder Namen, die sich wiederholen, durch die entsprechenden Pronomen (z. B. Objektpronomen oder Relativpronomen).	– *Marie appelle Philippe et* ***lui*** *raconte qu'elle ne va pas bien.* – *Enzo passe chez Jules et Chloé.* ***Il*** *fait ses devoirs avec* ***eux****.*
– Verwende nicht immer die gleichen Wörter.	*dire → demander, raconter, répondre …*

Übung

Schreibe deinem französischen Austauschpartner eine E-Mail, in der du einen besonderen Tag an eurer Schule beschreibst. Benutze dabei gliedernde Ausdrücke und achte auf einen guten Ausdruck.

TIPP Wenn du ein bestimmtes Wort suchst, schlage nicht gleich im Wörterbuch nach, denn sorgfältiges Nachschlagen braucht Zeit (▶ Méthodes, p. 145/5). Überlege zuerst, ob du deinen Gedanken auch anders (mit einem anderen Wort oder einer anderen Wortart) ausdrücken kannst, oder schlage in der deutsch-französischen Wortliste deines Französischbuches nach.

30 Nach dem Schreiben

Wenn du deinen Text fertig geschrieben hast, lies ihn dir gründlich durch und achte dabei auf folgende Punkte:

1. Der Inhalt

- Hast du dich an die Aufgabenstellung gehalten? Setze ein Häkchen hinter jede Vorgabe, die du erfüllt hast.
- Ist dein Text gut gegliedert? Hast du zeitliche Angaben verwendet?

Beschreibe deinem Austauschpartner einen besonderen Tag an eurer Schule. Sag ihm,
was du an diesem Tag alles gemacht hast ✔
was Besonderes passiert ist ✔
wie die Sache ausgegangen ist

2. Die Sprache

- Überprüfe zuerst deinen Ausdruck. Hast du Wiederholungen vermieden?
- Dann suchst und berichtigst du sprachliche Fehler. Benutze dazu die folgende Fehlercheckliste.

Cette fille*, c'est* ***la*** *meilleure* ***copine*** *de Daria.*	Passen die Begleiter zu den Nomen?	✔
La plage et le planétarium sont mes ***endroits préférés****.*	Passen die Adjektive zu den Nomen und stehen sie an der richtigen Stelle?	✔
Quelle couleur est-ce que ***tu*** *préfèr****es****?*	Passen Subjekt und Verbform zusammen?	✔
On ***a*** *fait une balade en Camargue.*	Hast du das richtige Hilfsverb verwendet?	✔
*Toute la famille est allé****e*** *à la plage.*	Hast du das Partizip bei Verben, die das *passé composé* mit *être* bilden, an das Subjekt angeglichen?	✔
Jennie ***n'****a* ***pas*** *dénoncé les agresseurs et David* ***n'****a vu* ***personne****.*	Stehen die Verneinungswörter an der richtigen Stelle?	✔
J'ai parlé ***à*** *mes parents.*	Stimmt der Verbanschluss (direkt oder indirekt)?	✔
Qu'est-ce que tu ***leur*** *as dit?*	Passt das Objektpronomen zu dem Wort, das es ersetzt? Steht es an der richtigen Stelle?	✔
J'ai acheté un t-shirt ***qui*** *ne me va pas très bien et* ***que*** *je veux échanger contre un autre.*	Hast du das richtige Relativpronomen gewählt?	✔
Il ***s'****entra****î****ne o****ù****, l'apr****è****s-midi?*	Hast du an die Apostrophe und die *accents* gedacht?	✔

Salut, Alex! Je répond tard a ton mail, pardon! Quelle journée! Yann, Samira, Chloé et moi, on a pris mon bateau pour aller sur le mer. Tout à coup, j'ai vu un grande poisson tout près et on a tombé dans l'eau! Yann a aidé Samira et j'ai cherchée Chloé partout, mais rien! Catastrophe! Tout à coup, j'ai entendu sa voix: «Eh Mathis, qu'est-ce que tu fait encore dans l'eau? Je suis dans le bateau. Je ne suis tombée pas, moi!» ;-))
Et toi, tu me vas appeler bientôt?
À plus! Mathis

Übung

1 Korrigiere die Fehler, die in dieser E-Mail enthalten sind, in deinem Heft. Nutze dazu die Fehlercheckliste auf Seite 156.
2 Prüfe einen Text, den du geschrieben hast, auf Inhalt und Sprache (siehe Übung auf S. 156).
3 Tauscht dann eure Texte aus und korrigiert sie.

TIPP Es ist leichter, Fehler in einem Text zu finden, den man nicht selbst geschrieben hat. Deswegen ist es sinnvoll, wenn du mit einem Partner / einer Partnerin den Text tauschst und ihr euch (mit Bleistift) gegenseitig korrigiert.

Faire une médiation | Sprachmittlung

31 Wichtige Informationen in die andere Sprache übertragen

Falls deine Familie oder deine deutschen Freunde kein Französisch sprechen, bist du als Französischexpertin bzw. -experte gefordert. Umgekehrt werden dich französische Jugendliche, die dich z. B. in Deutschland besuchen, vielleicht bitten, deutsche Aussagen oder Texte ins Französische zu übertragen.
In beiden Fällen vermittelst du zwischen den Sprachen: Das nennt man Sprachmittlung.

Beachte dabei Folgendes:

1. Übersetze nicht Wort für Wort oder Satz für Satz. Teile nur das mit, was der andere unbedingt wissen muss.
2. Versuche Wörter, die du nicht kennst oder die dir nicht einfallen, zu umschreiben oder nenne Beispiele für das, was du meinst, z. B. *la maison, l'école, le musée, le théâtre, la cathédrale* für *le bâtiment* (das Gebäude).

32 Wörter umschreiben

Wenn du ein Wort nicht kennst, versuche zu umschreiben, was du meinst. Dazu kannst du folgende Strategien nutzen:

– Erläutere es mit Hilfe eines Relativsatzes:
  - ein Tennisplatz → *un endroit* ***où*** *on peut faire du tennis*
  - ein Eis → *quelque chose* ***qu****'on mange souvent en été*
  - ein Verkäufer → *une personne* ***qui*** *vend des choses dans un magasin*

– Beschreibe seine Verwendung (mit *pour* + Infinitiv):
  - eine Taschenlampe → *une lampe* ***pour*** *faire une balade, la nuit*

Übung

Wie diese Wörter auf Französisch heißen, weißt du noch nicht. Umschreibe sie.

1. ein Tierliebhaber	2. ein DVD-Player	3. ein Ruderer
4. ein Straßburger	5. eine Maus	6. ein Keller

Petit dictionnaire de civilisation | Kleines landeskundliches Lexikon

Personen

William Accambray [yiljamakɑ̃mbʀɛ]

Französischer Handballspieler, der im Verein MAHB (Montpellier Agglomération Handball) spielt. Seit 2009 spielt er in der französischen Nationalmannschaft. Mit ihr gewann er Gold bei den Olympischen Spielen 2012, wurde einmal Weltmeister und einmal Europameister.

Camille Muffat [kamijmyfa] (geb. 1989)

Französische Schwimmerin bei *Olympic Nice Natation*. Nach zahlreichen Erfolgen in nationalen Wettkämpfen gewann Muffat bei den Olympischen Spielen 2012 die Goldmedaille über 400 m Freistil. (→ U1/1)

Georges Simenon [ʒɔʀʒsimənɔ̃] (1903–1989)

Belgischer Schriftsteller aus → Lüttich, schuf u.a. die Figur des Inspektors Maigret, über den er mehr als hundert Kriminalgeschichten verfasste. Zahlreiche Maigret-Romane wurden verfilmt. (→ U4/1)

Nolwenn Leroy [nɔlwɛnləʀwa] (geb. 1982)

Französische Sängerin, die durch die französische Talentshow *Star Academy* bekannt wurde. Zu ihrem Repertoire zählen Pop-Adaptionen traditioneller Lieder aus ihrer Heimat, der Bretagne. Sie singt auf Englisch, Französisch, Bretonisch und Gälisch. 2012 wurde Leroy für ihr Album „Bretonne" bei den *NRJ Music Awards* in Cannes mit dem „Album of the Year"-Award ausgezeichnet. (→ U3/2)

Soprano [sɔpʀano] (geb. 1979)

Französischer Rapper aus Marseille mit komorischen Wurzeln. Heißt mit bürgerlichem Namen Saïd M'Rouambaba. Gründet 1994 die Gruppe „Psy 4 de la Rime" und gibt sich selbst das Pseudonym Soprano. Beginn der Solokarriere 2005. Sein Debütalbum „Puisqu'il faut vivre" (2006) mit dem Song „Halla Halla" erreicht bereits Platin-Status. Das Album „La Colombe et le Corbeau" (2011) landet auf Platz 1 der französischen Charts. (→ U3/2)

Tal [tal] (geb. 1989)

Französische Sängerin mit israelischen Wurzeln. Vater Gitarrist, Mutter Berufssängerin. Bereits mit 12 Jahren lernte sie Klavier und Gitarre zu spielen. Beeindruckt von Sängern wie Steve Wonder, Ray Charles und Aretha Franklin steht sie bald selbst auf der Bühne. Ihren ersten Plattenvertrag bekommt Tal bereits mit 19 Jahren, nachdem sie beim Auftritt in einer Pianobar von einer Produzentin entdeckt wurde. Mit ihrer Single „On avance" stürmte sie 2011 die französischen Charts. Mit ihrem Lied „Le sens de la vie" schaffte sie dann endgültig den Durchbruch. (→ U3/2)

Geographische Namen

Antigone [ɑ̃tigɔn]
Stadtviertel im Osten → Montpelliers, das ab 1979 vom Architekten Ricardo Bofill erbaut wurde. Säulen, Statuen, Brunnen, Häuser und Plätze sollen an die Architektur der griechischen Antike erinnern. (→ U1/1)

la Belgique [labɛlʒik] **Belgien**
Westeuropäischer Staat. Belgien hat drei Amtssprachen: Niederländisch (Flämisch), Französisch und Deutsch. Die zweisprachige Hauptstadt → Brüssel (Niederländisch/Französisch) ist Sitz der EU und des ständigen Rates der NATO. (→ U4/1)

Béziers [bezje]

Hauptstadt des Verwaltungsbezirks von Hérault mit 71700 Einwohnern. Bei Béziers treffen der Fluss Orb und der → *canal du Midi* aufeinander. Zu den Sehenswürdigkeiten der Stadt zählen die Kathedrale *Saint-Nazaire* und die Kirche *Saint-Jacques*, beide aus dem 12. Jahrhundert, sowie die Alte Brücke über den Orb aus dem 13. Jahrhundert. Seit über hundert Jahren finden in der Arena von Béziers regelmäßig Stierkämpfe statt, die berühmte *Féria de Béziers*. Man nennt Béziers deshalb auch „das französische Sevilla". Nicht weit von Béziers befindet sich die Schleusenanlage von Fonséranes auf dem → *canal du Midi*: 25 m Höhenunterschied können hier auf 312 m überwunden werden). (→ U6/1)

Bruxelles [bʀysɛl] **Brüssel**

Hauptstadt von → Belgien mit ca. 1,2 Mio. Einwohnern. In Brüssel wird mehrheitlich Französisch gesprochen, zum Teil aber auch Niederländisch. Viele Straßenschilder sind daher zweisprachig. Zu den Sehenswürdigkeiten Brüssels zählen die *Grand'-place* mit der *Maison du pigeon* (Taubenhaus), die Statue des *Manneken-Pis* und das Viertel *Marolles*. In Brüssel gibt es zahlreiche europäische Institutionen: das europäische Parlament *(le Parlement européen)*, den Rat der europäischen Union *(le Conseil de l'Union européenne)* und die europäische Kommission *(la Commission européenne)*. Brüssel gilt außerdem als die Stadt der *bédé*. Man sieht immer wieder Hauswände, die mit Abbildungen aus bekannten belgischen Comics wie *Lucky Luke*, *Tintin et Milou* oder *Broussaille* bemalt sind. (→ U1/1)

le canal du Midi [ləkanaldymidi]
Von Pierre-Paul Riquet erbauter Kanal, der von Sète (bei → Montpellier) bis Toulouse führt. Die Bauarbeiten dauerten insgesamt 15 Jahre, 12 000 Arbeiter waren an der Konstruktion beteiligt. 1681 wurde der Kanal fertig gestellt, im Jahre 1996 erhielt er den Status als UNESCO Weltkulturerbe. Früher ein wichtiger Transportweg für Güter aller Art, wird der Kanal heute nur noch von Touristen genutzt. (→ U6/1)

la Camargue [lakamaʀg]
Landschaftsschutzgebiet im Süden Frankreichs zwischen den beiden Mündungsarmen der Rhône. Die Camargue erstreckt sich über eine Fläche von ca. 930 km². In dieser Sumpf- und Seenlandschaft leben viele Wasservögel wie z.B. Flamingos sowie die weißen Camargue-Pferde und schwarze Stiere. Seit dem 15. Jahrhundert wird in der Camargue auch Reis angebaut, unter anderem um der Versalzung der Böden entgegenzuwirken. Der rote, ungeschälte Camargue-Reis gilt als Spezialität der Region. Außerdem ist die Gegend bekannt für ihr handgeschöpftes Meersalz *Fleur de Sel de Camargue*. Die größten Salinen befinden sich in der Nähe von Aigues-Mortes. Der im → Languedoc-Roussillon gelegene Teil der Camargue wird auch als *petite Camargue* bezeichnet. (→ U1/2)

Carcassonne [kaʀkasɔn]
Stadt im Languedoc-Roussillon mit mittelalterlichen Befestigungsanlagen, welche die ganze Oberstadt einschließen. Die Stadtmauern werden von zwei Toren unterbrochen: der *porte Narbonnaise* und der *porte d' Aude*. 1997 wird die Altstadt von Carcassonne *(la cité de Carcassonne)* in das UNESCO Weltkulturerbe aufgenommen. Zu den Sehenswürdigkeiten der Stadt zählen das *château comtal* und die romanisch-gotische Basilika *Saint-Nazaire*. Beide wurden im 19. Jahrhundert von dem berühmten Architekten Viollet-le-Duc restauriert. Der → *canal du Midi*, von Pierre-Paul Riquet erbaut, wurde im 18. Jahrhundert durch die Stadt umgeleitet, der dadurch historisch eine große strategische Bedeutung zukam. (→ U6/1)

Carnon [kaʀnɔ̃]
Badeort am Mittelmeer in der Nähe von → Montpellier mit ca. 3 000 Einwohnern. Der Ort grenzt an → Palavas-les-Flots. (→ U1/2)

les Cévennes [levsevɛn] *f. pl.* **die Cevennen**
Gebirgsregion im Süden Frankreichs, in der sich ein Nationalpark befindet. Der höchste Berg der Cevennen ist mit 1699 m der *mont Lozère*. Einige Flüsse, wie z. B. der Hérault, durchziehen das Gebirge. (→ U1/2)

le château de Margon [ləʃatodəmaʀgɔ̃]

Schlossanlage in der Region → Languedoc-Roussillon, etwa 20 km von → Béziers gelegen. Erbaut im 13.–15. Jahrhundert zählte das Schloss damals zu den Hochburgen der Albigenser, einer von der katholischen Kirche als ketzerisch verfolgten Glaubensgemeinschaft, die in Südfrankreich Zuflucht suchte. Das *château de Margon* mit seinen schiefergedeckten Türmen ist ein beliebtes Ausflugsziel, auch wegen der schlosseigenen Gartenanlage. (→ U6/2)

la Grande-Motte [lagʀɑ̃dmɔt]
Badeort an der Mittelmeerküste, 25 km von → Montpellier entfernt, erbaut 1967. Wahrzeichen der Stadt sind die terrassenförmig angelegten Hochhäuser von Architekt Jean Balladur, die nach dem Vorbild aztekischer Pyramiden errichtet wurden. (→ U6/1)

les gorges de l'Hérault [legɔʀʒdəleʀo] *f. pl.*
Kalksteinschluchten in der Region → Languedoc-Roussillon, die vom Fluss Hérault gegraben wurden. Auf dem Fluss kann man Tagestouren mit dem Kanu unternehmen. Außerdem kann man in der Gegend Höhlen wie die → *Grotte des demoiselles besichtigen*. (→ U6/1)

la Grotte des demoiselles [lagʀɔtdedəmwazɛl]
Große Tropfsteinhöhle, in den Hérault-Schluchten (→ *gorges de l'Hérault*). Die Höhle wurde im 18. Jahrhundert entdeckt und ist für Besucher zugänglich. (→ U6/1)

le Languedoc-Roussillon [ləlɑ̃gdɔkʀusijɔ̃]

Region im Süden Frankreichs mit ca. 2,6 Mio. Einwohnern und der Hauptstadt → Montpellier. Die Region zeichnet sich durch eine lange Mittelmeerküste und bergige Landschaften aus. Der Tourismus spielt eine wichtige Rolle in der Region. Neben Montpellier, → Carcassonne, dem → *canal du Midi* und spektakulären Schluchten und Höhlen werden auch kleinere Dörfer wie z. B. das malerische Minerve besucht. (→ U2/2, U6/1)

Liège [liɛʒ] **Lüttich**

Stadt in Ostbelgien (→ Belgique) mit 195 000 Einwohnern, am Zusammenfluss der Meuse und der Ourthe gelegen. Das Gebiet um Lüttich ist eine der ältesten Industrielandschaften Europas, hier wurde vor allem Steinkohle abgebaut. Als wichtiges wirtschaftliches und kulturelles Zentrum ist Lüttich die bedeutendste Stadt Walloniens (französischsprachiges Gebiet Belgiens). Geburtsort des Schriftstellers → Georges Simenon. (→ U4/1)

Montpellier [mɔ̃pəlje]

Hauptstadt der Region → Languedoc-Roussillon mit ca. 250 000 Einwohnern. Sie liegt zehn Kilometer von der Mittelmeerküste entfernt. Der historische Stadtkern besteht größtenteils aus einer Fußgängerzone mit zahlreichen kleinen Straßen. Er wird auch *l'Écusson* (das Wappenschild) genannt. Zentrum der Stadt war im 17. Jahrhundert die *place de la Canourgue*. Auf dem von prächtigen Stadtpalais umstandenen Platz ist heute ein Garten mit der *Fontaine des licornes* angelegt (Garten der Einhörner). Am Rand der Altstadt liegt die *place de la Comédie*. Hier findet man neben zahlreichen Cafés das *musée Fabre*, ein Museum für bildende Kunst, in dem Skulpturen, Gemälde und Grafiken des 15. bis 20. Jahrhunderts zu sehen sind. Auch die *Opéra Comédie*, ein Opernhaus aus dem 19. Jahrhundert mit 1200 Plätzen, liegt an der *place de la Comédie*. Mit dem *Polygone* besitzt Montpellier außerdem eines der größten Einkaufszentren Frankreichs, in dem über hundert Geschäfte zu finden sind. Gleichzeitig ist Montpellier eine traditionsreiche Universitätsstadt. Die medizinische Fakultät der Universität ist seit dem Mittelalter in ganz Frankreich bekannt. Auch der Sport wird in Montpellier ganz groß geschrieben: Der Rugbyverein *Montpellier Hérault Rugby* spielt seit Jahren in der ersten französischen Rugby-Liga, der Fußballverein *Montpellier Hérault Sport Club (MHSC)* wurde 2012 französischer Meister und der Handballverein *Montpellier Agglomération Handball (MAHB)* hat zahlreiche Meister- und Pokalsieger-Titel gewonnen. (→ U1/1, → U1/2, → U6/1)

Nîmes [nim]

Stadt im Süden Frankreichs mit ca. 150 000 Einwohnern. Das Wahrzeichen von Nîmes ist das römische Amphitheater *(les arènes de Nîmes)*, das im 1. Jahrhundert n. Chr. nach dem Vorbild des römischen Kolosseums erbaut wurde. Damals wurden hier Gladiatorenkämpfe ausgetragen. Heute wird es für Stierkämpfe, aber auch für Konzerte genutzt. (→ U6/1)

Palavas-les-Flots [palavasleflo]

Badeort am Mittelmeer in der Nähe von → Montpellier mit ca. 6 000 Einwohnern. Mit seinem sieben Kilometer langen Strand ist der Ort bei Wassersportlern und Badeurlaubern sehr beliebt. (→ U1/2)

le pic Saint-Loup [ləpiksɛ̃lu]

Berg in der Nähe von → Montpellier, 658 m hoch. Von seinem Gipfel aus kann man von den Cevennen (→ *Cévennes*) bis zum Mittelmeer blicken. (→ U2/2)

le pont du Gard [ləpɔ̃dygaʀ]

Teil eines Aquädukts, zwischen → Nîmes und Avignon gelegen. Der Aquädukt wurde im 1. Jahrhundert n. Chr. von den Römern erbaut und diente damals als Wasserleitung von einer Quelle bis ins 50 km entfernte → Nîmes. Die heute noch erhaltene Aquäduktbrücke über den Fluss Gardon ist die weltweit größte ihrer Art: Sie ist 273 m lang und 49 m hoch. (→ U6/1)

la Tunisie [latynizi] **Tunesien**

Nordafrikanischer Staat am Mittelmeer mit ca. 9 Mio. Einwohnern. Die Hauptstadt ist Tunis. Seit 1956 ist die ehemalige französische Kolonie unabhängig. Amtssprache ist Arabisch, Französisch spielt allerdings noch eine wichtige Rolle in den Schulen und im Handel. Ein bei Touristen beliebtes Reiseziel ist die Insel Djerba. Im Süden ist die Insel über den etwa 7 km langen und gut 10 m breiten Römerdamm mit dem Festland verbunden. (→ U1/1)

L'alphabet | Das Alphabet

a [a]	d [de]	g [ʒe]	j [ʒi]	m [ɛm]	p [pe]	s [ɛs]	v [ve]	y [igʀɛk]
b [be]	e [ə]	h [aʃ]	k [ka]	n [ɛn]	q [ky]	t [te]	w [dubləve]	z [zɛd]
c [se]	f [ɛf]	i [i]	l [ɛl]	o [o]	r [ɛʀ]	u [y]	x [iks]	

Les signes dans la phrase | Die Zeichen im Satz

Samedi, c'est l'anniversaire de Clément! Il fait une fête et il invite ses amis: deux garçons et trois filles. Mercredi après-midi, les copains achètent des cadeaux. Louna achète le CD «Joyeux anniversaire», Zoé regarde une bédé – elle est super, mais trop chère. Et moi? (Je n'ai pas encore d'idée ...)

la majuscule – l'apostrophe *f.* – le trait d'union – le point d'exclamation – l'accent circonflexe *m.* – les deux-points – le «c» cédille – la minuscule – les guillemets *m. pl.* – les parenthèses *f. pl.* – les points de suspension – l'accent aigu *m.* – le tiret – la virgule – l'accent grave *m.* – le point – le point d'interrogation

L'alphabet phonétique | Die Lautschrift

Les consonnes | Die Konsonanten

[b] bleu, célèbre
[d] donner, perdre
[f] photo, offrir
[g] grave, guitare
[k] calme, chorale, magique
[l] lire, mille, pull
[m] malade, aimer, calme, homme
[n] non, sonnerie
[ŋ] ping-pong
[ɲ] gagner, montagne
[p] parfois, important
[ʀ] région, ouvrir
[s] *scharfes „s" wie in* Kuss: ça, merci, savoir, possible
[z] *summendes „s" (tritt nur zwischen zwei Vokalen, als Bindungs-*s *bzw.* -x *oder in der Schreibung „z" auf) wie in* rasen: maison, les‿enfants, six‿heures, zéro
[ʃ] „sch" *wie in* Tasche: champion, toucher
[ʒ] *wie in* Garage: intelligent, petit-déjeuner
[t] tourner, attirer
[v] vendre, pauvre, trouver, élève

Les voyelles | Die Vokale

[a] *kurzes „a" wie in* Ball: album, femme, féria
[ɑ] *langes „a" wie in* Bahn: ne ... pas, lâche
[ɛ] *offenes „e" wie in* Ende: vrai, cette, c'est, scène
[e] *geschlossenes „e" wie in* See: écrire, cité
[ə] *stummes „e" wie in* Kabel: me, se, cheval
[i] idole, hésiter, J'y vais!
[o] *geschlossenes „o" wie in* Floh: eau, autre, trop
[ɔ] *offenes „o" wie in* doch: catastrophe, porter
[ø] *geschlossenes „ö" wie in* böse: malheureux, lieu
[œ] *offenes „ö" wie in* öffnen: acteur, sœur
[u] „u" *wie in* Mut: où, humour, jouer
[y] „ü" *wie in* müde: unité, réussir, plutôt, tu

Les semi-voyelles | Die Gleitlaute

[ɥ] cuisine, depuis
[j] hier, surveiller, famille, Aïe!
[w] oiseau, loi, oui

Les voyelles nasales | Die nasalierten Vokale

[ɑ̃] enfin, pantalon, lampe
[ɔ̃] confier, longtemps, pantalon
[ɛ̃] un, dessin, moins ... que, faim, train

Les nombres | Die Zahlen

Les nombres cardinaux de 1 à 2 000 000 | Die Grundzahlen von 1 bis 2 000 000

0	zéro	[zeʀo]
1	un/une	[ɛ̃] *m.* / [yn] *f.*
2	deux	[dø]
3	trois	[tʀwa]
4	quatre	[katʀ]
5	cinq	[sɛ̃k]
6	six	[sis]
7	sept	[sɛt]
8	huit	[ɥit]
9	neuf	[nœf]
10	dix	[dis]
11	onze	[ɔ̃z]
12	douze	[duz]
13	treize	[tʀɛz]
14	quatorze	[katɔʀz]
15	quinze	[kɛ̃z]
16	seize	[sɛz]
17	dix-sept	[disɛt]
18	dix-huit	[dizɥit]
19	dix-neuf	[diznœf]
20	vingt	[vɛ̃]
21	vingt **et** un	[vɛ̃teɛ̃] *m.*
	vingt **et** une	[vɛ̃teyn] *f.*
22	vingt-deux	[vɛ̃tdø]
30	trente	[tʀɑ̃t]
40	quarante	[kaʀɑ̃t]
50	cinquante	[sɛ̃kɑ̃t]
60	soixante	[swasɑ̃t]
70	soixante-dix	[swasɑ̃tdis]
71	soixante et onze	[swasɑ̃teɔ̃z]
72	soixante-douze	[swasɑ̃tduz]
73	soixante-treize	[swasɑ̃ttʀɛz]
74	soixante-quatorze	[swasɑ̃tkatɔʀz]
75	soixante-quinze	[swasɑ̃tkɛ̃z]
76	soixante-seize	[swasɑ̃tsɛz]
77	soixante-dix-sept	[swasɑ̃tdisɛt]
78	soixante-dix-huit	[swasɑ̃tdizɥit]
79	soixante-dix-neuf	[swasɑ̃tdiznœf]
80	quatre-vingt**s**	[katʀəvɛ̃]
81	quatre-vingt-un	[katʀəvɛ̃ɛ̃] *m.*
	quatre-vingt-une	[katʀəvɛ̃yn] *f.*
82	quatre-vingt-deux	[katʀəvɛ̃dø]
90	quatre-vingt-dix	[katʀəvɛ̃dis]
91	quatre-vingt-onze	[katʀəvɛ̃ɔ̃z]
100	cent	[sɑ̃]
101	cent un	[sɑ̃ɛ̃]
102	cent deux	[sɑ̃dø]
110	cent dix	[sɑ̃dis]
200	deux cent**s**	[døsɑ̃]
201	deux cent un	[døsɑ̃ɛ̃]
1 000	mille	[mil]
2 000	deux mille	[dømil]
1 000 000	un million	[ɛ̃miljɔ̃]
2 000 000	deux million**s**	[dømiljɔ̃]

Les nombres ordinaux | Die Ordnungszahlen

le 1er / la 1ère	le premier / la première	[ləpʀəmje/lapʀəmjɛʀ]
le/la 2^{e}	le/la deuxième	[lə/ladøzjɛm]
le/la 3^{e}	le/la troisième	[lə/latʀwazjɛm]
le/la 4^{e}	le/la quatrième	[lə/lakatʀjɛm]
le/la 5^{e}	le/la cinquième	[lə/lasɛ̃kjɛm]
le/la 6^{e}	le/la sixième	[lə/lasizjɛm]
le/la 7^{e}	le/la septième	[lə/lasɛtjɛm]
le/la 8^{e}	le/la huitième	[lə/laɥitjɛm]
le/la 9^{e}	le/la neuvième	[lə/lanœvjɛm]
le/la 10^{e}	le/la dixième	[lə/ladizjɛm]
le/la 20^{e}	le/la vingtième	[lə/lavɛ̃tjɛm]
le/la 21^{e}	le/la vingt et unième	[lə/lavɛ̃teynjɛm]

Die Schreibung mit Bindestrich ist nach den Empfehlungen zur französischen Rechtschreibung bei allen zusammengesetzten Zahlwörtern möglich. Du kannst also auch schreiben: *vingt-et-un, soixante-et-onze, deux-cents.*

La conjugaison des verbes | Die Konjugation der Verben

Hier findest du die Konjugationen der Verben, die in *À plus! 1* und *À plus! 2* vorkommen.

! (ê) So gekennzeichnete Verben bilden das *passé composé* mit *être*.

Les verbes auxiliaires *avoir* et *être* | Die Hilfsverben *avoir* und *être*

		avoir		être
infinitif		**avoir**		**être**
présent	j'	ai	je	suis
	tu	as	tu	es
	il/elle/on	a	il/elle/on	est
	nous	avons	nous	sommes
	vous	avez	vous	êtes
	ils/elles	ont	ils/elles	sont
impératif		Aie.		Sois.
		Ayons.		Soyons.
		Ayez.		Soyez.
passé composé		j'ai eu		j'ai été

Das *passé composé* wird mit dem Hilfsverb *avoir* oder dem Hilfsverb *être* gebildet. Ein Beispiel: Das Verb *attendre* ist ein regelmäßiges Verb auf *-re* und bildet das *passé composé* mit dem Hilfsverb *avoir* (→ *j'ai attendu*). Das Verb (ê) *descendre* ist auch ein regelmäßiges Verb auf *-re* und wird wie *attendre* konjugiert. Es bildet aber das *passé composé* mit dem Hilsverb *être* (→ *je suis descendu/descendue*). In der Wortliste sind alle Verben, die mit *être* konjugiert werden, mit (ê) gekennzeichnet, z. B. (ê) *partir*.

Les verbes réguliers en *-er* | Die regelmäßigen Verben auf *-er*

infinitif		**regarder**	
présent	je	regard	**e**
	tu	regard	**es**
	il/elle/on	regard	**e**
	nous	regard	**ons**
	vous	regard	**ez**
	ils/elles	regard	**ent**
impératif		Regarde.	
		Regardons.	
		Regardez.	
passé composé		j'ai regardé	

! Diese Verben bilden das *passé composé* mit *être*:
(ê) arriver, (ê) entrer, (ê) monter, (ê) passer chez/par, (ê) rentrer, (ê) rester, (ê) retourner, (ê) tomber

Die folgenden Verben auf *-er* haben eine Besonderheit in der Schreibung:

envoyer: j'envo**i**e, tu envo**i**es, il/elle/on envo**i**e, nous envoyons, vous envoyez, ils/elles envo**i**ent
ebenso: essayer

appeler: j'appe**ll**e, nous appelons

acheter: j'ach**è**te, nous achetons
ebenso: amener, harceler

préférer: je préf**è**re, nous préférons
ebenso: exagérer, récupérer, répéter

commencer: nous commen**ç**ons
ebenso: dénoncer, menacer

manger: nous mang**e**ons
ebenso: nager, ranger, télécharger

Les verbes réguliers en *-re* | Die regelmäßigen Verben auf *-re*

infinitif		**attendre**
présent	j'	attend **s**
	tu	attend **s**
	il/elle/on	attend
	nous	attend **ons**
	vous	attend **ez**
	ils/elles	attend **ent**
impératif		Attends. Attendons. Attendez.
passé composé		j'ai attendu
	ebenso:	(ê) descendre entendre perdre répondre vendre

Les verbes en *-ir (sortir, réagir* et *offrir)* | Die Verben auf *-ir* (Typ *sortir, réagir* et *offrir*)

infinitif		(ê) **sortir**		**réagir**		**offrir**
présent	je	sor **s**	je	réagi **s**	j'	offr **e**
	tu	sor **s**	tu	réagi **s**	tu	offr **es**
	il/elle/on	sor **t**	il/elle/on	réagi **t**	il/elle/on	offr **e**
	nous	sort **ons**	nous	réagiss **ons**	nous	offr **ons**
	vous	sort **ez**	vous	réagiss **ez**	vous	offr **ez**
	ils/elles	sort **ent**	ils/elles	réagiss **ent**	ils/elles	offr **ent**
impératif		Sors. Sortons. Sortez.		Réagis. Réagissons. Réagissez.		Offre. Offrons. Offrez.
passé composé		je suis sorti/e		j'ai réagi		j'ai offert
	ebenso:	dormir (ê) partir	*ebenso:*	agir applaudir finir réussir	*ebenso:*	ouvrir

Les verbes irréguliers | Die unregelmäßigen Verben

infinitif		(ê) **aller**		**connaître**		**devoir**
présent	je	vais	je	connais	je	dois
	tu	vas	tu	connais	tu	dois
	il/elle/on	va	il/elle/on	connaît	il/elle/on	doit
	nous	allons	nous	connaissons	nous	devons
	vous	allez	vous	connaissez	vous	devez
	ils/elles	vont	ils/elles	connaissent	ils/elles	doivent
impératif		Va. Allons. Allez.				
passé composé		je suis allé/e		j'ai connu		j'ai dû
			ebenso:	disparaître		

infinitif		**dire**		**écrire**		**faire**
présent	je	dis	je	écris	je	fais
	tu	dis	tu	écris	tu	fais
	il/elle/on	dit	il/elle/on	écrit	il/elle/on	fait
	nous	disons	nous	écrivons	nous	faisons
	vous	**dites**	vous	écrivez	vous	**faites**
	ils/elles	disent	ils/elles	écrivent	ils/elles	font
impératif		Dis. Disons. Dites.		Écris. Écrivons. Écrivez.		Fais. Faisons. Faites.
passé composé		j'ai dit		j'ai écrit		j'ai fait

infinitif		**lire**		**mettre**		**pouvoir**
présent	je	lis	je	mets	je	peux
	tu	lis	tu	mets	tu	peux
	il/elle/on	lit	il/elle/on	met	il/elle/on	peut
	nous	lisons	nous	mettons	nous	pouvons
	vous	lisez	vous	mettez	vous	pouvez
	ils/elles	lisent	ils/elles	mettent	ils/elles	peuvent
impératif		Lis. Lisons. Lisez.		Mets. Mettons. Mettez.		
passé composé		j'ai lu		j'ai mis		j'ai pu

infinitif	**prendre**	(ê) **venir**	**voir**	**vouloir**
présent	je prends	je viens	je vois	je veux
	tu prends	tu viens	tu vois	tu veux
	il/elle/on prend	il/elle/on vient	il/elle/on voit	il/elle/on veut
	nous prenons	nous venons	nous voyons	nous voulons
	vous prenez	vous venez	vous voyez	vous voulez
	ils/elles prennent	ils/elles viennent	ils/elles voient	ils/elles veulent
impératif	Prends.	Viens.	Vois.	
	Prenons.	Venons.	Voyons.	
	Prenez.	Venez.	Voyez.	
passé composé	j'ai pris	je suis venu/e	j'ai vu	j'ai voulu
		ebenso: (ê) devenir		
		prévenir		
		tenir		

Les verbes pronominaux au présent | Die reflexiven Verben im Präsens

infinitif	(ê) **s' entraîner**	(ê) **se souvenir**
présent	je m' entraîne	je me souviens
	tu t' entraînes	tu te souviens
	il/elle/on s' entraîne	il/elle/on se souvient
	nous nous entraînons	nous nous souvenons
	vous vous entraînez	vous vous souvenez
	ils/elles s' entraînent	ils/elles se souviennent

Achte auf die besondere Schreibung von:
(ê) **s'appeler**: je m'appe**ll**e, nous nous appelons
(ê) **se promener**: je me prom**è**ne, nous nous promenons

Bonjour, tout le monde!

page 8–9

1 Salut, ça va?

2 Dans mon quartier, il y a **un supermarché et un stade.**

3 Le chat est sur la chaise et le CD de ZAZ est sous la chaise.

4 **Beispiellösung:** Je m'appelle Corinne Wagner. J'ai 13 ans. J'habite à Uelzen, Taubenstraße 17.

5 Bonjour! Je voudrais une bouteille d'eau, s'il vous plaît.

6 je **suis**, tu **es**, il/elle/on **est**, nous **sommes**, vous **êtes**, ils/elles **sont**.

8 a Il est six heures et quart. / Il est dix-huit heures quinze.
  b Il est huit heures moins le quart. / Il est sept heures quarante-cinq.
  c Il est huit heures et demie. / Il est huit heures trente.

9 La fille de ta tante, c'est ta **cousine**.

10 un – deux – trois – quatre – cinq – six – sept – huit – neuf – dix – onze – douze – treize – quatorze – quinze – seize – dix-sept – dix-huit – dix-neuf – vingt – vingt et un – vingt-deux – vingt-trois – vingt-quatre – vingt-cinq – vingt-six – vingt-sept – vingt-huit – vingt-neuf – trente

11 J'ai faim et j'ai soif.

12 **Beispiellösung:**
Dans un collège, il y a une salle des profs, un secrétariat, des salles de classe, une cour et un gymnase.

13 **Beispiellösung:** Mon père s'appelle Thomas. Il est grand et calme et il aime bien le basket. Ma mère s'appelle Agnes. Elle est très bavarde et elle adore téléphoner et aller au cinéma. Ma sœur, c'est Clémentine. On rigole bien ensemble, mais pas toujours! Quand elle est avec ses copines, elle m'énerve! Nous habitons à Dortmund, rue Kleist, dans le quartier Innenstadt-Nord. Et mes grands-parents, Walter et Gertraud, habitent à côté. C'est génial parce qu'ils sont très cool!

14 lundi – mardi – mercredi – jeudi – vendredi – samedi – dimanche

16 La fille fait de l'athlétisme et le garçon fait du foot.

17 C'est quand, ton anniversaire?

18 je **peux**, tu **peux**, il/elle/on **peut**, nous **pouvons**, vous **pouvez**, ils/elles **peuvent**

19 a Les élèves sont au gymnase. b Le garçon est à l'infirmerie avec l'infirmière.

20 Le numéro de Joséphine, c'est le zéro – six, soixante et un, quatre-vingt-dix, zéro – neuf, soixante-douze.

21 je **vais**, tu **vas**, il/elle/on **va**, nous **allons**, vous **allez**, ils/elles **vont**

23 Sur l'étagère, il y a des pierres, un CD de ZAZ et deux figurines: Batman et Obélix.

24 D'abord, elle mange une pomme. Après, elle fait ses devoirs.

25 a Il fait beau. b Il pleut.

Les mots pour jouer

C'est à qui?	Wer ist dran?
À toi!	Du bist dran!
Où est le dé?	Wo ist der Würfel?
(Re)joue.	Spiel (noch einmal).
Passe un tour.	Setze aus.
Avance de deux cases.	Rücke zwei Felder vor.
Recule de deux cases.	Rücke drei Felder zurück.
C'est juste.	Das ist richtig.
C'est faux.	Das ist falsch.
J'ai gagné!	Ich habe gewonnen!

Unité 1

page 23, Repères

1 Im Relativsatz ist *qui* das Subjekt. Auf *qui* folgt **ein konjugiertes Verb**.
Im Relativsatz ist *que* das Objekt. Auf *que* folgt das **Subjekt** des Relativsatzes.

page 24, Repères

2 une ville intéressante, un petit village, un centre commercial moderne, un bon cinéma, des petites maisons, des jolies rues, des plages tranquilles, une grande place touristique

3 **1 Beispiellösung:**
1. Une clé, c'est quelque chose pour **fermer une porte.**
2. Zoé et Lisa sont au Polygone pour **faire du shopping.**
3. L'aquarium est l'endroit idéal pour **observer les poissons.**
4. Les garçons vont à la plage pour **jouer au beach-volley.**

2 *pour* + **Infinitiv** → um ... zu

Unité 2

page 45, Repères

1
1. il a dormi
2. elle a répondu
3. elles sont allées
4. Nathan et Bilal sont descendus
5. Nathan et Zoé sont partis
6. tu as vu
7. j'ai attendu
8. il a été
9. ils ont voulu
10. on a eu

Unité 3

page 64, Repères

2
1. *Cet* steht nur vor **männlichen** Nomen im Singular, die mit einem **Vokal** (oder einem stummen ***h***) beginnen.
2. *ces* baskets; en *ce* moment; *cet* après-midi; *cette* fois; *ces* couleurs

page 65, Repères

4
1. Mon ordinateur est aussi cher que ton portable.
2. Ma chambre est plus petite que notre salle de séjour.
3. Tes tortues sont plus intelligentes que tes perruches.

Unité 4

CD 2 14

page 81, Volet 3, 2e partie du texte

2b **Paul:** Bon, tout le monde est là? Tout le monde m'écoute? Super! Vous allez jouer la finale contre l'équipe allemande de Fribourg. Vous les connaissez. Vous avez déjà joué contre eux, ce matin. Ils sont très forts. Le jeu ne va pas être facile et vous allez devoir lutter. Les joueurs de Fribourg sont rapides, ils agissent vite et ils ont un jeu intelligent. Mais ils font des fautes eux aussi. Et leur gardien de but ne réagit pas toujours assez vite ... C'est votre chance. Et puis – et ça, c'est le plus important – vous êtes une bonne équipe. Vous pouvez encore gagner.

Bilal: C'est vrai? Tu penses qu'on peut gagner ou tu dis ça pour nous encourager?

Paul: Je dis ça parce que vous POUVEZ réussir! Tout est encore possible! Montrez vos points forts aux Allemands! Je compte sur vous pour gagner ce dernier match.

page 86, Repères

1 tous les buts, toute la finale, tous les jeudis, toutes les équipes, toute l'équipe, tous les jours, tous les Belges, toute la nuit

page 87, Repères

2 **Beispiellösung:**
Verben mit direktem Objekt: accompagner **qn**, encourager **qn**, porter **qc**, etc.
Verben mit indirektem Objekt: demander (qc) **à qn**, donner (qc) **à qn**, parler **à qn**, etc.

3
1. J'achète du pain.
2. Mathieu achète des boissons.
3. On a de la farine? / Nous avons de la farine?

Unité 5

page 108, Repères

1 **1**

direktes Objekt

Sg.	me	**Pl.**	nous
	te		vous
	le/la		**les**

indirektes Objekt

Sg.	me	**Pl.**	nous
	te		vous
	lui		**leur**

Die 3. Pers. Sg. und die 3. Pers. Pl. der direkten und der indirekten Objektpronomen unterscheiden sich. Alle anderen Formen sind gleich.

2
1. Tu **lui** fais mal!
2. Elle **leur** donne de l'argent.
3. Ils/Elles **lui** volent son portable.

page 109, Repères

3 **1** Bildung: Der verneinte Imperativ wird aus dem Imperativ und einer Verneinung gebildet, z. B. mit *ne ... pas* oder *ne ... plus*. Die Stellung der Verneinung beim Imperativ entspricht der im Präsens:
Tu **ne** fais **pas** ça. → **Ne** fais **pas** ça. – Vous **ne** le frappez **plus**. → **Ne** le frappez **plus**.

2
1. **N'**écris **pas**.
2. **Ne** pleure **pas**.
3. **Ne** sois **plus** triste.
4. **N'**aie **pas** peur.
5. **Ne** parle **plus**.

4
1. Il **ne** voit **personne**.
2. Je **ne** trouve **personne**.
3. Il **n'**a vu **personne**.
4. Je **n'**ai trouvé **personne**.
5. Ils/Elles **ne** veulent dénoncer **personne**.
6. Nous **n'**avons menacé **personne**.
7. Il **ne** va appeler **personne**.

Unité 6

page 120, Volet 1

7
les espadrilles → 1890
le lecteur MP3 → 1998
le portable → 1979
la lampe de poche → 1898
l'euro → 2002
le bikini → 1946
l'appareil-photo → 1878
le skate → 1957
les lunettes de soleil → 1929
le jean → 1850

page 128, Repères

1 se baigner, s'entraîner, se trouver, se promener, s'amuser, se souvenir, s'appeler, se poser, s'énerver, se passer, s'envoler

page 129, Repères

2 **1**
1. De qui est-ce que vous parlez?
2. À qui est-ce qu'elle parle?
3. À qui est-ce que tu réponds?
4. À qui est-ce que tu téléphones?

2 **Beispiellösung:**
1. – À qui est-ce que vous parlez? – Nous parlons aux surveillants.
2. – De qui est-ce qu'il parle? – Il parle de Laurent.
3. – À qui est-ce que tu téléphones? – Je téléphone à ma copine Lara.

3 (Fragewort) – konjugiertes Verb – (-*t*-) – Personalpronomen – (weitere Satzglieder)

Les instruments et les jeux

▶ Unité 1, tâche B

Instruments

la batterie [labatʀi]

la (guitare) basse [la(gitaʀ)bas]

le synthé [ləsε̃te] *fam.*

le saxophone [ləsaksɔfɔn]

la trompette [latʀɔ̃pεt]

le violoncelle [ləvjɔlɔ̃sεl]

Jeux

le baby-foot [ləbabifut]

les échecs [lezeʃεk] *m. pl.*

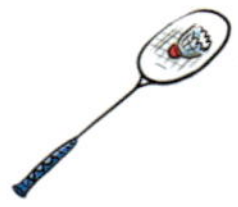
le badminton [ləbadmintɔn]

le billard [ləbijaʀ]

le rugby [ləʀygbi]

le hockey [ləɔkε]

Catastrophe!

▶ Unité 2, tâche A

casser une vitre [kaseynvitʀ]

avoir un pneu crevé [avwaʀε̃pnøkʀəve]

rater le bus [ʀateləbys]

perdre son porte-monnaie [pεʀdʀsɔ̃pɔʀtmɔnε]

avoir un accident [avwaʀε̃aksidɑ̃]

prendre un coup de soleil [pʀɑ̃dʀε̃kudsɔlεj]

Le look

▶ Unité 3, tâche B / Module «Les vêtements et les couleurs»

une bague [ynbag]

une écharpe [yneʃaʀp]

un manteau [ε̃mɑ̃to]

une montre [ynmɔ̃tʀ]

un piercing [ε̃piʀsiŋ]

des boucles d'oreille [debukldɔʀεj] *f. pl.*

Hinweis: Diese Wörter sind fakultativ und dienen der Bearbeitung produktiver Aufgaben. S nutzen sie zum Aufbau ihres individuellen Wortschatzes.

Le sport

▶ Unité 4, Volet 2, p. 79/12a

faire une passe [fɛʀynpas]

dribbler [dʀible]

le pénalty [ləpenalti]

le coup franc [ləkufʀɑ̃]

le corner [ləkɔʀnɛʀ]

siffler la mi-temps [siflelamitɑ̃]

Les personnalités de mon collège

▶ Unité 5, tâche A

le/la secrétaire [le/lasəkʀetɛʀ]

le/la concierge [lə/lakɔ̃sjɛʀʒ]

le/la délégué/e de classe [lə/ladelegedəklas]

l'original/e [lɔʀiʒinal]

le clown [ləklun]

les inséparables [lezɛ̃sepaʀabl] *m./f. pl.*

Ma région

▶ Unité 6, tâche B

la côte [lakot]

le port [ləpɔʀ]

dans le nord [dɑ̃lənɔʀ]
le nord [lənɔʀ]
le sud [ləsyd]
l'est [lɛst] *m.*
l'ouest [lwɛst] *m.*

la forêt [lafɔʀɛ]

les vignes [leviɲ] *f. pl.*

l'industrie [lɛ̃dystʀi] *f.*

Symbole und Abkürzungen

~ Die Tilde bezeichnet die Lücke, in die du das neue Wort einsetzen sollst.

~[1] Die Fußnote nach der Tilde zeigt dir an, dass du auf die Angleichung des Wortes achten musst. Die richtige Lösung findest du auf einem weißen Streifen **am Ende jedes *Volets*.**

! Das Ausrufezeichen macht dich auf eine Besonderheit aufmerksam.

≠ Hier findest du das Gegenteil des Wortes.

→ Hinter diesem Pfeil findest du ein Wort, das zur gleichen Familie gehört und das du schon gelernt hast.

Hier siehst du ein englisches Wort, das dem französischen Wort ähnlich ist.

▶ *Civilisation* zeigt dir an, dass du im *Petit dictionnaire de civilisation*, S. 158–161, weitere Informationen zu dem Begriff findest.

▶ *Verbes* zeigt dir an, dass du in der *Conjugaison des verbes*, S. 164–167, die Konjugation des Verbs findest.

(ê) So gekennzeichnete Verben bilden das *passé composé* mit *être*.

l'endroit *m.* Blau sind alle männlichen Nomen, deren Genus (Geschlecht) du nicht am Artikel erkennen kannst.

l'étoile *f.* Rot sind alle weiblichen Nomen, deren Genus (Geschlecht) du nicht am Artikel erkennen kannst.

Kursiv gedruckte Wörter sind ergänzender Wortschatz (fakultativ).

f.	*féminin*/feminin (weiblich)
m.	*masculin*/maskulin (männlich)
sg./Sg.	*singulier*/Singular (Einzahl)
pl./Pl.	*pluriel*/Plural (Mehrzahl)
qc/etw.	*quelque chose*/etwas
qn/jd/jdn/jdm	*quelqu'un*/jemand/jemanden/jemandem
pers./Pers.	*personne*/Person
adj.	*adjectif*/Adjektiv
fam.	*familier*/umgangssprachlich
inf.	*infinitif*/Infinitiv

Unter www.cornelsen.de/webcodes APLUS-2-174 findest du Arbeitsblätter zum Üben der neuen Wörter.

Unité 1 | Volet 1

Bienvenue! *f.* [bjɛ̃vəny]	Willkommen!	~ chez nous!
Montpellier [mɔ̃pəlje]	*Stadt in Südfrankreich* ▶ *Civilisation, p. 161*	
la vieille ville [lavjɛjvil]	die Altstadt	La ~ de Montpellier est sympa.
la rue piétonne [laʀypjetɔn]	die Fußgängerzone	Il y a beaucoup de restaurants dans la ~.
la place de la Canourgue [laplasdəlakanuʀg]	*historischer Platz in Montpellier*	
jouer de qc [ʒwedə]	spielen (Instrument)	Je ~[1] de la flûte.
l'instrument [lɛ̃stʀymɑ̃] *m.*	das Instrument	La flûte est un ~.

le piano [ləpjano]	das Klavier	Le soir, je fais une heure de ~.
la chorale [lakɔʀal]	der Chor	Dans une ~, on chante.
la natation [lanatasjɔ̃]	Schwimmen *Sportart*	Lisa est très bonne en ~.
le club de natation [ləklœbdənatasjɔ̃]	der Schwimmverein	
le club [ləklœb]	der Verein	Est-ce que tu vas au ~ de foot?
célèbre [selɛbʀ] *m./f. adj.*	berühmt	Le Vieux-Port de Marseille est ~.
Camille Muffat [kamijmyfa]	*französische Schwimmerin* ▶ *Civilisation, p. 158*	
il/elle vient [il/ɛlvjɛ̃]	er/sie kommt *3. Pers. Sg. von* venir	
venir [vəniʀ]	kommen ▶ *Verbes, p. 167*	Tu ~[2] chez moi mercredi?

Merke:

Elle vient chez sa copine.

Il vient de Rome.

Elle vient à 19 heures.

le cahier de vacances [ləkajedəvakɑ̃s]	das Ferienheft *Heft zum Wiederholen von Lernstoff*	Les ~[3], ce sont des devoirs de vacances mais ça reste sympa!
la place de la Comédie [laplasdəlakɔmedi]	*beliebter Platz in Montpellier*	
douze ans et demi [duzɑ̃edəmi]	zwölfeinhalb (Jahre)	– Tu as quel âge? – J'ai ~.
Djerba [dʒɛʀba]	*tunesische Insel*	
la Tunisie [latynizi]	Tunesien ▶ *Civilisation, p. 161*	Bilal va passer ses vacances dans sa famille en ~.
être né/née (à/le) [ɛtʀne]	geboren sein (in/am)	Lisa est ~[4] le 21 juin.
Antigone [ɑ̃tigɔn]	*Viertel in Montpellier* ▶ *Civilisation, p. 159*	
la physique [lafizik]	die Physik	Notre prof de ~ est génial!
jouer à qc [ʒwea]	etw. spielen *ein Spiel oder Ballsportarten wie Fußball, Handball, Tennis …*	J'adore ~ au foot.

! Unterscheide:

jouer **à** qc = ein Spiel spielen
jouer **de** qc = ein Instrument spielen

le ping-pong [ləpiŋpɔ̃g]	Tischtennis *Sportart*	Dans le parc, il y a des tables de ~.

le handball [ləɑ̃dbal]	Handball *Sportart*	Bilal est dans un club de ~.
William Accambray [ɥiljamakɑ̃mbʀɛ]	*französischer Handballspieler* ▶ *Civilisation, p. 158*	
au bord de [obɔʀdə]	am Ufer von	Il habite ~ d'un lac.

Hörtext

Rome [ʀɔm]	Rom *Hauptstadt Italiens*	
le beach-volley [ləbitʃvɔlɛ]	Beach-Volleyball *Sportart*	En été, Bilal et ses copains font du ~ sur la plage.
l'accordéon [lakɔʀdeɔ̃] *m.*	das Akkordeon	L'~ est un instrument.
Bruxelles [bʀysɛl]	Brüssel *Hauptstadt Belgiens* ▶ *Civilisation, p. 159*	À ~, on parle aussi français.
depuis [dəpɥi]	seit, seitdem	Lisa va au club de natation ~ trois ans, Lara ~ mai.

1 joue **2** viens **3** cahiers de vacances **4** née

Unité 1 | Volet 2

qui [ki]	der, die, das *Relativpronomen, immer Subjekt des Relativsatzes*	Nathan et Bilal sont deux garçons ~ habitent à Montpellier.
attirer qn [atiʀe]	jdn anziehen, anlocken	La journée portes ouvertes du collège ~[1] beaucoup de monde.
moderne [mɔdɛʀn] *m./f. adj.* modern	modern	J'aime avoir des choses ~[2] dans ma chambre.
branché/branchée [bʀɑ̃ʃe] *adj. fam.* ≠ nul/nulle	angesagt	Il y a un bar à jus de fruits ~[3] près de chez moi.
les gens [leʒɑ̃] *m. pl.*	die Leute	Je ne comprends pas les ~ qui arrivent en retard au ciné.
sortir [sɔʀtiʀ]	hinausgehen, ausgehen ▶ *Verbes, p. 165*	Pour ~, Montpellier c'est génial!
le festival [ləfɛstival] festival	das Festival	Le ~ de danse de Montpellier est célèbre.
que [kə]	den, die, das *Relativpronomen, immer Objekt des Relativsatzes*	Nathan aime bien la musique ~ son frère écoute.
le musée Fabre [ləmyzefabʀ]	*Museum für bildende Kunst in Montpellier*	

proposer qc (à qn) [prɔpoze]	(jdm) etw. vorschlagen, anbieten	Le restaurant ~[4] des plats pas chers et très bons.
l'exposition [lɛkspozisjɔ̃] *f.*	die Ausstellung	Qu'est-ce qu'il y a comme ~[5] en ce moment?
le planétarium [ləplanetaʀjɔm]	das Planetarium	Le ~ est ouvert de 14 h à 18 h 30.
fantastique [fɑ̃tastik] *m./f. adj.*	fantastisch, großartig	Le planétarium est ~.
l'étoile [letwal] *f.*	der Stern	La nuit, on peut regarder les ~[6].
l'aquarium [lakwaʀjɔm] *m.*	das Aquarium	J'ai un ~ avec trois poissons et une tortue dans ma chambre!
voir [vwaʀ]	sehen ▶ *Verbes, p. 167*	Je ~[7] quelque chose que tu ne ~[8] pas et c'est noir.
magnifique [maɲifik] *m./f. adj.*	wunderschön	Zoé fait des photos ~[9].
dehors [dəɔʀ]	draußen	Allons jouer ~, il fait beau!
par exemple / p.ex. [paʀɛgzɑ̃pl] for example	zum Beispiel, z. B.	– Qu'est-ce qu'on peut faire à Montpellier? – On peut visiter l'aquarium Mare Nostrum ~.
l'exemple [lɛgzɑ̃pl] *m.*	das Beispiel	C'est un bon ~.
la terrasse [lateʀas]	die Terrasse	Quand il fait beau, les ~[10] des cafés sont ouvertes.
pour + inf. [puʀ]	um ... zu + *Inf.*	Il va au cinéma ~ voir un film.
prendre qc [pʀɑ̃dʀkɛlkəʃoz]	etw. zu sich nehmen	Quand on a soif, on va au café pour ~ quelque chose.
quelque chose [kɛlkəʃoz]	etwas	Zoé veut préparer ~ pour l'anniversaire de sa mère.
le shopping [ləʃɔpiŋ]	der Einkaufsbummel	J'adore faire du ~.
idéal/idéale [ideal] *adj.* ≠ nul/nulle	ideal	L'été est ~[11] pour visiter Montpelle.
parfois [paʀfwa] ≠ souvent	manchmal	Zoé et Lisa vont ~ à la piscine ensemble.
le Polygone [ləpoligɔn]	*Einkaufszentrum in Montpellier*	
je pars [ʒəpaʀ]	ich fahre weg, ich gehe los *1. Pers. Sg. von* partir	
partir [paʀtiʀ]	wegfahren, losgehen *wird wie* sortir *konjugiert* ▶ *Verbes, p. 165*	Est-ce que tu ~[12] à Rome pendant les vacances?
Carnon [kaʀnɔ̃]	*Badeort am Mittelmeer bei Montpellier* ▶ *Civilisation, p. 160*	

quelque chose se trouve [kɛlkəʃozsətʀuv]	etw. befindet sich/liegt	
la région [laʀeʒjɔ̃]	die Gegend	L'Alsace est une ~ de France.
la mer Méditérranée [lamɛʀmeditеʀane]	das Mittelmeer	J'adore ~!
les Cévennes [levsɛvɛn] *f. pl.*	die Cevennen *Mittelgebirge im Süden Frankreichs* ▶ *Civilisation, p. 160*	
partir en week-end [paʀtiʀɑ̃wikɛnd]	ins Wochenende fahren	Lisa ~[13] chez ses grands-parents.
la Camargue [lakamaʀg]	*Naturschutzgebiet an der Mündung der Rhône* ▶ *Civilisation, p. 159*	
partir en randonnée [paʀtiʀɑ̃ʀɑ̃dɔne]	wandern gehen	La classe de 5e B ~[14] en randonnée dans les Pyrénées.
Palavas-les-Flots [palavasleflo]	*Stadt und beliebter Badeort am Mittelmeer südlich von Montpellier* ▶ *Civilisation, p. 161*	

1 attire 2 modernes 3 branché 4 propose 5 expositions 6 étoiles 7 vois 8 vois 9 magnifiques 10 terrasses 11 idéal 12 pars 13 part 14 part

Le français en classe

Das Modul kann früher behandelt werden. Nach *Unité* 1 wird der Wortschatz als bekannt vorausgesetzt.

corriger qc [kɔʀiʒe]	etw. korrigieren, berichtigen	Les profs ~[1] les interros.
J'ai oublié quelque chose. [ʒeublijekɛlkəʃoz]	Ich habe etwas vergessen.	Zut! ~.
Je n'ai pas compris. [ʒənɛpakɔ̃pʀi]	Ich habe (es) nicht verstanden.	~ le texte.
J'ai fait un autre exercice. [ʒefɛɛ̃notʀegzɛʀsis]	Ich habe eine andere Übung gemacht.	– On va corriger les devoirs. – Monsieur, ~.
autre [otʀ] *m./f. adj.*	anderer/andere/anderes *Das Adjektiv* autre *steht immer vor dem Nomen.*	– Je n'aime pas ce film. – Alors on regarde un ~ film.
Qu'est-ce que tu as écrit? [kɛskətyaekʀi]	Was hast du hier geschrieben?	– ~? – Rien. Je n'ai pas compris l'exercice.
J'ai écrit autre chose. [ʒeekʀiotʀʃoz]	Ich habe etwas anderes geschrieben.	– J'ai la bonne réponse! – Moi non, ~.
lire [liʀ]	lesen ▶ *Verbes, p. 166*	Est-ce que vous aimez ~?

la fois / ! **les fois** [lafwa/lefwa]	das Mal	Écoutez le texte deux ~.
mettre le son plus fort [mɛtʀləsɔ̃plyfɔʀ]	den Ton lauter stellen	– Madame, je n'entends pas la musique. – Je vais ~.
la feuille [lafœj]	das Blatt	Est-ce que tu as une ~ pour moi?
le numéro [lənymeʀo]	die Nummer	Tu me donnes ton ~ de téléphone?
C'est à quelle page? [sɛtakɛlpaʒ]	Auf welcher Seite ist/steht das?	
C'est à la page 25. [sɛtalapaʒvɛ̃tsɛ̃k]	Das ist/steht auf Seite 25.	– C'est à quelle page? – ~.
en silence [ɑ̃silɑ̃s]	still	Maintenant, vous allez travailler ~.
Qu'est-ce qu'il faut faire? [kɛskilfofɛʀ]	Was sollen wir machen?	– ~? – Lire le texte et répondre aux questions.
expliquer qc [ɛksplike]	etw. erklären	La prof ~[2] l'exercice.
la tâche [latɑʃ]	die Aufgabe, die Arbeit	Je fais la ~ B, et toi?
différent/différente [difeʀɑ̃/difeʀɑ̃t] *adj.*	anderer/andere/anderes *hier:* anders	On a des profs très ~[3].
Vous avez fini? [vuzavefini]	Seid ihr fertig?	– ~? – Non, pas encore.
la minute [laminyt]	die Minute	On commence dans cinq ~[4].
Je n'ai pas fini! [ʒənɛpafini]	Ich bin noch nicht fertig!	– Bon, on y va? – Non, ~!
C'est à qui? [sɛtaki]	Wer ist dran?	– ~? – Je ne sais pas.
C'est à moi. [sɛtamwa]	Ich bin dran.	– C'est à qui? – ~.
C'est à ... [sɛta]	... ist dran.	– C'est à qui? – ~ Marion.
apprendre qc [apʀɑ̃dʀ]	etw. lernen *wird wie* prendre *konjugiert* ▶ *Verbes, p. 167*	Il ~[5] l'allemand.

Au collège, on apprend **le** français, **l'**allemand et **l'**anglais.
In der Schule lernen wir Französisch, Deutsch und Englisch.

Merke: Du verwendest vor *français,* und *anglais* den bestimmten Artikel, wenn du von den Schulfächern sprichst.

Aber: *parler français/anglais/allemand*

le vocabulaire [ləvɔkabylɛʀ]	das Vokabular, der Wortschatz	Apprenez le ~ de l'unité 2.
l'unité [lynite] *f.* 🇬🇧 unit	die Lektion	Notez le vocabulaire de l'~ 2 dans vos cahiers.
prochain/prochaine [pʀɔʃɛ̃/pʀɔʃɛn] *adj.*	nächster/nächste/nächstes	Le week-end ~, je vais à Strasbourg.

1 corrigent 2 explique 3 différents 4 minutes 5 apprend

Unité 2 | Volet 1

le temps libre [lətɑ̃libʀ]	die Freizeit	Entre l'école et les devoirs, il n'y a plus beaucoup de ~!
libre [libʀ] *m./f. adj.*	frei	Est-ce que tu es ~ demain?
dessiner qc [desine]	etw. zeichnen	Zoé aime aussi ~ des mangas.
hier [jɛʀ]	gestern	
terminé [tɛʀmine]	beendet *Partizip Perfekt von* terminer ▶ *Verbes, p. 164*	
terminer qc [tɛʀmine]	etw. beenden	~[1] d'abord tes devoirs, après tu peux sortir.
entre [ɑ̃tʀ]	*hier:* unter	On a dansé chez moi , ~ amis.
le sandwich [ləsɑ̃dwitʃ] sandwich	das Sandwich	Les ~[2], c'est pratique et on peut les manger partout.
le pique-nique [ləpiknik]	das Picknick	Qui fait quoi pour le ~?
fait [fɛ]	gemacht *Partizip Perfekt von* faire ▶ *Verbes, p. 166*	Qu'est-ce que tu as ~ hier?
ne … jamais [nə…ʒamɛ] ≠ toujours	nie	Il y a des élèves qui ~ vont ~[3] au CDI.
énerver qn [enɛʀve]	jdn ärgern	Tu m'~[4]!
enfin [ɑ̃fɛ̃]	endlich *auch:* schließlich	~ un moment tranquille!
Allez! [ale]	Los!	~, on y va!
on descend [ɔ̃desɑ̃]	wir gehen hinunter *3. Pers. Sg. von* descendre	
descendre [desɑ̃dʀ]	hinuntergehen *wird wie* attendre *konjugiert* ▶ *Verbes, p. 165*	~[5] et viens ouvrir la porte, s'il te plaît, je n'ai pas mes clés!
raconter qc [ʀakɔ̃te]	etw. erzählen	~[6] vos vacances.
oublier qc [ublije]	etw. vergessen	J'ai ~[7] mon cahier d'exercices à la maison.
ne … rien [nə…ʀjɛ̃]	nichts	Je ~ comprends ~[8] en anglais. C'est l'horreur!
entrer [ɑ̃tʀe]	hineingehen, etw. betreten	Le prof ~[9] dans la salle.

1 Termine 2 sandwichs 3 ne vont jamais 4 énerves 5 Descends 6 Racontez 7 oublié 8 ne comprends rien 9 entre

Unité 2 | Volet 2

le journal [ləʒuʀnal] → le jour	*hier:* das Tagebuch *auch:* die Zeitung	Dans le ~ de Zoé, il y a des dessins et des photos aussi.
d'habitude [dabityd]	normalerweise	~, Bilal va au handball le mercredi.
Minerve [minɛʀv]	*malerisches Dorf in der Region Languedoc-Roussillon*	
été [ete]	gewesen *Partizip Perfekt von* être ▶ *Verbes, p. 164*	Jusqu'à maintenant j'ai ~ sympa avec toi, mais là, tu m'énerves.
malade [malad] *m./f. adj.*	krank	Léa ne vient pas, elle est ~.
ranger qc [ʀɑ̃ʒe]	etw. aufräumen	~[1] vos affaires, s'il vous plaît.
je dois [ʒədwa]	ich muss *1. Pers. Sg. von* devoir	
devoir [dəvwaʀ]	müssen ▶ *Verbes, p. 166*	Il est tard, je ~[2] rentrer.
tous les samedis [tulesamdi]	jeden Samstag	~, on prépare un gâteau.
le sac [ləsak]	die Tasche	Prends ton ~ de sport!
midi [midi]	zwölf Uhr mittags	
(ê) **parti** [paʀti]	*hier:* gegangen/gefahren *Partizip Perfekt von* partir ▶ *Verbes, p. 165*	Il est ~ à cinq heures.
(ê) **allé** [ale]	gegangen, gefahren *Partizip Perfekt von* aller ▶ *Verbes, p. 166*	Hier Zoé et Lisa sont ~[3] au cinéma.
rencontrer qn [ʀɑ̃kɔ̃tʀe]	jdm begegnen, jdn treffen, sich mit jdm treffen	Karim a ~[4] sa copine hier.
(ê) **venu** [vəny]	gekommen *Partizip Perfekt von* venir ▶ *Verbes, p. 167*	Lisa n'est pas ~[5] en classe aujourd'hui.
le citron [ləsitʀɔ̃]	die Zitrone	Il y a beaucoup de vitamine C dans les ~[6].
la catastrophe [lakatastʀɔf]	die Katastrophe	C'est une ~: tout le monde a faim et Arthur ne trouve pas les sandwichs.
le pic Saint-Loup [ləpiksɛ̃lu]	*Berg in der Region Languedoc-Roussillon* ▶ *Civilisation, p. 161*	
le repas [ləʀəpa]	das Essen, die Mahlzeit	Pendant le ~ du soir, Bilal et sa famille parlent de leur journée.
le film [ləfilm]	der Film	Il y a un ~ au cinéma que je voudrais voir.
dormi [dɔʀmi]	geschlafen *Partizip Perfekt von* dormir	
dormir [dɔʀmiʀ]	schlafen *wird wie* sortir *konjugiert* ▶ *Verbes, p. 165*	Le dimanche, je ~[7] jusqu'a dix heures.

longtemps [lɔ̃tɑ̃]	lange *zeitlich*	Il ne vient plus au foot depuis ~.
c'était trop tard [setɛtʀotaʀ]	es war zu spät	~ pour faire une photo, alors j'ai acheté une carte postale.
à propos [apʀɔpo]	übrigens, apropos	– C'est bientôt les vacances! – ~, vous partez loin?
déjà [deʒa]	schon, bereits	Vite, la visite a ~ commencé!
fatigué/fatiguée [fatige] *adj.*	müde	Nathan n'a pas beaucoup dormi, alors il est ~[8] en cours.
la fin [lafɛ̃] → enfin	das Ende	Raconte la ~ du livre, s'il te plaît!

1 Rangez 2 dois 3 allées 4 rencontré 5 venue 6 citrons 7 dors 8 fatigué

Unité 2 | Volet 3

l'aventure [lavɑ̃tyʀ] *f.*	das Abenteuer	Les ~[1] de Tintin et Milou sont des bédés célèbres.
incroyable [ɛ̃kʀwajabl] *m./f. adj.*	unglaublich	J'ai passé une semaine ~!
pu [py]	gekonnt *Partizip Perfekt von* pouvoir ▶ *Verbes, p. 166*	Je n'ai pas ~ acheter un cadeau, mais j'ai fait un gâteau!
voulu [vuly]	gewollt *Partizip Perfekt von* vouloir ▶ *Verbes, p. 167*	Qu'est-ce que tu as ~ dire?
rendez-vous + *Zeit/Ort* [ʀɑ̃devu]	wir treffen uns in/im/am ...	~ dans deux heures, d'accord?
le rendez-vous [ləʀɑ̃devu]	die Verabredung, der Termin	J'ai (un) ~ à cinq heures.
la voiture [lavwatyʀ]	der Wagen, das Auto	On ne peut pas aller en ~ dans le centre-ville.
vu [vy]	gesehen *Partizip Perfekt von* voir ▶ *Verbes, p. 167*	Vous avez déjà ~ une tortue jouer avec un hamster?
le taureau / ! les taureaux [lətɔʀo/letɔʀo]	der Stier	Pour voir des ~[2] dans la nature, allez en Camargue!
le champ [ləʃɑ̃]	das Feld	Les ~[3] sont magnifiques en été.
eu [y]	gehabt *Partizip Perfekt von* avoir ▶ *Verbes, p. 164*	Mathieu a ~ des problèmes en maths, mais maintenant, ça va.
idiot/idiote [idjo/idjɔt] *adj. fam.*	blöd	La chanson est ~[4].
photographier qn/qc [fɔtɔgʀafje] → la photo	jdn/etw. fotografieren	Zoé aime ~ les animaux.

le toréro [lətɔʀeʀo]	der Torero	Le ~ raconte son aventure avec le grand taureau noir.
tout à coup [tutaku]	plötzlich	~, la prof est entrée.
(ê) **tomber** [tɔ̃be]	fallen, hinfallen	Les biscuits sont ~[5] du paquet et le chien a tout mangé.
(ê) **venir droit sur qn** [vəniʀdʀwasyʀ]	direkt auf jdn zukommen	Le surveillant est ~[6] l'élève.
avoir peur [avwaʀpœʀ]	Angst haben, Angst bekommen	Elle ~[7] la nuit.
la peur [lapœʀ]	die Angst	Zoé dit qu'elle n'a pas eu ~.
C'était l'horreur! [setɛlɔʀœʀ]	Das war der Horror!	L'interro, ~!
juste [ʒyst]	gerade noch	Mehdi a ~ eu le temps de manger avant de partir.
à cause de ça [akozdəsa]	deswegen	Nathan est malade. ~, il ne vient pas en cours.
à cause de [akozdə]	wegen	Cédric ne vient pas ~ l'anniversaire de son grand-père.
faire attention [fɛʀatɑ̃sjɔ̃]	aufpassen	Pardon, je n'ai pas ~[8], tu t'appelles Lara ou Laura?
pris [pʀi]	genommen *Partizip Perfekt von* prendre ▶ *Verbes, p. 167*	– Tu as ~ mon CD? – Non, il est là.
mauvais/mauvaise [movɛ/movɛz] *adj.* ≠ bon/bonne	schlecht *hier:* falsch	Zut, on a pris le ~[9] tram!
demander son chemin (à qn) [dəmɑ̃desɔ̃ʃəmɛ̃]	(jdn) nach dem Weg fragen	Pour aller à la gare, ils ~[10] à quelqu'un.
le chemin [ləʃəmɛ̃]	der Weg	Près de chez moi, il y a un ~ idéal pour les randonnées.
dû [dy]	gemusst *Partizip Perfekt von* devoir ▶ *Verbes, p. 166*	J'ai ~ ranger ma chambre avant notre départ en vacances.
perdu [pɛʀdy]	verloren *Partizip Perfekt von* perdre	Lucas pense qu'il a ~ son portable sur le chemin du retour.
perdre qc [pɛʀdʀ]	etw. verlieren *wird wie* attendre *konjugiert* ▶ *Verbes, p. 165*	Zoé ~[11] souvent des choses.
répondu [ʀepɔ̃dy]	geantwortet *Partizip Perfekt von* répondre	Elle n'a pas entendu la question, alors elle n'a pas ~.
répondre (à qn/qc) [ʀepɔ̃dʀ] ≠ demander (qc à qn)	jdm antworten, etw. beantworten *wird wie* attendre *konjugiert* ▶ *Verbes, p. 165*	Qui peut ~ à ma question?

rien de spécial [ʀjɛ̃dəspesjal]	nichts Besonderes	– Qu'est-ce que tu as fait ce weekend? – ~.
insister [ɛ̃siste]	auf etw. bestehen *hier:* nachhaken	Bon d'accord, je viens avec vous, mais parce que vous ~[12].
Il faut que je te dise un truc! [ilfokəʒətədizɛ̃tʀyk]	Ich muss dir was sagen! Ich muss dir was erzählen!	
il y a [ilja]	vor *zeitlich*	Les correspondants sont arrivés ~ trois jours.

! Unterscheide:

il y a = es gibt	Sur la table, **il y a** des bananes et des fraises.
il y a = vor *zeitlich*	Les corres sont arrivés **il y a** une semaine.

prendre ses jambes à son cou [pʀɑ̃dʀseʒɑ̃basɔ̃ku]	die Beine in die Hand nehmen	Quand j'ai vu le chien venir droit sur moi, j'ai ~[13].
la jambe [laʒɑ̃b]	das Bein	
le cou [ləku]	der Hals	

1 aventures 2 taureaux 3 champs 4 idiote 5 tombés 6 venu droit sur 7 a peur 8 fait attention 9 mauvais 10 demandent leur chemin 11 perd 12 insistez 13 pris mes jambes à mon cou

Unité 3 | Volet 1

le monde [ləmɔ̃d]	die Welt	Harry Potter est célèbre partout dans le ~.
le test [lətɛst] test	der Test	Demain, la classe de 5e B a un ~ de maths.
calme [kalm] *m./f. adj.* calm	ruhig	La nuit, les rues sont très ~[1].
le bus [ləbys] bus	der Bus	D'habitude, je vais à l'école à vélo, mais aujourd'hui, j'ai pris le ~.
le magazine [ləmagazin] magazine	das Magazin, die Zeitschrift	Zoé aime les ~[2] sur la nature et les animaux.
le texto [tɛksto]	die SMS	Les ~[3], c'est pratique mais ce n'est pas toujours idéal.
quel/quelle [kɛl]	welcher/welche/welches	~[4] jour de la semaine est-ce que tu préfères?
la couleur [lakulœʀ] colour	die Farbe	Quelle ~ est-ce que tu aimes?

rouge [ʀuʒ] *m./f. adj.*	rot	J'ai un vélo ~.
bleu/bleue [blø] *adj.*	blau	J'ai dessiné des bateaux ~[5] sur une mer rouge.

! Unterscheide:

noir	schwarz als Adjektiv	un vélo noir
rouge	rot als Adjektiv	une voiture rouge
bleu	blau als Adjektiv	un stylo bleu

Aber:

le noir	die Farbe Schwarz	Je n'aime pas **le** noir.
le rouge	die Farbe Rot	**Le** rouge est ma couleur préférée.
le bleu	die Farbe Blau	**Le** bleu de la mer est incroyable quand il fait beau.

l'idole [lidɔl] *f.*	das Idol	Beaucoup de jeunes ont une ~, et toi?
l'acteur / l'actrice [laktœʀ/laktʀis] *m./f.* 🇬🇧 actor	der/die Schauspieler/in	Comment s'appelle ton ~[6] préférée?
le sportif / la sportive [ləspɔʀtif/laspɔʀtiv]	der/die Sportler/in	Bilal et son frère, ce sont des ~[7].
télécharger qc [teleʃaʀʒe]	etw. herunterladen	Je n'aime pas ~ des films, je préfère les emprunter.
le titre [lətitʀ]	der Titel *hier:* der Musiktitel	Le CD de ZAZ a onze ~[8].
l'électro [lelɛktʀo] *f.*	die Elektromusik	On ne peut pas toujours bien danser sur l'~.
le hip-hop ! [ləipɔp]	der Hip-Hop	Zoé n'est pas fan de ~.

Vergleiche:
l'heure, **l'h**istoire-géo, **l'h**iver

Bei einigen Wörtern, die mit *h* beginnen, wird der bestimmte Artikel nicht verkürzt.

aber:

le hamster

le hip-hop

le hobby

les vêtements [levɛtmɑ̃] *m. pl.*	die Kleider	Être petit, c'est parfois pénible quand il faut trouver des ~.
porter qc [pɔʀte]	etw. tragen	Qu'est-ce que tu vas ~ pour la fête?
le pantalon [ləpɑ̃talɔ̃]	die Hose	Zoé adore son ~ noir.
la chemise [laʃəmiz]	das Hemd	Enzo aime porter des ~[9] rouges.
le jean [lədʒin]	die Jeans	Tout le monde est d'accord: les ~[10], c'est super pratique.

le tee-shirt [lətiʃœʀt]	das T-Shirt	Dans le placard de Nathan, il y a dix ~[11] et une chemise.
l'objet [lɔbʒɛ] *m.*	das Objekt, der Gegenstand	Chez mes grands-parents, il y a des ~[12] partout!
le porte-bonheur [ləpɔʀtbɔnœʀ]	der Glücksbringer	Mon ~, c'est une petite pierre bleue.
le casque [ləkask]	der Kopfhörer *auch:* der Helm	Zoé aime écouter sa musique avec un ~.
le résultat [ləʀezylta] result	das Ergebnis	Bilal a de très bons ~[13] en physique.
plus [plys]	mehr	Le garçon là-bas a treize ans ou peut-être ~.
plutôt [plyto]	eher, lieber	– Tu préfères ~ nager dans un lac ou dans la mer? – ~ dans un lac.
bouger [buʒe]	sich bewegen *wird wie* manger *konjugiert* ▶ *Verbes, p. 164*	– Je n'aime pas trop ~. – Moi si. J'adore le sport.
le stress [ləstʀɛs]	der Stress	Trop de travail, trop de ~, c'est l'horreur en ce moment!

1 calmes 2 magazines 3 textos 4 Quel 5 bleus 6 actrice 7 sportifs 8 titres 9 chemises 10 jeans 11 tee-shirts 12 objets 13 résultats

Unité 3 | Volet 2

l'enquête [lɑ̃kɛt] *f.*	die Umfrage, die Untersuchung	Les élèves de la 5e B font une ~ dans leur collège.
le style [ləstil]	der Stil	Quel ~ de musique est-ce que tu écoutes?
le look [ləluk]	der Look, das Outfit	J'adore Paris, parce qu'on voit des ~[1] incroyables dans la rue.
sportif/sportive [spɔʀtif/spɔʀtiv] *adj.*	sportlich	Ma mère est plutôt ~[2].
mettre qc [mɛtʀ]	*hier:* etw. tragen, anziehen *auch:* setzen, stellen, legen ▶ *Verbes, p. 166*	Qu'est-ce que tu vas ~ pour aller à la fête de Lisa?
la marque [lamaʀk]	die Marke	Est-ce que tu as des vêtements de ~ dans ton armoire?

les baskets [lebaskɛt] *f. pl.*	die Turnschuhe	Bilal a des ~ de ville et des ~ pour faire du sport.
important/importante [ɛ̃pɔʀtɑ̃/ɛ̃pɔʀtɑ̃t] *adj.* important	wichtig	Pour beaucoup de parents, les notes à l'école sont très ~[3].
Soprano [sɔpʀano]	*französischer Rapper* ▶ *Civilisation, p. 158*	
nouveau/nouvel [nuvo/nuvɛl] *m.* / **nouvelle** [nuvɛl] *f.* / **nouveaux** [nuvo] *m. pl.* / **nouvelles** [nuvɛl] *f. pl. adj.*	neu	Pour la rentrée en 5e, Zoé a eu un ~[4] ordinateur. Il y a une ~[5] élève dans la 5e B, elle s'appelle Emma.
la sonnerie [lasɔnʀi]	die Klingel *hier:* der Klingelton	La ~ du portable de Nathan est un titre de son groupe préféré.
être accro à qc [ɛtʀakʀoa]	nach etw. süchtig sein	Isabelle est ~[6] chocolat.
le R&B [ləaʀɛnbi]	der R&B *Rhythm & Blues*	Je ne suis pas trop fan de ~.
Tal [tal]	*französische Sängerin* ▶ *Civilisation, p. 158*	
ce/cet/cette/ces [sə/sɛt/sɛt/se]	dieser/diese/dieses	~[7] soir, il y a un très bon film à la télé.

ce matin	= heute Morgen	cet après-midi	= heute Nachmittag
ce soir	= heute Abend	cette semaine	= diese Woche, in dieser Woche

beau/bel [bo/bɛl] *m.* / **belle** [bɛl] *f.* / **beaux** [bo] *m. pl.* / **belles** [bɛl] *f. pl. adj.*	schön	Montpellier est une ~[8] ville. La guitare est un ~[9] instrument.
la voix / ! **les voix** [lavwa/levwa]	die Stimme	Cette chanteuse a une ~ incroyable.
aussi … que [osi…kə]	so … wie	Mehdi est ~ sportif ~[10] son frère.
le pull *fam.* / **le pull-over** [ləpyl/ləpylɔvɛʀ]	der Pulli, der Pullover	Ce ~ est trop grand pour toi!
orange [ɔʀɑ̃ʒ] *m./f. adj.*	orange	J'aime bien ton pantalon ~.
vert/verte [vɛʀ/vɛʀt] *adj.*	grün	Mon lapin adore la salade ~[11].

! Merke:
marron und *orange* sind unveränderlich.
Les pulls marron.
Les baskets orange.

blanc/blanche | *marron* | *jaune* | *rose* | noir/noire
orange | vert/verte | bleu/bleue | rouge | *gris/grise*

Ça me plaît. [samәplɛ]	Das gefällt mir.	– Comment tu trouves l'ambiance ici? – ~.
la mode [lamɔd]	die Mode	Elle aime acheter des magazines de ~.
la robe [laʀɔb]	das Kleid	Chloé n'aime pas trop les ~[12], elle préfère les jeans.
dépenser qc [depɑ̃se]	etw. ausgeben	Tu ~[13] combien pour ton portable?
cent-cinquante [sɑ̃sɛ̃kɑ̃t]	hundertfünfzig	
deux cents [døsɑ̃]	zweihundert	

Die Zahlen über 100 findest du auf S. 163.

les affaires [lezafɛʀ] *f. pl.*	die Sachen	Vous avez vos ~ de sport? Oui? Alors, on y va!
moins … que [mwɛ̃…kә]	weniger … als	Le film est ~ intéressant ~[14] le livre.
plus … que [plys…kә]	mehr … als	Le livre est ~ intéressant ~[15] le film.
l'album [lalbɔm] *m.*	das Album, das Fotoalbum	Zoé a assez de photos pour faire un bel ~.
Nolwenn Leroy [nɔlwɛnlәʀwa]	*französische Sängerin* ▶ *Civilisation, p. 158*	
Barrio Populo [baʀjopɔpylo]	*französische Rockgruppe*	
le rythme [lәʀitm]	der Rhythmus	Le ~, c'est important dans la danse et la musique.
la batterie [labatʀi]	das Schlagzeug	Il joue de la ~.

1 looks 2 sportive 3 importantes 4 nouvel 5 nouvelle 6 accro au 7 Ce 8 belle 9 bel 10 aussi sportif que 11 verte 12 robes 13 dépenses 14 moins intéressant que 15 plus intéressant que

Unité 3 | Volet 3

il faut + inf. [ilfo]	wir müssen, man muss	~ mettre des affaires pratiques quand on fait du sport.
il ne faut pas + inf. [ilnәfopa]	wir dürfen/sollten nicht, man darf/sollte nicht	~ dormir en classe.
exagérer [ɛgzaʒeʀe]	übertreiben	Vous êtes encore en retard? Vous ~[1]!

avoir raison [avwaʀɛzɔ̃]	recht haben	Il a des bonnes idées et en plus il ~ souvent ~[2].
confisquer qc [kɔ̃fiske]	jdm etw. wegnehmen	Le prof a ~[3] le casque de Jules.
trouver que [tʀuvekə]	finden, dass	Bilal ~[4] le groupe Barrio Populo a des rythmes incroyables.
rappeler qn [ʀapəle] → appeler qn	jdn zurückrufen *wird wie* appeler *konjugiert* ▶ *Verbes, p. 164*	Je dois partir mais je te ~[5] quand je rentre, d'accord?
le téléphone [lətelefɔn]	das Telefon	Ma sœur passe des heures au ~.
À table! [atabl]	Essen!, Zu Tisch!	Le dîner est prêt, ~!
la note [lanɔt]	die Note	Tu as eu quelle ~ à ton test?
catastrophique [katastʀɔfik] *m./f. adj.*	katastrophal	Ses résultats sont ~[6].
dernier/dernière [dɛʀnje/dɛʀnjɛʀ] *adj.*	letzter/letzte/letztes	La semaine ~[7], il a fait très froid.
vrai/vraie [vʀɛ] *adj.*	richtig, wahr	– Morgane, tu exagères. – Non, ce n'est pas ~[8]!
tu dis [tydi]	du sagst *2. Pers. Sg. von* dire	
dire qc (à qn) [diʀ]	(jdm) etw. sagen ▶ *Verbes, p. 166*	Qu'est-ce que vous ~[9]? Parlez plus fort s'il vous plaît.
passer son temps à + inf. [pasesɔ̃tɑ̃a]	die ganze Zeit etw. tun *wörtlich:* seine Zeit damit verbringen, etw. zu tun	Zoé ~[10] dessiner des bédés.

Simon **passe** ses vacances à la montagne.
(= verbringen)

On **passe** chez toi à 10 heures.
(= vorbeikommen)

Il **passe** son temps à lire.
(= die ganze Zeit etwas tun)

Jean, tu me **passes** l'eau, s'il te plaît?
(= jdm etw. reichen)

envoyer qc (à qn) [ɑ̃vwaje]	(jdm) etw. schicken ▶ *Verbes, p. 164*	Tu as déjà ~[11] la carte à Marie?
être privé/privée de qc [ɛtʀəpʀivedə]	-verbot haben	Elle est ~[12] de télé pendant un mois.
reparler de qc à qn [ʀəpaʀledə] → parler de qc à qn	noch einmal mit jdm über etw. sprechen	Hugo ~[13] de l'interro à son prof.
penser que [pɑ̃sekə]	denken, dass	Nathan ~[14] il faut parler au prof.

le meilleur / la meilleure *adj.* [ləmɛjœʀ/lamɛjœʀ]	der/die/das beste *Superlativ zu* bon/bonne	C'est le ~[15] festival de musique de la région.

Steigerung des Adjektivs *bon/bonne*

Adjektiv:	**bon/bonne** = gut	Le dessert est **bon**.
Komparativ:	**meilleur/meilleure**	Sophie est **meilleure** en maths que Maxime.
Superlativ:	**le meilleur / la meilleure**	C'est **le meilleur** exemple.

la solution [lasɔlysjɔ̃] solution	die Lösung	Est-ce que tu as trouvé une ~ à ton problème?
à mon avis [amɔ̃navi]	meiner Meinung nach	~, Montpellier est une ville idéale pour apprendre le français.
l'avis [lavi] *m.*	die Meinung	Ton ~ nous intéresse!
grave [gʀav] *m./f. adj.*	ernst, schlimm	– Ma mère est malade. – C'est ~?
terrible [tɛʀibl] *m./f. adj.* terrible	furchtbar	La semaine prochaine, on a deux interros! C'est ~!
baisser les bras [beselebʀa]	aufgeben *wörtlich:* die Arme senken	– J'ai un problème. – Il ne faut pas ~!
le bras [ləbʀa]	der Arm	
l'argument [laʀgymɑ̃] *m.*	das Argument	Trouvez des ~[16] pour et contre le portable.
récupérer qc [ʀekypeʀe]	etw. zurückbekommen	Après le cours, Jules a ~[17] son casque.
Bonne chance! [bɔnʃɑ̃s]	Viel Glück!	
la chance [laʃɑ̃s] chance	das Glück, die Chance	
peut-être [pøtɛtʀ]	vielleicht	– Tu vas au cinéma demain? – ~. Tu viens avec moi?
limiter qc [limite]	etw. beschränken, begrenzen	~[18] le temps que tu passes devant la télé.
l'appel [lapɛl] *m.* → appeler qn	der Anruf	J'attends un ~.
Essaie! [esɛ]	Versuche es! *Imperativ 2. Pers. Sg. von* essayer	
essayer (qc) [eseje]	(etw.) versuchen, (an)probieren *wird wie* envoyer *konjugiert,* ► *Verbes, p. 164*	– Je ne comprends pas l'exercice, tu peux m'aider s'il te plaît? – Oui, je vais ~.

1 exagérez 2 a souvent raison 3 confisqué 4 trouve que 5 rappelle 6 catastrophiques 7 dernière 8 vrai 9 dites 10 passe son temps à 11 envoyé 12 privée 13 reparle 14 pense qu' 15 meilleur 16 arguments 17 récupéré 18 Limite

Unité 4 | Volet 1

la Belgique [labɛlʒik]	Belgien ▶ *Civilisation, p. 159*	En ~, on parle aussi français.
l'auberge de jeunesse [lobɛʀʒdəʒœnɛs] *f.*	die Jugendherberge	L'~, c'est pratique et pas chère.
le tournoi [ləturnwa]	das Turnier	Il y a un ~ de ping-pong dans notre école.
avoir lieu [avwaʀljø]	stattfinden	Quand est-ce que la visite du musée ~[1]?
Liège [ljɛʒ]	Lüttich ▶ *Civilisation, p. 160*	
l'équipe [lekip] *f.*	die Mannschaft	L'~ de foot arrive au stade.
le train [lətʀɛ̃] 🇬🇧 train	der Zug	On a pris le ~ pour aller à Paris.
participer à qc [paʀtisipea] 🇬🇧 participate	an etw. teilnehmen	Elle ~[2] un concours de dessin.
le match [ləmatʃ] 🇬🇧 match	das Spiel	Bilal et Nathan regardent un ~ de handball à la télé.
l'entraîneur / l'entraîneuse [lɑ̃tʀɛnœʀ/lɑ̃tʀɛnøz] *m./f.*	der/die Trainer/in	L'~[3] arrive le premier dans le stade, avant le match.
la place du Marché [laplasdymaʀʃe]	*ältester Platz in Lüttich*	
le Carré [ləkaʀe]	*eines der ältesten Viertel in Lüttich*	
penser à qn/qc [pɑ̃sea]	an etw./jdn denken	Je ~ souvent ~[4] Camille.
le carrefour [ləkaʀfuʀ]	die Kreuzung	C'est un grand ~.
tourner [tuʀne] 🇬🇧 to turn	abbiegen	La voiture a ~[5] et devant eux, ils ont vu la mer.

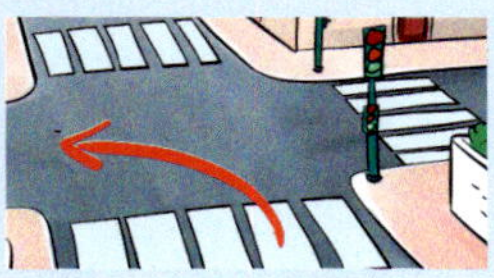

tourner à gauche
nach links abbiegen

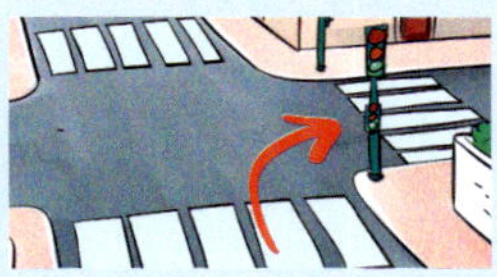

tourner à droite
nach rechts abbiegen

tout droit [tudʀwa]	geradeaus	Continue ~ et tu arrives à la boulangerie.
le plan [ləplɑ̃]	der Stadtplan, die Karte	J'ai trouvé la rue sur le ~.
l'idiot / l'idiote [lidjo/lidjɔt] *m./f.* 🇬🇧 idiot	der/die Idiot/in	J'ai oublié mon sac. Quel ~ je suis!

laisser qc [lese]	etw. liegen lassen	Nathan a ~[6] ses affaires de sport au gymnase.
le GPS [ləʒepeɛs] GPS	das GPS	– Qu'est-ce que ça veut dire ~? – «Global Positioning System».
le réseau [ləʀezo]	das Netz	Dans le train, on perd souvent le ~.
on pourrait [ɔ̃puʀɛ]	wir könnten, man könnte	~ aller au cinéma ce soir!
quelqu'un [kɛlkɛ̃]	jemand	Marie, ~ a appelé pour toi, mais je ne sais plus qui.
Georges Simenon [ʒɔʀʒsimənɔ̃]	*belgischer Schriftsteller* ▶ *Civilisation, p. 158*	
troisième [tʀwazjɛm] *m./f. adj.* → trois	dritter/dritte/drittes	Le bureau du CPE, c'est la ~ porte à droite.
le feu rouge [ləføʀuʒ]	die Ampel	Attends au ~, s'il te plaît!
deuxième [døzjɛm] *m./f. adj.* → deux	zweiter/zweite/zweites	Leur ~ album est encore meilleur que le premier.

Die Ordnungszahlen findest du auf S. 163.

la place Saint-Lambert [laplassɛ̃lɑ̃bɛʀ]	*zentraler Platz in Lüttich*	
traverser (qc) [tʀavɛʀse]	(etw.) überqueren	C'est vert, on peut ~!
la gare [lagaʀ]	der Bahnhof	Elle retrouve sa copine à la ~.
redemander [ʀədəmɑ̃de] → demander	noch einmal fragen	Je n'ai pas compris l'information, je vais ~ à quelqu'un.

Die Verben mit der Vorsilbe *re-* findest du auf S. 196.

Hörtext

tout à l'heure [tutalœʀ]	vorhin	Bilal, ton oncle a téléphoné ~, tu peux le rappeler s'il te plaît?
l'organisateur / l'organisatrice [lɔʀganizatœʀ/lɔʀganizatʀis] *m./f.*	der/die Organisator/in	Les ~[7] de Paris-Plages sont contents parce qu'il fait beau.
vous y êtes [vuziɛt]	ihr seid da	Le musée? Allez tout droit et ~.

1 a lieu 2 participe à 3 entraîneur 4 pense souvent à 5 tourné 6 laissé 7 organisateurs

Unité 4 | Volet 2

le joueur / la joueuse [ləʒwœʀ/laʒwøz]	der/die Spieler/in	Dans une équipe de handball il y a sept ~[1].
l'arbitre [laʀbitʀ] *m./f.*	der/die Schiedsrichter/in	L'~ entre dans le stade.
le ballon [ləbalɔ̃] ball	der Ball	Les enfants jouent au ~.
le score [ləskɔʀ] score	der Spielstand	Les joueurs ont fait un bon ~.
le gardien de but / la gardienne de but [ləgaʀdjɛ̃dəbyt/lagaʀdjɛndəbyt]	der/die Torwart/in six joueurs et un ~.	Dans une équipe de handball il y a
le carton jaune [ləkaʀtɔ̃ʒon]	die gelbe Karte	L'équipe française a eu deux ~[2].
jaune [ʒon] *m./f. adj.*	gelb	Le soleil est ~.
la faute [lafot]	der Fehler, das Foul	Tu as trouvé la ~?
marquer un but [maʀkeɛ̃byt]	ein Tor schießen	Après 30 minutes de jeu, l'équipe d'Arthur a ~[3].
le but [ləbyt]	das Tor, das Ziel	
le petit-déjeuner [ləptideʒœne] → le déjeuner	das Frühstück	Qu'est-ce que tu prends au ~?
recommencer [ʀəkɔmɑ̃se] → commencer	wieder anfangen, etw. noch einmal tun	C'est l'horreur, j'ai perdu mon cahier, je dois tout ~!
gagner (qc) [gaɲe]	(etw.) gewinnen	J'ai ~[4] un stage à Paris!
contre [kɔ̃tʀ]	gegen, dagegen	Je suis contre ~.
Fribourg [fʀibuʀ]	Freiburg	
encourager qn [ɑ̃kuʀaʒe] to encourage	jdn ermutigen	Les copains de Bilal lui ont envoyé des textos pour l'~.
formidable [fɔʀmidabl] *m./f. adj.* ≠ nul/nulle	toll	Elle a rencontré un garçon ~.
facile [fasil] *m./f. adj.*	leicht	L'exercice n'est pas ~.
lutter [lyte]	kämpfen	Il faut ~ pour gagner.
jusqu'au bout [ʒyskobu]	bis zum Ende, *hier:* bis zum bitteren Ende (kämpfen)	Les enfants ont écouté l'histoire ~.
la défense [ladefɑ̃s] defense	die Abwehr(spieler)	La ~ a été formidable!
réagi [ʀeaʒi]	reagiert *Partizip Perfekt von* réagir	
réagir [ʀeaʒiʀ] to react	reagieren ▶ *Verbes, p. 165*	– Comment est-ce que les parents de Zoé ont ~[5]? – Plutôt bien!

l'attaque [latak] *f.* attack	der Angriff, die Angriffspieler	Belle ~ de l'équipe allemande!
applaudir (qn) [aplodiʀ] to applaud	(jdm) applaudieren *wird wie* réagir *konjugiert* ▶ *Verbes, p. 165*	Tout le monde a ~[6] les joueurs.
fort/forte [fɔʀ/fɔʀt] *adj.*	stark	Elle est ~[7] en maths.
rapide [ʀapid] *m./f. adj.* rapid	schnell	Le TGV a longtemps été le train le plus ~ du monde.
ils agissent [ilzaʒis]	sie handeln *3. Pers. Pl. von* agir	
agir [aʒiʀ] to act	handeln *wird wie* réagir *konjugiert* ▶ *Verbes, p. 165*	Il est tombé dans le lac! Il faut ~ vite!
tout/toute [tu/tut] *adj.*	ganzer/ganze/ganzes	Il a fait une photo de ~[8] l'équipe.
tous/toutes [tus/tut] *adj. pl.*	alle, jeder/jede/jedes	Philippe a aussi encouragé ~[9] ses joueurs avant le match.
donner qc à qn [dɔnea]	jdm etw. geben	Il a ~ son numéro de téléphone ~[10] tous les parents.
fini [fini]	beendet *Partizip Perfekt von* finir	
finir (qc) [finiʀ]	etw. beenden, enden *wird wie* réagir *konjugiert* ▶ *Verbes, p. 165*	J'ai ~[11] mon livre, il est génial!

! Unterscheide:

terminer = beenden
finir = beenden
La prof **termine/finit** le cours.
Die Lehrerin beendet den Unterricht.

finir = enden
Le cours **finit** à 16 heures.
Der Unterricht endet um 16 Uhr.

finir = beenden
Il **finit** son dessert.
Er isst seinen Nachtisch auf.

tout à l'heure [tutalœʀ]	gleich, in Kürze	Je t'appelle ~, d'accord?
la demi-finale [ladəmifinal]	das Halbfinale	La ~ commence à 14 heures.
le Belge / la Belge [lebɛlʒ/labɛlʒ] → la Belgique	der Belgier, die Belgierin	
Namur [namyʀ]	*Stadt in Belgien*	
montrer qc à qn [mɔ̃tʀea]	jdm etw. zeigen	Il ~ sa bédé ~[12] Nathan.
le point fort [ləpwɛ̃fɔʀ]	die Stärke	– Quel est ton ~? – L'attaque.
garder qc [gaʀde] ≠ perdre qc	etw. behalten	– J'adore ton pull! – Tu peux le ~. Il est trop petit pour moi.

la finale [lafinal] 🇬🇧 final	das Finale	La ~ est toujours un grand moment dans un tournoi!
possible [pɔsibl] *m./f. adj.* 🇬🇧 possible	möglich	Je voudrais aller en France cet été. C'est ~?
compter (sur qn) [kɔ̃te]	(auf jdn) zählen	– Je ~[13] vous tous!
réussir (qc) [ʀeysiʀ]	es/etw. schaffen, gelingen *wird wie* réagir *konjugiert* ▶ *Verbes, p. 165*	Bravo! Vous avez ~[14]!

1 joueurs 2 cartons jaunes 3 marqué un but 4 gagné 5 réagi 6 applaudi 7 forte 8 toute 9 tous 10 donné son numéro de téléphone à 11 fini 12 montre sa bédé à 13 compte sur 14 réussi

Unité 4 | Volet 3

quelques [kɛlkə] *adj. pl.*	einige, ein paar	Lisa a passé ~ jours chez ses grands-parents à Minerve.
Zurich [zyʀik]	Zürich	
monter qc [mɔ̃te]	etw. aufbauen, errichten	Les organisateurs ont ~[1] une tente à côté du gymnase.
installer qc [ɛ̃stale] 🇬🇧 to install	etw. aufbauen	L'organisateur a ~[2] le buffet.
la sardine [lasaʀdin]	die Sardine *hier:* der (Zelt-)Hering	Il n'y a pas assez de ~[3] pour monter la tente!

! Unterscheide:
Sardine und *sardine* sind *faux amis.*

poser qc [poze]	etw. (hin)stellen, (hin)legen	– Où est-ce que je ~[4] les livres? – Sur le bureau, s'il te plaît.
le plat [ləpla]	die Platte	Les ~[5] sont sur la table de la cuisine.
quoi [kwa]	was	Tu fais ~ ce week-end?
je connais [ʒəkɔnɛ]	ich kenne *1. Pers. Sg. von* connaître	
vous connaissez [vukɔnɛse]	ihr kennt, Sie kennen *2. Pers. Pl. von* connaître	
connaître qn/qc [kɔnɛtʀ]	jdn/etw. kennen ▶ *Verbes, p. 166*	Je ne ~[6] pas encore la famille de mon correspondant.

Die Vorsilbe *re-*

Die Vorsilbe *re-* entspricht häufig dem deutschen *wieder/noch einmal* oder *zurück.*

appeler qn	rappeler qn	jdn zurückrufen
commencer qc	recommencer qc	etw. noch einmal von vorn anfangen
connaître qn/qc	*reconnaître qn/qc*	jdn/etw. wiedererkennen
demander qc	redemander qc	noch einmal fragen
trouver qn/qc	retrouver qn/qc	jdn/etw. wiederfinden; jdn (wieder) treffen
venir	*revenir*	wiederkommen, zurückkommen
voir qn/qc	*revoir qn/qc*	jdn/etw. wiedersehen

la tarte au riz [lataʀtoʀi]	der Milchreiskuchen	~ est un dessert.
la tarte [lataʀt]	der Kuchen	Les filles ont préparé une ~ aux fraises pour le pique-nique!

! Unterscheide:

Torte und *tarte* sind *faux amis.*

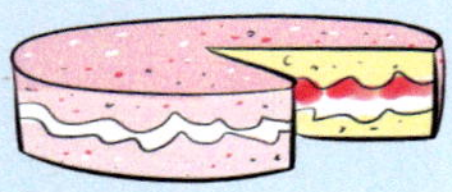

le riz [ləʀi] rice	der Reis	Tu veux encore du ~?
la spécialité [laspesjalite] speciality	die Spezialität	Est-ce que tu connais les ~[7] de ta région?
belge [bɛlʒ] *m./f. adj.* → la Belgique	belgisch	«Lucky Luke» est une bédé ~.
sonner [sɔne] → la sonnerie	klingeln	Le portable ~[8].
il/elle veut savoir si [il/ɛlvøsavwaʀsi]	er/sie will wissen, ob	~ on va rentrer avant seize heures.
il faut qc [ilfo]	man braucht / wir brauchen etw.	Pour faire des crêpes ~ du lait, des œufs, de la farine et du beurre.
la boisson [labwasɔ̃]	das Getränk	Tu apportes des ~[9] et moi un gâteau.
le coca(-cola) [ləkoka]	die Cola	Il y a beaucoup de sucre dans le ~.
l'eau minérale [lomineʀal] *f.*	das Mineralwasser	Prenez des bouteilles d'~ pour la balade!
demander à qn si [dəmɑ̃desi]	jdn fragen, ob	~ à tes parents ~[10] tu peux venir dormir chez moi.
avoir l'air [avwaʀlɛʀ]	aussehen	Il ~[11] fatigué.
le fromage [ləfʀɔmaʒ]	der Käse	Il y a des ~[12] fantastiques en France!
la charcuterie [laʃaʀkytʀi]	Wurstwaren *auch:* Metzgerei	La ~ est une spécialité de Lyon.

les boulettes (à la liégeoise) *f. pl.* [lebulɛtalaljeʒwaz]	die Hackbällchen (nach Lütticher Art)	Les ~ sont toujours accompagnées de sauce.
la remise des médailles [laʀəmizdemedaj]	die Siegerehrung	La ~ a lieu dans le grand gymnase.
Il faut qu'on y aille! [ilfokɔ̃niaj]	Wir müssen los!	On va manger. ~!
le vestiaire [ləvɛstjɛʀ]	der Umkleideraum	Pendant les matchs, les ~[13] restent fermés.

Die Verben und ihre Ergänzungen
Einige Verben schließen das Objekt im Französischen anders als im Deutschen an:

demander à qn	jdn fragen	aider qn	jdm helfen
téléphoner à qn	jdn anrufen	attendre qn	auf jdn warten
		écouter qn	jdm zuhören, auf jdn hören

1 monté 2 installé 3 sardines 4 pose 5 plats 6 connais 7 spécialités 8 sonne 9 boissons 10 Demande à tes parents si 11 as l'air 12 fromages 13 vestiaires

Unité 5 | Volet 1

la solidarité [lasɔlidaʀite]	die Solidarität	Agir avec ~ c'est important!
la nouvelle [lanuvɛl] news → nouveau/nouvel/nouvelle	die Nachricht, die Neuigkeit	Bilal a une bonne ~: son équipe a gagné!
la loi [lalwa] law	das Gesetz	Qui fait la ~ dans votre collège?
la personnalité [lapɛʀsɔnalite] personality	die Persönlichkeit	J'aime bien sa ~.
l'humour [lymuʀ] *m.* humour	der Humor	Avec un peu d' ~, tout est plus facile.
seul/seule [sœl] *adj.*	allein	Avec les copains, on n'est jamais ~[1].
la star [la staʀ] star	der Star ! *im Französischen immer weiblich*	Arthur est la ~ de la cour.
surveiller qn [syʀveje] → le surveillant	jdn beaufsichtigen	Les parents doivent ~ leurs enfants.
la brute [labʀyt]	der Grobian	Les autres élèves ont peur de la ~.
la bagarre [labagaʀ]	die Prügelei	Monsieur, il y a une ~ dans la cour!
la victime [laviktim] victim	das Opfer	Les bons élèves sont souvent les ~[2] des brutes.

timide [timid] *m./f. adj.*	schüchtern	Les élèves ~[3] ont tous peur de la brute.
signaler qc à qn [siɲalea]	jdm etw. melden	Il faut ~ le problème au prof.
le/la chef [lə/laʃɛf]	der/die Chef/in	Mon ~ est sympa.
le médiateur / la médiatrice [ləmedjatœʀ/lamedjatʀis]	der/die Mediator/in	Quand il y a un problème, la ~ essaie de trouver une solution.
le conflit [ləkɔ̃fli] 🇬🇧 conflict	der Konflikt	La CPE doit savoir s'il y a un ~ à l'école.
confier qc à qn [kɔ̃fjea]	jdm etw. anvertrauen	À son meilleur copain on peut ~ tous ses problèmes .
personnel/personnelle [pɛʀsɔnɛl] *adj.* 🇬🇧 personal	persönlich	Un journal est un livre très ~[4].

1 seul 2 victimes 3 timides 4 personnel

Unité 5 | Volet 2

Au secours! [osəkuʀ]	Zu Hilfe!	Le taureau arrive! ~!
agresser qn [agʀese]	jdn angreifen	La brute adore ~ tout le monde.
casser la figure à qn [kaselafigyʀa] *fam.*	jdn verhauen	La brute ~[1] aux petits.
toucher qn/qc [tuʃe] 🇬🇧 to touch	jdn/etw. anfassen	Ne ~[2] pas le gâteau! Il est pour mamie.
faire peur à qn [fɛʀpœʀa]	jdm Angst machen	L'interro de maths me ~[3].
tenir qn par le bras [təniʀpaʀləbʀa]	jdn am Arm festhalten	La mère ~ son fils ~[4].
tenir qn/qc [təniʀ]	jdn festhalten, etw. halten *wird wie* venir *konjugiert* ▶ *Verbes, p. 167*	Tu peux ~ mon sac, s'il te plaît?
faire mal à qn [fɛʀmala]	jdm wehtun	La brute ~[5] la petite.
Aïe! [aj]	Aua!	~! Tu me fais mal!

comme ça [kɔmsa]	so	Regarde. Il faut faire ~.
arrêter [aʀɛte]	aufhören	~[6]! Tu me fais peur!
mal finir [malfiniʀ]	schlecht ausgehen	Cette bagarre va ~.
mal [mal] *adv.* ≠ bien	schlecht	Le CD n'est pas ~.
malheureux/malheureuse [maløʀø/maløʀøz] *adj.*	unglücklich	Bilal est ~. Il ne peut pas jouer au handball demain.
pleurer [plœʀe]	weinen	Pourquoi tu ~[7]? Tu es malheureuse?
frapper qn [fʀape]	jdn schlagen	La brute adore ~ les petits.
voler qc à qn [vɔlea]	jdm etw. stehlen	Elle lui ~[8] son argent.
courageux/courageuse [kuʀaʒø/kuʀaʒøz] *adj.* courageous → encourager qn	mutig	Moi, je suis timide mais mon copain est ~[9].
hésiter [ezite] to hesitate	zögern	Il ne faut pas ~ quand on peut aider quelqu'un.
à deux contre un [adœkɔ̃tʀɛ̃]	zwei gegen einen	~, ce n'est pas courageux!
C'est honteux! [sɛɔ̃tø]	Das ist eine Schande!	Ils agressent le papi. ~!
honteux/honteuse [ɔ̃tø/ɔ̃tøz] *adj.*	beschämend, empörend	
J'y vais! [ʒivɛ]	Ich gehe hin!	– Il faut faire les courses. – ~!
dangereux/dangereuse [dɑ̃ʒʀø/dɑ̃ʒʀøz] *adj.* dangerous	gefährlich	Attention! Le chien est ~[10].

Adjektive auf *-eux* bilden die weibliche Form auf *-euse*.
Du kennst schon *malheureux/malheureuse, courageux/courageuse, honteux/honteuse.*

aller chercher qn/qc [aleʃɛʀʃe]	jdn/etw. abholen, holen *Nur das Verb* aller *wird konjugiert.*	Il ~ la ~[11] à la gare.
prévenir qn [pʀevniʀ]	jdn verständigen, benachrichtigen *wird wie* venir *konjugiert* ▶ *Verbes, p. 167*	Il faut les ~ qu'on n'a pas cours de maths demain.

1 casse la figure 2 touche 3 fait peur 4 tient son fils par le bras 5 fait mal à 6 Arrête 7 pleures 8 vole 9 courageux 10 dangereux 11 va la chercher

Unité 5 | Volet 3

la violence [lavjɔlɑ̃s] 🇬🇧 violence	die Gewalt	La ~ est un problème dans beaucoup d'écoles.
frapper à la porte [fʀapealapɔʀt]	an die Tür klopfen	Quelqu'un ~[1]. Tu peux ouvrir, s'il te plaît?
ne … personne [nə…pɛʀsɔn] ≠ tout le monde	niemand	Quand un copain te confie quelque chose, ~ le dis à ~[2]!

Je **ne** veux **pas** faire du volley.
Ich will nicht Volleyball spielen.

Moi, je **ne** danse **jamais.**
Ich tanze nie.

Non, je **n'appelle personne.**
Nein, ich rufe niemanden an.

Moi, je **ne** visite **rien.**
Ich besichtige nichts.

l'histoire [listwaʀ] *f.* 🇬🇧 history	die Geschichte	Tu me racontes une ~?
l'agresseur [lagʀɛsœʀ] *m.* → agresser qn	der Angreifer	Tu connais les ~[3]?
consoler qn [kɔ̃sɔle]	jdn trösten	Regarde, Marie pleure. Je vais la ~.
blessé/blessée [blese] *adj.*	verletzt	Laurent est tombé. Il est ~[4].
dénoncer qn [denɔ̃se]	jdn anzeigen, verraten	Il faut ~ les agresseurs.
sinon [sinɔ̃]	sonst	On doit acheter du beurre, ~, on ne peut pas faire de gâteau.
harceler qn [aʀsəle]	jdn belästigen *hier:* mobben *wird wie* acheter *konjugiert* ▶ *Verbes, p. 164*	Les types ~[5] la fille. Il faut le signaler au CPE.
aie [ɛ]	hab *Imperativ 2. Pers. Sg. von* avoir	N' ~ pas peur, je suis là.
accepter qc [aksɛpte] 🇬🇧 to accept	(etw.) akzeptieren	Il ne faut pas ~ la violence!
oser + inf. [oze]	sich trauen, etw. zu tun	Je n'~[6] pas partir seul en vacances. J'ai trop peur.
menacer qn [mənase]	jdm drohen, jdn bedrohen *wird wie* commencer *konjugiert* ▶ *Verbes, p. 164*	L'agresseur ~[7] la victime.

la boxe [labɔks] boxing	das Boxen	Ma sœur n'aime pas la danse. Elle préfère la ~.
violent/violente [vjɔlɑ̃/vjɔlɑ̃t] *adj.* violent → la violence	gewalttätig	La bagarre a été assez ~[8].
lâche [lɑʃ] *m./f. adj.*	feige	Frapper les plus petits, c'est ~!
faible [fɛbl] *m./f. adj.* ≠ fort/forte	schwach	Je ne peux pas porter tous les sacs. Je suis trop ~.
le témoin [lətəmwɛ̃]	der Zeuge, die Zeugin ! *im Französischen immer männlich*	Le ~ a tout observé.
l'agression [lagʀɛsjɔ̃] *f.* → l'agresseur *m.*	der Angriff	L'~ a eu lieu dans la rue.
le principal / la principale [ləpʀɛ̃sipal/lapʀɛ̃sipal]	der/die Schulleiter/in *eines* collège	Le ~ est le «chef» des profs.
la police [lapɔlis] police	die Polizei	Le témoin raconte tout à la ~.
sois	sei *Imperativ 2. Pers. Sg von* être	~ contente! Ton équipe a gagné tous les matchs!
rassuré/rassurée [ʀasyʀe] *adj.*	beruhigt	Tu peux être ~[9], maman. Je vais garder Manon ce soir.
laisser qn tranquille [lesetʀɑ̃kil]	jdn in Ruhe lassen	Jérôme, ~ ta sœur ~[10], elle a beaucoup de travail.
écrire (qc à qn) [ekʀiʀ]	(jdm etw.) schreiben ▶ *Verbes, p. 166*	Zoé ~ un texto ~[10] Lisa.
la charte [laʃaʀt]	die Charta *hier:* Regeln für das Zusammenleben	La 4e C écrit une ~ pour une meilleure vie.

1 frappe à la porte 2 ne le dis à personne 3 agresseurs 4 blessé 5 harcèlent 6 ose 7 menace 8 violente 9 rassurée 10 laisse ta sœur tranquille 11 écrit un texto à

Unité 6 | Volet 1

le Languedoc-Roussillon [ləlɑ̃gdɔkʀusijɔ̃]	*Region in Südfrankreich mit Montpellier als Hauptstadt* ▶ *Civilisation, p. 160*	Le ~ est une région en France avec des montagnes et des plages.

mille [mil] *adj.*	tausend *unveränderlich*	J'ai gagné deux ~ euros!

Die Zahlen bis 2 000 000 findest du auf S. 163.

Les années | Die Jahreszahlen
Die Jahreszahlen unter 2000 kannst du auf zweifache Weise ausdrücken:
1999 dix-neuf cent quatre-vingt-dix-neuf oder *mille neuf cent quatre-vingt-dix-neuf*
Um eine Jahreszahl als Datum anzugeben, benutzt man die Präposition *en*:
Mon frère est né ***en*** *2002.*

le visage [ləvizaʒ]	das Gesicht	Cette fille a un joli ~, je trouve.
la capitale [lakapital] capital	die Hauptstadt	Paris est la ~ de la France.
l'habitant / l'habitante [labitɑ̃/labitɑ̃t] *m./f.* inhabitant → habiter	der/die Einwohner/in	Les ~[1] de Paris s'appellent les Parisiens.
le paysage [ləpeizaʒ]	die Landschaft	Les ~[2] en Camargue sont magnifiques.
le million [ləmiljɔ̃] million	die Million	Il a gagné deux ~[3]! Quelle chance!
vous vous baignez [vuvubeɲe]	ihr badet *2. Pers. Pl. von* se baigner	– ~ souvent dans le lac? – Non, on préfère aller à la plage.
(ê) **se baigner** [səbeɲe]	baden ▶ *Verbes, p. 167*	On va à la plage pour ~.
la station balnéaire [lastasjɔ̃balneɛʀ]	der Badeort	Une ~ est une ville avec une plage qui attire beaucoup de monde.
la Grande-Motte [lagʀɑ̃dmɔt]	*Badeort in der Nähe von Montpellier* ▶ *Civilisation, p. 160*	
construit/construite [kɔ̃stʀɥi/kɔ̃stʀɥit] *adj.*	erbaut	Voilà un monument du Moyen-Âge, ~[4] en 1234.
le rugby [ləʀygbi]	das Rugby	Le ~ est un sport qu'on joue avec un ballon.
le Montpellier Hérault Rugby [ləmɔ̃pəljeeʀoʀygbi]	*erster Rugbyclub von Montpellier*	
(ê) **s'entraîner** [sɑ̃tʀene] → l'entraîneur / l'entraîneuse *m./f.*	trainieren ▶ *Verbes, p. 167*	Pour gagner, il faut ~ tous les jours.
(ê) **devenir** [dəvəniʀ]	werden *wird wie* venir *konjugiert* ▶ *Verbes, p. 167*	Je rêve de ~ célèbre.

le champion / la championne [ləʃɑ̃pjɔ̃/laʃɑ̃pjɔn] champion	der Champion	Camille Muffat est une ~ de natation.
le monument [ləmɔnymɑ̃] monument	das Bauwerk	À Paris, il y a beaucoup de ~[5] célèbres.
romain/romaine [ʀɔmɛ̃/ʀɔmɛn] *adj.* roman	römisch	Ce monument ~[6] est magnifique!
le pont du Gard [ləpɔ̃dygaʀ]	*römischer Aquädukt in Südfrankreich* ▶ *Civilisation, p. 161*	Le ~ est un monument du Languedoc-Roussillon.
les arènes de Nîmes [lezaʀɛndənim] *f. pl.*	*römisches Amphitheater in der französischen Stadt Nîmes*	Les ~ sont un monument romain qui attire beaucoup de touristes.
les arènes [lezaʀɛn] *f. pl.*	die Arena	Le taureau entre dans les ~.
Nîmes [nim]	*französische Stadt in der Region Languedoc-Roussillon* ▶ *Civilisation, p. 161*	
l'époque [lepɔk] *f.*	die Zeit, die Epoche	À l'~ romaine, Rome est une ville très importante.
amener qn/qc [amənе]	jdn/etw. mitbringen *hier:* leiten *wird wie* acheter *konjugiert* ▶ *Verbes, S. 164*	Est-ce que je peux ~ ma copine à la fête?
le gladiateur [ləgladjatœʀ] gladiator	der Gladiator	À l'époque romaine, les gens vont aux arènes pour voir les ~[7].
la personne [lapɛʀsɔn] person	die Person	3000 ~[8] sont venues au festival.
le/la même [lə/lamɛm] *m./f. adj.*	der-/die-/dasselbe, der/die/das gleiche	Marie porte les ~[9] vêtements que moi: un jean et un pull vert.
la corrida [lakɔʀida]	der Stierkampf	Dans une ~, le toréro lutte contre un taureau.
le concert [ləkɔ̃sɛʀ] concert	das Konzert	Le ~ de Soprano a été génial!
la cité de Carcassonne [lasitedəkaʀkasɔn]	*mittelalterliche Festungsstadt in der Region Languedoc-Roussillon* ▶ *Civilisation, p. 159*	
la cité [lasite] city	die Stadt	«La ~» est un autre mot pour «la ville».

exister [ɛgziste] to exist	existieren	Les férias de Nîmes ~[10] depuis longtemps.
(ê) **se trouver** [sətʀuve]	sich befinden	Les toilettes ~[11] à côté du secrétariat.
la forteresse [lafɔʀtəʀɛs] fortress → fort/forte	die Festung	Pour entrer dans la ~, on doit traverser un pont.
l'Europe [løʀɔp] *f.* Europe	Europa	Quelle équipe va être championne d'~ ?
le rempart [ləʀɑ̃paʀ]	die Stadtmauer	Derrière les ~[12] de la ville, les habitants sont tranquilles.
le kilomètre [ləkilomɛtʀ]	der Kilometer	Combien de ~[13] est-ce qu'il y a entre Montpellier et Paris?
(ê) **se promener** [səpʀɔmne]	spazieren gehen ▶ *Verbes, p. 167*	Quand il fait beau, les gens ~[14] dans les parcs.
le mur [ləmyʀ]	die Mauer, die Wand	Les quatre ~[15] de ma chambre sont rouge, bleu, vert et jaune.
la tradition [latʀadisjɔ̃] tradition	die Tradition	Les corridas sont une ~ de la ville de Nîmes.
la féria [laferja]	*Straßenfest in Südfrankreich mit spanischen Einflüssen*	Des toréros célèbres luttent à Nîmes, quand il y a une ~.
Béziers [bezje]	*französische Stadt in der Region Languedoc-Roussillon* ▶ *Civilisation, p. 159*	
plusieurs [plyzjœʀ] *adj. pl.*	mehrere	Mon oncle a ~ chiens. Il adore les animaux!
(ê) **s'amuser** [samyze]	sich amüsieren, Spaß haben ▶ *Verbes, p. 167*	Tu ~[16] bien?
lâcher qn/qc [lɑʃe]	jdn/etw. loslassen	~[17] ta sœur, Sophie! Tu vas lui faire mal.
(ê) **se retrouver** [səʀətʀuve]	sich treffen ▶ *Verbes, p. 167*	– On ~[18] chez toi? – D'accord.

1 habitants 2 paysages 3 millions 4 construit 5 monuments 6 romain 7 gladiateurs 8 personnes 9 mêmes 10 existent 11 se trouvent 12 remparts 13 kilomètres 14 se promènent 15 murs 16 t'amuses 17 Lâche 18 se retrouve

Unité 6 | Volet 2

la légende [laleʒɑ̃d] legend	die Legende	Tu connais la ~ du chien vert?
le marchand / la marchande [ləmaʀʃɑ̃/lamaʀʃɑ̃d]	der/die Händler/in	Tu connais un ~[1] de fruits dans le quartier?
la cage [lakaʒ] cage	der Käfig	Cet animal est dans une ~ parce qu'il est dangereux.
le château de Margon [ləʃatodəmaʀgɔ̃]	*Schloss im Languedoc-Roussillon, südwestlich von Montpellier* ▶ *Civilisation, p. 160*	Nous allons visiter le ~.
(ê) **se souvenir de qn/qc** [səsuvniʀdə]	sich an jdn/etw. erinnern ▶ *Verbes, p. 167*	Tu ~[2] de nos vacances en Belgique?
(ê) **se passer** [səpase]	geschehen, spielen ▶ *Verbes, p. 167*	Le film ~[3] à l'époque romaine.
jeune [ʒœn] *m./f. adj.* → le/la jeune	jung	Ma mère est ~. Elle a 33 ans.
l'homme / les hommes ! [lɔm/lezɔm] *m.*	der Mann, der Mensch	– Qui est cet ~, là-bas? – C'est notre nouveau prof d'EPS.
(ê) **s'appeler** [saple]	heißen ▶ *Verbes, p. 167*	Ma tante ~[4] Ariane.
vendre qc (à qn) [vɑ̃dʀ] ≠ acheter	(jdm) etw. verkaufen *wird wie* attendre *konjugiert* ▶ *Verbes, p. 165*	J'ai trop de CD que je n'écoute plus. Je vais les ~.
l'oiseau / les oiseaux ! [lwazo/lezwazo] *m.*	der Vogel	La perruche est un ~.
le marché [ləmaʀʃe] market → le supermarché, le marchand	der Markt	Je vais au ~ pour acheter des fruits. C'est plus sympa que le centre commercial.
pauvre [povʀ] *m./f. adj.*	arm	Quelqu'un qui n'a pas beaucoup d'argent est ~.
le printemps [ləpʀɛ̃tɑ̃]	der Frühling	Au ~, des oiseaux chantent partout.
(ê) **se poser** [səpoze] → poser qc	sich niederlassen ▶ *Verbes, p. 167*	La perruche ~[5] sur le mur.
je t'offre [ʒətɔfʀ]	ich schenke dir *1. Pers. Sg. von* offrir	– ~ ce livre. – Oh, merci!
offrir qc à qn [ɔfʀiʀa] to offer	jdm etw. schenken, anbieten ▶ *Verbes, p. 167*	– Tu as déjà un cadeau pour Laure? – Oui, je vais lui ~ un jeu vidéo.

bien d'autres choses [bjɛ̃dotʀʃoz]	noch viel mehr	Pour le petit-déjeuner, on a du pain, du beurre et ~!
disparaître [dispaʀɛtʀ] 🇬🇧 to disappear	verschwinden *wird wie* connaître *konjugiert* ▶ *Verbes, p. 166*	L'agresseur a volé tout l'argent et après, il a ~[6].
cela [səla]	das	Qu'est-ce que ~ veut dire?
le mariage [ləmaʀjaʒ] 🇬🇧 marriage	die Hochzeit	Le ~ de Marion et Cédric a lieu à la cathédrale.
l'invité / **l'invitée** [lɛ̃vite] *m./f.* → inviter qn, l'invitation *f.*	der Gast	Tous les ~[7] sont contents: la fête est super!
le musicien / la musicienne [ləmyzisjɛ̃/lamyzisjɛn] → la musique	der/die Musiker/in	La ~[8] joue du piano.
le marié / la mariée [ləmaʀje/lamaʀje] → le mariage	der Bräutigam, die Braut	Le ~[9] est malheureux: la ~[10] n'est pas venue!
la scène [lasɛn] 🇬🇧 scene	die Szene	La ~ se passe au café.
la proposition [lapʀɔpozisjɔ̃] 🇬🇧 proposition → proposer qc (à qn)	der Vorschlag	Je te fais une ~: Tu m'aides en maths et je t'aide en allemand.
échanger qc contre qc [eʃɑ̃ʒekɔ̃tʀ] 🇬🇧 to exchange	etw. gegen etw. tauschen *wird wie* manger *konjugiert* ▶ *Verbes, p. 164*	– Bof! Je n'aime pas mon dessert. – J'~ ma pomme ~[11] ton yaourt, si tu veux.
magique [maʒik] *m./f. adj.* 🇬🇧 magic	magisch	C'est un chat ~. Il parle comme un homme.
furieux/furieuse [fyʀjø/fyʀjøz] *adj.* 🇬🇧 furious	wütend	Mon frère est ~[12] parce que je suis plus grande que lui.
épouser qn [epuze]	jdn heiraten	Cédric veut ~ Marion parce qu'il l'aime.
l'œil / ! **les yeux** [lœj/lezjø] *m.*	das Auge	Elle a des ~[13] verts.
les cheveux [leʃvø] *m. pl.*	die Haare	– J'aime bien tes ~. Ils sont très jolis. – Merci!
l'or [lɔʀ] *m.*	das Gold	Le monsieur qui habite au château a un tas d'~!

intéresser qn [ɛ̃teʀese] to interest → intéressant, intéressante	jdn interessieren	L'exposition sur Montpellier m'~[14]. J'y vais demain.
heureux/heureuse [øʀø/øʀøz] *adj.* ≠ malheureux/malheureuse	glücklich	Le marié est ~[15]. La mariée est là!
riche [ʀiʃ] *m./f. adj.* rich ≠ pauvre	reich	Elle a beaucoup d'or. Elle est très ~.
(ê) **s'énerver** [senɛʀve] → Tu m'énerves!	sich aufregen	– Mais où est-ce que j'ai mis les clés?! – Il ne faut pas ~ comme ça. Regarde, elles sont là.
être capable de + inf. [ɛtʀkapabldə]	fähig sein, etw. zu tun	Ne confie pas tes problèmes à Sylvie. Elle ~[16] les raconter à tout le monde.
ouvrir qc [uvʀiʀ]	etw. öffnen *wird wie* offrir *konjugiert* ▶ *Verbes, p. 165*	Madame, je peux ~ la fenêtre, s'il vous plaît? Il fait chaud ici.
(ê) **s'envoler** [sɑ̃vɔle]	davonfliegen ▶ *Verbes, p. 167*	N'ouvre pas la cage! L'oiseau va ~!

! Merke:

Folgende Verben sind im Französischen reflexiv, im Deutschen nicht:

se baigner = baden
se passer = geschehen, spielen
se promener = spazieren gehen

Hier ist es umgekehrt

bouger = sich bewegen

1 marchand 2 te souviens 3 se passe 4 s'appelle 5 se pose 6 disparu 7 invités 8 musicienne 9 marié 10 mariée 11 échange ma pomme contre 12 furieux 13 yeux 14 m'intéresse 15 heureux 16 est capable de

Die Angabe hinter dem Pfeil zeigt dir an, in welcher *Unité*/welchem *Volet* das Wort zum ersten Mal vorkommt: 3/1 heißt z. B. *Unité 3, Volet 1*; *FEC* steht z. B. für *Le Français en classe*. Einträge ohne eine solche Angaben gehören zum Lernwortschatz von *À plus! 1*.
Verben mit unregelmäßiger oder besonderer Konjugation sind rot hervorgehoben. Die Konjugation dieser Verben findest du auf der angegebenen Seite.

A

à [a] in
À bientôt! [abjɛ̃to] Bis bald!
à … heure(s) [a…œʀ] um … Uhr
à … euro(s) [a…øro] für… Euro
à cause de [akozdə] wegen → 2/3
à cause de ça [akozdəsa] deswegen → 2/3
à côté de qc [akotedə] neben
À demain! [adəmɛ̃] Bis morgen!
à deux contre un [adøkɔ̃tʀɛ̃] zwei gegen einen → 5/2
à droite [adʀwat] rechts
à gauche [agoʃ] links
à la maison [alamɛzɔ̃] zu Hause
à l'heure [alœʀ] pünktlich
à midi [amidi] mittags, um 12 Uhr
à pied [apje] zu Fuß
À plus! [aplys] *fam.* Bis später!
à propos [apʀɔpo] übrigens, apropos → 2/2
À quelle heure? [akɛlœʀ] Um wie viel Uhr?
À table! [atabl] Essen! / Zu Tisch! → 3/3
accepter qc [aksɛpte] (etw.) akzeptieren → 5/3
accompagner qn [akɔ̃paɲe] jdn begleiten
l' **accordéon** [lakɔʀdeɔ̃] *m.* das Akkordeon → 1/1
acheter qc [aʃ(ə)te] etw. kaufen *Konjugation S. 164*
l' **acteur** / l'**actrice** [laktœʀ/laktʀis] *m./f.* der/die Schauspieler/in → 3/1
l' **activité** [laktivite] *f.* die Freizeitaktivität
adorable [adɔʀabl] *m./f. adj.* süß, niedlich
adorer qc/qn/+ inf. [adɔʀe] etw./jdn (sehr) lieben; es lieben, etw. zu tun

les **affaires** [lezafɛʀ] *f. pl.* die Sachen → 3/2
l' **âge** [lɑʒ] *m.* das Alter; **avoir l'âge de qn** [avwaʀlɑʒdə] so alt sein wie jd; **Elle a quel âge?** [ɛlakɛlɑʒ] Wie alt ist sie?
agir [aʒiʀ] handeln *wie* réagir, *Konjugation, S. 165* → 4/2
agresser qn [agʀese] jdn angreifen → 5/2
l' **agresseur** [lagʀɛsœʀ] *m.* der Angreifer → 5/3
l' **agression** [lagʀɛsjɔ̃] *f.* der Angriff → 5/3
ah [a] ach, ach so
aider qn [ede] jdm helfen
Aïe! [aj] Aua! → 5/2
aimer qc/qn/+ inf. [eme] etw./jdn mögen; es mögen, etw. zu tun; etw./jdn lieben
aimer bien qn/qc/+ inf. [emebjɛ̃] jdn/etw. gern mögen; es mögen, etw. zu tun
l' **album** [lalbɔm] *m.* das Album, Fotoalbum → 3/2
l' **Allemagne** [lalmaɲ] *f.* Deutschland
l' **allemand** [lalmɑ̃] *m.* Deutsch
l' **Allemand** / l'**Allemande** [lalmɑ̃/lalmɑ̃d] *m./f.* der/die Deutsche
(ê) **aller** [ale] gehen *Konjugation S. 164*
aller chercher qn/qc [aleʃɛʀʃe] jdn/etw. abholen, holen → 5/2
l' **allergie** [lalɛʀʒi] *f.* die Allergie
Allez! [ale] Los! → 2/1
Allô! [alo] Ja, bitte?, Hallo?
alors [alɔʀ] also
l' **ambiance** [lɑ̃bjɑ̃s] *f.* die Stimmung
amener qn/qc [amǝne] jdn/etw. mitbringen *wie* acheter, *Konjugation S. 164* → 6/1
l' **ami** / l'**amie** [lami] *m./f.* der/die Freund/in

l' **an** [lɑ̃] *m.* das Jahr
l' **ananas** [lananas] *m.* die Ananas
l' **anglais** [lɑ̃glɛ] *m.* Englisch
l' **animal** / ! les **animaux** [lanimal/lezanimo] *m.* das Tier
l' **anniversaire** [lanivɛʀsɛʀ] *m.* der Geburtstag; **Joyeux anniversaire!** [ʒwajøzanivɛʀsɛʀ] Herzlichen Glückwunsch zum Geburtstag!
l' **appartement** [lapaʀtəmɑ̃] *m.* die Wohnung
l' **appel** [lapɛl] *m.* der Anruf → 3/3
appeler qn [apəle] jdn anrufen *Konjugation S. 164*
applaudir (qn) [aplodiʀ] (jdm) applaudieren *wie* réagir, *Konjugation S. 165* → 4/2
apporter qc (à qn) [apɔʀte] (jdm) etw. mitbringen
apprendre qc [apʀɑ̃dʀ] etw. lernen *wie* prendre, *Konjugation S. 167* → FEC
après [apʀɛ] danach, nach
l' **après-midi** [lapʀɛmidi] *m./f.* der Nachmittag
l' **aquarium** [lakwaʀjɔm] *m.* das Aquarium → 1/2
l' **arbitre** [laʀbitʀ] *m./f.* der/die Schiedsrichter/in → 4/2
les **arènes** [lezaʀɛn] *f. pl.* die Arena → 6/1
l' **argent** [laʀʒɑ̃] *m.* das Geld
l' **argument** [laʀgymɑ̃] *m.* das Argument → 3/3
l' **armoire** [laʀmwaʀ] *f.* der Schrank
arrêter [aʀɛte] aufhören → 5/2
l' **arrière-grand-mère** [laʀjɛʀgʀɑ̃mɛʀ] *f.* die Urgroßmutter
l' **arrivée** [laʀive] *f.* die Ankunft
(ê) **arriver** [aʀive] ankommen
assez [ase] ziemlich
assez de [asedə] genug
l' **atelier** [latəlje] *m.* der Workshop

l' **athlétisme** [latletism] *m.* die Leichtathletik
l' **attaque** [latak] *f.* der Angriff, die Angriffspieler → 4/2
attendre qn/qc [atɑ̃dʀ] auf jdn/etw. warten *Konjugation S. 165*
attirer qn [atiʀe] jdn anziehen, anlocken → 1/2
au bord de [obɔʀdə] am Ufer von → 1/1
au chômage [oʃomaʒ] arbeitslos
Au revoir! [ɔʀəvwaʀ] Auf Wiedersehen!
Au secours! [osəkuʀ] Zu Hilfe! → 5/2
l' **auberge de jeunesse** [lobɛʀʒdəʒœnɛs] *f.* die Jugendherberge → 4/1
aujourd'hui [oʒuʀdɥi] heute
aussi [osi] auch
aussi ... que [osi...kə] so ... wie → 3/2
autre [otʀ] *m./f. adj.* anderer/andere/anderes → FEC
avant [avɑ̃] vor *zeitlich*
avec [avɛk] mit
l' **aventure** [lavɑ̃tyʀ] *f.* das Abenteuer → 2/3
l' **avenue** [lavəny] *f.* die Allee
l' **aviron** [laviʀɔ̃] *m.* das Rudern
l' **avis** [lavi] *m.* die Meinung → 3/3; **à mon avis** [amɔ̃navi] meiner Meinung nach → 3/3
avoir (qc) [avwaʀ] haben
avoir faim [avwaʀfɛ̃] Hunger haben
avoir l'air [avwaʀlɛʀ] aussehen → 4/3
avoir lieu [avwaʀljø] stattfinden → 4/1
avoir peur [avwaʀpœʀ] Angst haben, Angst bekommen → 2/3
avoir raison [avwaʀɛzɔ̃] recht haben → 3/3
avoir soif [avwaʀswaf] Durst haben
avril [avʀil] April

B

la **bagarre** [labagaʀ] die Prügelei → 5/1
baisser les bras [beselebʀa] aufgeben → 3/3
la **balade** [labalad] der Ausflug; la **balade en bateau** [labaladɑ̃bato] die Bootsfahrt
le **ballon** [ləbalɔ̃] der Ball → 4/2
la **banane** [labanan] die Banane
le **bar** [ləbaʀ] die Bar; le **bar à jus de fruits** [ləbaʀaʒydəfʀɥi] die Saftbar
les **baskets** [lebaskɛt] *f. pl.* die Turnschuhe → 3/2
le **bateau** / ! les **bateaux** [ləbato/lebato] das Schiff, Boot
la **batterie** [labatʀi] das Schlagzeug → 3/2
bavard/bavarde [bavaʀ/bavaʀd] *adj.* geschwätzig
le **beach-volley** [ləbitʃvɔlɛ] Beach-Volleyball → 1/1
beau/bel [bo/bɛl] *m.* / **belle** [bɛl] *f.* / **beaux** [bo] *m. pl.* / **belles** [bɛl] *f.pl. adj.* schön → 3/2
beaucoup [boku] viel
beaucoup de [bokudə] viele; **beaucoup de monde** [bokudəmɔ̃d] viele Leute
le **beau-père** [ləbopɛʀ] der Stiefvater
la **bédé/B. D.** / ! les **B. D.** [labede/lebede] der Comic
belge [bɛlʒ] *m./f. adj.* belgisch → 4/3; le **Belge** / la **Belge** [lebɛlʒ/labɛlʒ] der Belgier, die Belgierin → 4/2
la **Belgique** [labɛlʒik] Belgien → 4/1
la **belle-mère** [labɛlmɛʀ] die Stiefmutter
ben [bɛ̃] *fam.* naja, äh
bête [bɛt] *m./f. adj.* dumm, blöd
le **beurre** [ləbœʀ] die Butter
bien [bjɛ̃] gut
bien d'autres choses [bjɛ̃dotʀʃoz] noch viel mehr → 6/2
bien sûr [bjɛ̃syʀ] aber sicher
bientôt [bjɛ̃to] bald
Bienvenue! [bjɛ̃vəny] Willkommen! → 1/1
le **biscuit** [ləbiskɥi] der Keks
la **bise** [labiz] der Kuss
la **blague** [lablag] der Scherz
blanc/blanche [blɑ̃/blɑ̃ʃ] *adj.* weiß → 3/2
blessé/blessée [blese] *adj.* verletzt → 5/3
bleu/bleue [blø] *adj.* blau → 3/1
bof [bɔf] *fam.* Na ja. / Es geht so.
la **boisson** [labwasɔ̃] das Getränk → 4/3
bon/bonne [bɔ̃/bɔn] *adj.* gut; **Bon appétit!** [bɔ̃napeti] Guten Appetit!; **Bonne idée!** [bɔnide] Gute Idee!; **C'est bon.** [sɛbɔ̃] Das schmeckt gut.
le **bonbon** [ləbɔ̃bɔ̃] das Bonbon, die Praline
Bonjour! [bɔ̃ʒuʀ] Guten Tag!, Guten Morgen!
Bonne chance! [bɔnʃɑ̃s] Viel Glück! → 3/3
bouger [buʒe] sich bewegen *wie* manger, *Konjugation S. 164* → 3/1
la **bougie** [labuʒi] die Kerze
la **boulangerie** [labulɑ̃ʒʀi] die Bäckerei
les **boulettes (à la liégeoise)** [lebulɛtalaljeʒwaz] *f. pl.* die Hackbällchen (nach Lütticher Art) → 4/3
la **bouteille** [labutɛj] die Flasche
la **boxe** [labɔks] das Boxen → 5/3
branché/branchée [bʀɑ̃ʃe] *adj. fam.* angesagt → 1/2
le **bras** [ləbʀa] der Arm → 3/3; **baisser les bras** [beselebʀa] aufgeben → 3/3
le **bretzel** [ləbʀɛtzɛl] die Brezel
la **brute** [labʀyt] der Grobian → 5/1
le **buffet** [ləbyfɛ] das Buffet
le **bureau** / ! les **bureaux** [ləbyʀo/lebyʀo] der Schreibtisch, das Büro
le **bus** [ləbys] der Bus → 3/1
le **but** [ləbyt] das Tor, das Ziel → 4/2; le **gardien de but** / la **gardienne de but** [ləgaʀdjɛ̃dəbyt/lagaʀdjɛndəbyt] der/die Torwart/in → 4/2; **marquer un but** [maʀkeɛ̃byt] ein Tor schießen → 4/2

C

Ça dépend. [sadepɑ̃] Es kommt darauf an.
Ça marche. [samaʀʃ] *fam.* Geht klar.
Ça me plaît. [saməplɛ] Das gefällt mir. → 3/2
Ça va? [sava] Wie geht's? / Geht's dir gut?, In Ordnung?
Ça va. [sava] Es geht (mir) gut.
Ça veut dire ... [savødiʀ] Das bedeutet ...
Ça y est! [sajɛ] *fam.* Geschafft!, Na endlich!
le **cadeau** / ! les **cadeaux** [ləkado/lekado] das Geschenk
le **café** [ləkafe] das Café
la **cage** [lakaʒ] der Käfig → 6/2

le **cahier** [ləkaje] das Heft; le **cahier de vacances** [ləkajedəvakɑ̃s] das Ferienheft → 1/1

la **calanque** [lakalɑ̃k] die Felsbucht

calme [kalm] *m./f. adj.* ruhig → 3/1

le **camping** [ləkɑ̃piŋ] das Zelten

la **cantine** [lakɑ̃tin] die Kantine, der Speisesaal

la **capitale** [lakapital] die Hauptstadt → 6/1

le **car** [ləkaʀ] der Reisebus; **en car** [ɑ̃kaʀ] mit dem Reisebus

le **carrefour** [ləkaʀfuʀ] die Kreuzung → 4/1

la **carte** [lakaʀt] die (Spiel-)Karte, die Postkarte

le **carton jaune** [ləkaʀtɔ̃ʒon] die gelbe Karte → 4/2

le **casque** [ləkask] der Kopfhörer → 3/1

casser la figure à qn [kaselafigyʀa] *fam.* jdn verhauen → 5/2

la **catastrophe** [lakatastʀɔf] die Katastrophe → 2/2

catastrophique [katastʀɔfik] *m./f. adj.* katastrophal → 3/3

la **cathédrale** [lakatedʀal] der Dom, die Kathedrale

le **CD** / ! les **CD** [ləsede/lesede] die CD

le **CDI** [ləsedei] die Schulbibliothek

ce/cet/cette/ces [sə/sɛt/sɛt/se] dieser/diese/dieses → 3/2

Ce n'est pas mon truc. [sənɛpamɔ̃tʀyk] *fam.* Das ist nicht mein Ding.

cela [səla] das → 6/2

célèbre [selɛbʀ] *m./f. adj.* berühmt → 1/1

cent [sɑ̃] hundert

le **centre** [ləsɑ̃tʀ] das Zentrum

le **centre commercial** [ləsɑ̃tʀkɔmɛʀsjal] das Einkaufszentrum

le **centre-ville** [ləsɑ̃tʀvil] das Stadtzentrum

c'est [sɛ] das ist; **C'est à la page 25.** [sɛtalapaʒvɛ̃tsɛ̃k] Das ist/steht auf Seite 25. → FEC; **C'est à quelle page?** [sɛtakɛlpaʒ] Auf welcher Seite ist/steht das? → FEC; **C'est à qui?** [sɛtaki] Wer ist dran? → FEC; **C'est honteux!** [sɛɔ̃tø] Das ist eine Schande! → 5/2; **C'est l'horreur!** [sɛlɔʀœʀ] Das ist der Horror!; **C'est moi.** [sɛmwa] Ich bin's. / Das bin ich.; **C'est qui?** [sɛki] Wer ist das?; **C'est tout.** [sɛtu] Das ist alles.; **C'est trop cool!** [sɛtʀokul] *fam.* Das ist total cool!

C'est à ... [sɛta] ... ist dran. → FEC; **C'est à moi.** [sɛtamwa] Ich bin dran. → FEC

cet après-midi [sɛtapʀɛmidi] heute Nachmittag

C'était l'horreur! [setɛlɔʀœʀ] Das war der Horror! → 2/3

c'était trop tard [setɛtʀotaʀ] es war zu spät → 2/2

la **chaise** [laʃɛz] der Stuhl

la **chambre** [laʃɑ̃bʀ] das Schlafzimmer

le **champ** [ləʃɑ̃] das Feld → 2/3

le **champion** / la **championne** [ləʃɑ̃pjɔ̃/laʃɑ̃pjɔn] der Champion → 6/1

la **chance** [laʃɑ̃s] das Glück, die Chance → 3/3; **Bonne chance!** [bɔnʃɑ̃s] Viel Glück! → 3/3

la **chanson** [laʃɑ̃sɔ̃] das Lied

chanter (qc) [ʃɑ̃te] (etw.) singen

le **chanteur** / la **chanteuse** [ləʃɑ̃tœʀ/laʃɑ̃tøz] der/die Sänger/in

la **charcuterie** [laʃaʀkytʀi] Wurstwaren → 4/3

la **charte** [laʃaʀt] die Charta → 5/3

le **chat** [ləʃa] die Katze

le **château** / ! les **châteaux** [ləʃɑto/leʃɑto] das Schloss

chatter (avec qn) [tʃate] (mit jdm) chatten

le/la **chef** [lə/laʃɛf] der/die Chef/in → 5/1

le **chemin** [ləʃəmɛ̃] der Weg → 2/3; **demander son chemin (à qn)** [dəmɑ̃desɔ̃ʃəmɛ̃] (jdn) nach dem Weg fragen → 2/3

la **chemise** [laʃəmiz] das Hemd → 3/1

cher/chère [ʃɛʀ] *adj.* liebe/r, teuer

chercher qn/qc [ʃɛʀʃe] jdn/etw. suchen

le **cheval** / ! les **chevaux** [ləʃəval/leʃəvo] das Pferd

les **cheveux** [leʃvø] *m. pl.* die Haare → 6/2

chez [ʃe] bei; **chez moi** [ʃemwa] bei mir (zu Hause)

le **chien** [ləʃjɛ̃] der Hund; **avoir un caractère de chien** [avwaʀɛ̃kaʀaktɛʀdəʃjɛ̃] *fam.* einen fiesen Charakter haben

les **chips** [leʃips] *f. pl.* die Kartoffelchips

le **chocolat** [ləʃɔkɔla] die Schokolade

la **chorale** [lakɔʀal] der Chor → 1/1

la **chose** [laʃoz] die Sache

le **cinéma** [ləsinema] das Kino; le **ciné** [ləsine] *fam.*

la **cinquième** [lasɛ̃kjɛm] die siebte Klasse; **en cinquième** [ɑ̃sɛ̃kjɛm] in der siebten Klasse

la **cité** [lasite] die Stadt → 6/1

le **citron** [ləsitʀɔ̃] die Zitrone → 2/2

la **classe** [laklɑs] die Klasse

le **classeur** [ləklasœʀ] der Ordner

la **clé** [lakle] der Schlüssel

le **club** [ləklœb] der Verein → 1/1; le **club de natation** [ləklœbdənatasjɔ̃] der Schwimmverein → 1/1

le **coca(-cola)** [ləkoka] die Cola → 4/3

le **cochon d'Inde** [ləkɔʃɔ̃dɛ̃d] das Meerschweinchen

le **cocktail** [ləkɔktɛl] der Cocktail

le **coin** [ləkwɛ̃] die Ecke; le **coin musique** [ləkwɛ̃myzik] die Musikecke

la **collection** [lakɔlɛksjɔ̃] die Sammlung

collectionner qc [kɔlɛksjɔne] etw. sammeln

le **collège** [ləkɔlɛʒ] die Sekundarstufe 1

combien [kɔ̃bjɛ̃] wie viel

comme [kɔm] als, wie

comme ça [kɔmsa] so → 5/2

commencer [kɔmɑ̃se] beginnen *Konjugation S. 164*; **Qui commence?** [kikɔmɑ̃s] Wer fängt an?, Wer beginnt?

comment [kɔmɑ̃] wie; **Comment ça va?** [kɔmɑ̃sava] Wie geht's?, Wie läuft es?; **Comment est-ce qu'on dit ...?** [kɔmɑ̃eskɔ̃di] Wie sagt man ...?; **Comment est-ce qu'on écrit ...?** [kɔmɑ̃eskɔ̃nekʀi] Wie schreibt man ...?

composer qc [kɔ̃poze] komponieren

comprendre qn/qc [kɔ̃pʀɑ̃dʀ] jdn/etw. verstehen *wie* prendre, *Konjugation S. 167*

compter (sur qn) [kɔ̃te] (auf jdn) zählen → 4/2; **Je compte sur toi.** [ʒəkɔ̃tsyʀtwa] Ich zähle auf dich.

le **concert** [ləkɔ̃sɛʀ] das Konzert → 6/1
le **concours** [ləkɔ̃kuʀ] der Wettbewerb
confier qc à qn [kɔ̃fjea] jdm etw. anvertrauen → 5/1
confisquer qc [kɔ̃fiske] jdm etw. wegnehmen → 3/3
le **conflit** [ləkɔ̃fli] der Konflikt → 5/1
connaître qn/qc [kɔnɛtʀ] jdn/etw. kennen *Konjugation S. 166* → 4/3
consoler qn [kɔ̃sɔle] jdn trösten → 5/3
construit/construite [kɔ̃stʀɥi/kɔ̃stʀɥit] *adj.* erbaut → 6/1
content/contente [kɔ̃tɑ̃/kɔ̃tɑ̃t] *adj.* zufrieden, glücklich
continuer (qc) [kɔ̃tinɥe] (etw.) weiter machen
contre [kɔ̃tʀ] gegen, dagegen → 4/2
cool [kul] *adj. fam.* cool
le **copain** / la **copine** [ləkɔpɛ̃/lakɔpin] der/die Freund/in
le/la **corres** [lə/lakɔʀɛs] *fam.*; le **correspondant** / la **correspondante** [ləkɔʀɛspɔ̃dɑ̃/lakɔʀɛspɔ̃dɑ̃t] der/die Austauschpartner/in
la **corrida** [lakɔʀida] der Stierkampf → 6/1
corriger qc [kɔʀiʒe] etw. korrigieren, berichtigen *wie* manger, *Konjugation S. 164* → FEC
le **cou** [ləku] der Hals → 2/3
la **couleur** [lakulœʀ] die Farbe → 3/1
le **couloir** [ləkulwaʀ] der Flur
la **cour** [lakuʀ] der Schulhof
courageux/courageuse [kuʀaʒø/kuʀaʒøz] *adj.* mutig → 5/2
le **cours** [ləkuʀ] der Unterricht; **Je n'ai pas cours.** [ʒənɛpakuʀ] Ich habe keinen Unterricht.
les **courses** [lekuʀs] *f. pl.* die Einkäufe
le **cousin** / la **cousine** [ləkuzɛ̃/lakuzin] der/die Cousin/e
coûter [kute] kosten
le/la **CPE** [lə/lasepeø] der/die Schulbetreuer/in
le **crayon** [ləkʀɛjɔ̃] der Bleistift
le **crayon de couleur** [ləkʀɛjɔ̃dəkulœʀ] der Buntstift
crier [kʀije] schreien
la **cuisine** [lakɥizin] die Küche

D

d'abord [dabɔʀ] zuerst
d'accord [dakɔʀ] einverstanden; **être d'accord sur qc** [ɛtʀdakɔʀsyʀ] sich über etw. einig sein
la **dame** [ladam] die Frau
dangereux/dangereuse [dɑ̃ʒʀø/dɑ̃ʒʀøz] *adj.* gefährlich → 5/2
dans [dɑ̃] in
la **danse** [ladɑ̃s] der Tanz, das Tanzen
danser [dɑ̃se] tanzen
de [də] aus, von
de … à … [də…a] von … bis …
la **défense** [ladefɑ̃s] die Abwehr(spieler) → 4/2
dehors [dəɔʀ] draußen → 1/2
déjà [deʒa] schon, bereits → 2/2
le **déjeuner** [lədeʒœne] das Mittagessen
demain [dəmɛ̃] morgen
demander (qc) à qn [dəmɑ̃dea] jdn (nach etw.) fragen; **demander à qn si** [dəmɑ̃desi] jdn fragen, ob → 4/3; **demander son chemin (à qn)** [dəmɑ̃desɔ̃ʃəmɛ̃] (jdn) nach dem Weg fragen → 2/3
demi/demie [dəmi] *adj.* halb
la **demi-finale** [ladəmifinal] das Halbfinale → 4/2
dénoncer qn [denɔ̃se] jdn anzeigen, verraten → 5/3
le **départ** [lədepaʀ] die Abfahrt
dépenser qc [depɑ̃se] etw. ausgeben → 3/2
depuis [dəpɥi] seit, seitdem → 1/1; **depuis des mois** [dəpɥidemwa] seit Monaten
dernier/dernière [dɛʀnje/dɛʀnjɛʀ] *adj.* letzter/letzte/letztes → 3/3
derrière [dɛʀjɛʀ] hinter
(ê) **descendre** [desɑ̃dʀ] hinuntergehen *Konjugation S. 165* → 2/1
le **dessert** [lədesɛʀ] die Nachspeise
le **dessin** [lədesɛ̃] die Zeichnung, das Zeichnen
dessiner qc [desine] etw. zeichnen → 2/1
détester qc/qn/+ inf. [detɛste] etw./jdn hassen
deuxième [døzjɛm] *m./f. adj.* zweiter/zweite/zweites → 4/1
devant [dəvɑ̃] vor
(ê) **devenir** [dəvəniʀ] werden *wie* venir, *Konjugation S. 167* → 6/1
devoir [dəvwaʀ] müssen *Konjugation S. 166* → 2/2
les **devoirs** [ledəvwaʀ] *m. pl.* die Hausaufgaben
d'habitude [dabityd] normalerweise → 2/2
différent/différente [difeʀɑ̃/difeʀɑ̃t] *adj.* anderer/andere/anderes → FEC
dire qc (à qn) [diʀ] (jdm) etw. sagen *Konjugation S. 166* → 3/3
disparaître [dispaʀɛtʀ] verschwinden *wie* connaître, *Konjugation S. 166* → 6/2
le/la **documentaliste** [lə/ladɔkymɑ̃talist] der/die Dokumentalist/in
donner qc à qn [dɔnea] jdm etw. geben → 4/2
dormir [dɔʀmiʀ] schlafen *Konjugation S. 165* → 2/2
douze ans et demi [duzɑ̃edəmi] zwölfeinhalb (Jahre) → 1/1
drôle [dʀol] *m./f. adj.* lustig, spaßig
le **DVD** / ! les **DVD** [lədevede/ledevede] die DVD

E

l' **eau** [lo] *f.* das Wasser; **l'eau minérale** [lomineʀal] *f.* das Mineralwasser → 4/3
échanger qc contre qc [eʃɑ̃ʒekɔ̃tʀ] etw. gegen etw. tauschen *wie* manger, *Konjugation S. 164* → 6/2
l' **école** [lekɔl] *f.* die Schule
écouter qn/qc [ekute] jdm zuhören, auf jdn hören, etw. anhören
écrire (qc à qn) [ekʀiʀ] (jdm etw.) schreiben *Konjugation S. 166* → 5/3
l' **effaceur** [lefasœʀ] *m.* der Tintenkiller
l' **électro** [lelɛktʀo] *f.* die Elektromusik → 3/1
l' **élève** [lelɛv] *m./f.* der/die Schüler/in
Je t'embrasse. [ʒətɑ̃bʀas] Liebe Grüße
l' **emploi du temps** [lɑ̃plwadytɑ̃] *m.* der Stundenplan
emprunter qc [ɑ̃pʀɛ̃te] etw. ausleihen
en [ɑ̃] in

en car [ãkaʀ] mit dem Reisebus; **en ce moment** [ãsəmɔmã] zurzeit, im Moment; **en cinquième** [ãsɛ̃kjɛm] in der siebten Klasse; **en face de** [ãfasdə] gegenüber; **en français / en allemand** [ãfʀãsɛ/ãnalmã] auf Französisch / auf Deutsch; **en liberté** [ãlibɛʀte] in Freiheit; **en montagne** [ãmɔ̃taɲ] in den Bergen; **en permanence** [ãpɛʀmanãs] im Aufenthaltsraum; **en plus** [ãplys] außerdem; **en retard** [ãʀətaʀ] zu spät, mit Verspätung; **en silence** [ãsilãs] still → FEC
encore [ãkɔʀ] noch; **encore une fois** [ãkɔʀynfwa] noch einmal
encourager qn [ãkuʀaʒe] jdn ermutigen → 4/2
l' **endroit** [lãdʀwa] *m.* der Ort
énerver qn [enɛʀve] jdn ärgern → 2/1
l' **enfant** [lãfã] *m./f.* das Kind
enfin [ãfɛ̃] endlich, schließlich → 2/1
l' **enquête** [lãkɛt] *f.* die Umfrage, die Untersuchung → 3/2
ensemble [ãsãbl] zusammen
ensuite [ãsɥit] dann
entendre qn/qc [ãtãdʀ] jdn/etw. hören *wie* attendre, *Konjugation S. 175*
l' **entraîneur** / **l'entraîneuse** [lãtʀɛnœʀ/lãtʀɛnøz] *m./f.* der/die Trainer/in → 4/1
entre [ãtʀ] unter → 2/1, zwischen
l' **entrée** [lãtʀe] *f.* die Vorspeise
(ê) **entrer** [ãtʀe] hineingehen, etw. betreten → 2/1
envoyer qc (à qn) [ãvwaje] (jdm) etw. schicken *Konjugation S. 164* → 3/3
l' **époque** [lepɔk] *f.* die Zeit, die Epoche → 6/1
épouser qn [epuze] jdn heiraten → 6/2
l' **EPS** [løpeɛs] der Sportunterricht
l' **équipe** [lekip] *f.* die Mannschaft → 4/1
essayer qc [eseje] etw. versuchen, etw. (an)probieren *wie* envoyer, *Konjugation S. 164* → 3/3
est-ce que [ɛskə] *wird nicht übersetzt; zeigt dir an, dass es sich um eine Frage handelt*
Est-ce que je peux + inf. [ɛskəʒəpø] Darf ich ... ?
et [e] und
et puis [epɥi] außerdem
l' **étagère** [letaʒɛʀ] *f.* das Regal
l' **été** [lete] *m.* der Sommer
l' **étoile** [letwal] *f.* der Stern → 1/2
être [ɛtʀ] sein; **être accro à qc** [ɛtʀakʀoa] nach etw. süchtig sein → 3/2; **être bon/bonne en** [ɛtʀbɔ̃nã/bɔnã] in etw. gut sein; **être capable de + inf.** [ɛtʀkapabldə] fähig sein, etw. zu tun → 6/2; **être contre qn/qc** [ɛtʀkɔ̃tʀ] gegen jdn/etw. sein, dagegen sein; **être fan de qn/qc** [ɛtʀəfandə] ein Fan von jdm/etw. sein; **être né/née (à/le)** [ɛtʀne] geboren sein (in/am) → 1/1; **être nul/nulle en** [ɛtʀnylã] in etw. schlecht sein, eine Niete sein; **être pour qn/qc** [ɛtʀpuʀ] für jdn/etw. sein, dafür sein; **être privé/privée de qc** [ɛtʀəpʀivedə] -verbot haben → 3/3; **être séparé** [ɛtʀsepaʀe] getrennt sein
euh [ø] äh
l' **euro** [løʀo] *m.* der Euro
exagérer [ɛgzaʒeʀe] übertreiben → 3/3
l' **exemple** [lɛgzãpl] *m.* das Beispiel → 1/2; **par exemple / p. ex.** [paʀɛgzãpl] zum Beispiel, z. B. → 1/2
l' **exercice** [legzɛʀsis] *m.* die Übung
exister [ɛgziste] existieren → 6/1
expliquer qc [ɛksplike] etw. erklären → FEC
l' **exposition** [lɛkspozisjɔ̃] *f.* die Ausstellung → 1/2

F

facile [fasil] *m./f. adj.* leicht → 4/2
faible [fɛbl] *m./f. adj.* schwach → 5/3
faire qc [fɛʀ] etw. machen, tun *Konjugation S. 166*
faire attention [fɛʀatãsjɔ̃] aufpassen → 2/3
faire de la guitare [fɛʀdəlagitaʀ] Gitarre spielen
faire de la musique [fɛʀdəlamyzik] musizieren
faire de l'aviron [fɛʀdəlaviʀɔ̃] rudern
faire des percussions [fɛʀdepɛʀkysjɔ̃] trommeln, Schlagzeug spielen
faire du camping [fɛʀdykãpiŋ] zelten
faire du foot [fɛʀdyfut] Fußball spielen
faire les courses [fɛʀlekuʀs] einkaufen
faire mal à qn [fɛʀmala] jdm wehtun → 5/2
faire une surprise à qn [fɛʀynsyʀpʀiza] jdn überraschen
la **famille** [lafamij] die Familie
le/la **fan** [lə/lafan] der Fan
fantastique [fãtastik] *m./f. adj.* fantastisch, großartig → 1/2
la **farine** [lafaʀin] das Mehl
fatigué/fatiguée [fatige] *adj.* müde → 2/2
la **faute** [lafot] der Fehler, das Foul → 4/2
la **femme** [lafam] die Frau, die Ehefrau
la **fenêtre** [lafənɛtʀ] das Fenster
la **féria** [lafeʀja] *Straßenfest in Südfrankreich* → 6/1
fermé/fermée [fɛʀme] *adj.* geschlossen
fermer (qc) [fɛʀme] (etw.) schließen, zumachen
le **festival** [ləfɛstival] das Festival → 1/2
la **fête** [lafɛt] die Feier
fêter qc [fete] etw. feiern
le **feu rouge** [ləføʀuʒ] die Ampel → 4/1
le **feu d'artifice** [ləfødaʀtifis] das Feuerwerk
la **feuille** [lafœj] das Blatt → FEC
la **figurine** [lafigyʀin] die Figur
la **fille** [lafij] das Mädchen, die Tochter
le **film** [ləfilm] der Film → 2/2
le **fils** [ləfis] der Sohn
la **fin** [lafɛ̃] das Ende → 2/2
la **finale** [lafinal] das Finale → 4/2
finir (qc) [finiʀ] beenden (etw.), enden *wie* réagir, *Konjugation S. 165* → 4/2
la **flûte** [laflyt] die Flöte
la **fois** / ! **les fois** [lafwa/lefwa] das Mal → FEC
le **foot(ball)** [ləfutbol] der Fußball, das Fußballspielen
formidable [fɔʀmidabl] *m./f. adj.* toll → 4/2

fort/forte [fɔʀ/fɔʀt] *adj.* stark → 4/2
la **forteresse** [lafɔʀtəʀɛs] die Festung → 6/1
le **fossile** [ləfosil] das Fossil
la **fraise** [lafʀɛz] die Erdbeere
le **français** [ləfʀɑ̃sɛ] Französisch
le **Français / la Française** [ləfʀɑ̃sɛ/lafʀɑ̃sɛz] der Franzose, die Französin
frapper qn [fʀape] jdn schlagen → 5/2
frapper à la porte [fʀapealapɔʀt] an die Tür klopfen → 5/3
le **frère** [ləfʀɛʀ] der Bruder
les **frères et sœurs** [lefʀɛʀesœʀ] *m. pl.* die Geschwister
le **fromage** [ləfʀɔmaʒ] der Käse → 4/3
le **fruit** [ləfʀɥi] die Frucht
furieux/furieuse [fyʀjø/fyʀjøz] *adj.* wütend → 6/2

G

gagner (qc) [gaɲe] (etw.) gewinnen → 4/2
le **garçon** [ləgaʀsɔ̃] der Junge
garder qc [gaʀde] etw. behalten → 4/2; **garder qn** [gaʀde] auf jdn aufpassen
le **gardien de but / la gardienne de but** [ləgaʀdjɛ̃dəbyt/lagaʀdjɛndəbyt] der/die Torwart/in → 4/2
la **gare** [lagaʀ] der Bahnhof → 4/1
le **gâteau / ! les gâteaux** [ləgato/legato] der Kuchen
le **gâteau au chocolat** [ləgatooʃɔkɔla] der Schokoladenkuchen
génial/géniale [ʒenjal] *adj. fam.* toll, genial, super
les **gens** [leʒɑ̃] *m. pl.* die Leute → 1/2
la **géo** *fam.* [laʒeo] die Geographie
le **gladiateur** [ləgladjatœʀ] der Gladiator → 6/1
le **globe** [ləglɔb] der Globus
le **GPS** [ləʒepeɛs] das GPS → 4/1
grand/grande [gʀɑ̃/gʀɑ̃d] *adj.* groß
la **grand-mère** [lagʀɑ̃mɛʀ] die Großmutter
le **grand-père** [ləgʀɑ̃pɛʀ] der Großvater
les **grands-parents** [legʀɑ̃paʀɑ̃] *m. pl.* die Großeltern
grave [gʀav] *m./f. adj.* ernst, schlimm → 3/3
gris/grise [gʀi/gʀiz] *adj.* grau → 3/2
grosses bises [gʀosbiz] *f. pl.* liebe Grüße
le **groupe** [ləgʀup] die Band, die Gruppe
la **guitare** [lagitaʀ] die Gitarre
le **gymnase** [ləʒimnaz] die Turnhalle

H

l' **habitant / l'habitante** [labitɑ̃/labitɑ̃t] *m./f.* der/die Einwohner/in → 6/1
habiter [abite] wohnen
le **hamac** [ləamak] die Hängematte
le **hamster** [ləamstɛʀ] der Hamster
le **handball** [ləɑ̃dbal] Handball → 1/1
harceler qn [aʀsəle] jdn belästigen *wie* acheter, *Konjugation S. 164* → 5/3
hésiter [ezite] zögern → 5/2
l' **heure** [lœʀ] *f.* die Stunde, Uhr; **à l'heure** [alœʀ] pünktlich; **À quelle heure?** [akɛlœʀ] Um wie viel Uhr?
heureux/heureuse [øʀø/øʀøz] *adj.* glücklich → 6/2
hier [jɛʀ] gestern → 2/1
le **hip-hop** [ləipɔp] der Hip-Hop → 3/1
l' **histoire** [listwaʀ] *f.* die Geschichte → 5/3
l' **hiver** [livɛʀ] *m.* der Winter
le **hobby** [ləobi] das Hobby
l' **homme / les hommes !** [lɔm/lezɔm] *m.* der Mann, der Mensch → 6/2
honteux/honteuse [ɔ̃tø/ɔ̃tøz] *adj.* beschämend, empörend → 5/2; **C'est honteux!** [sɛɔ̃tø] Das ist eine Schande! → 5/2
l' **humour** [lymuʀ] *m.* der Humor → 5/1

I

ici [isi] hier
idéal/idéale [ideal] *adj.* ideal → 1/2
l' **idée** [lide] *f.* die Idee
l' **idiot / l'idiote** [lidjo/lidjɔt] *m./f.* der/die Idiot/in → 4/1; **idiot/idiote** [idjo/idjɔt] *adj. fam.* blöd → 2/3
l' **idole** [lidɔl] *f.* das Idol → 3/1
il dit que [ildikə] er sagt, dass
Il/Elle a quel age? [il/ɛlakɛlaʒ] Wie alt ist er/sie?
Il fait beau. [ilfɛbo] Es ist schönes Wetter.
Il fait chaud. [ilfɛʃo] Es ist warm/heiß.
Il fait froid. [ilfɛfʀwa] Es ist kalt.
il faut + inf. [ilfo] wir müssen, man muss → 3/3; **il faut qc** [ilfo] man braucht/wir brauchen etw. → 4/3
Il faut que je te dise un truc! [ilfokəʒətədizɛ̃tʀyk] Ich muss dir was sagen!, Ich muss dir was erzählen! → 2/3
Il faut qu'on y aille! [ilfokɔ̃niaj] Wir müssen los! → 4/3
il ne faut pas + inf. [ilnəfopa] wir dürfen/sollten nicht, man darf/sollte nicht → 3/3
Il pleut. [ilplø] Es regnet.
il/elle veut savoir si [il/ɛlvøsavwaʀsi] er/sie will wissen, ob → 4/3
il y a [ilja] es gibt; **il y a** [ilja] vor *zeitlich* → 2/3
important/importante [ɛ̃pɔʀtɑ̃/ɛ̃pɔʀtɑ̃t] *adj.* wichtig → 3/2
incroyable [ɛ̃kʀwajabl] *m./f. adj.* unglaublich → 2/3
l' **infirmerie** [lɛ̃fiʀməʀi] *f.* die Krankenstation
l' **infirmier / l'infirmière** [lɛ̃fiʀmje/lɛ̃fiʀmjɛʀ] *m./f.* der/die Krankenpfleger/in
l' **information** [lɛ̃fɔʀmasjɔ̃] *f.* die Information
insister [ɛ̃siste] auf etw. bestehen, nachhaken → 2/3
installer qc [ɛ̃stale] etw. aufbauen → 4/3
l' **instrument** [lɛ̃stʀymɑ̃] *m.* das Instrument → 1/1
intelligent/intelligente [ɛ̃teliʒɑ̃/ɛ̃teliʒɑ̃t] *adj.* intelligent
intéressant/intéressante [ɛ̃teʀesɑ̃/ɛ̃teʀesɑ̃t] *adj.* interessant
intéresser qn [ɛ̃teʀese] jdn interessieren → 6/2
Internet [ɛ̃tɛʀnɛt] *m.* das Internet; **surfer sur Internet** [sœʀfesyʀɛ̃tɛʀnɛt] im Internet surfen
l' **interro** [lɛ̃teʀo] *f. fam.*; **l'interrogation** [lɛ̃teʀɔgasjɔ̃] *f.* der Test
l' **interview** [lɛ̃tɛʀvju] *f.* das Interview
l' **invitation** [lɛ̃vitasjɔ̃] *f.* die Einladung
l' **invité / l'invitée** [lɛ̃vite] *m./f.* der Gast → 6/2
inviter qn (à qc) [ɛ̃vite] jdn zu etw. einladen

J

J'ai fait un autre exercice. [ʒefɛɛ̃notʀɛgzɛʀsis] Ich habe eine andere Übung gemacht. → FEC

J'ai écrit autre chose. [ʒeekʀiotʀʃoz] Ich habe etwas anderes geschrieben. → FEC

J'ai oublié quelque chose. [ʒeublijekɛlkəʃoz] Ich habe etwas vergessen. → FEC

la **jambe** [laʒɑ̃b] das Bein → 2/3; **prendre ses jambes à son cou** [pʀɑ̃dʀseʒɑ̃basɔ̃ku] die Beine in die Hand nehmen → 2/3

janvier [ʒɑ̃vje] Januar

jaune [ʒon] *m./f. adj.* gelb → 4/2; **le carton jaune** [ləkaʀtɔ̃ʒon] die gelbe Karte → 4/2

Je n'ai pas compris. [ʒənɛpakɔ̃pʀi] Ich habe (es) nicht verstanden. → FEC

Je n'ai pas fini! [ʒənɛpafini] Ich bin noch nicht fertig! → FEC

Je ne sais pas. [ʒənəsɛpa] Ich weiß es nicht.

je voudrais [ʒəvudʀɛ] ich möchte gern, ich hätte gern

le **jean** [lədʒin] die Jeans → 3/1

le **jeu** / ! les **jeux** [ləʒø/leʒø] das Spiel

le **jeu vidéo** [ləʒøvideo] das Videospiel

le/la **jeune** [lə/laʒœn] der/die Jugendliche; **jeune** [ʒœn] *m./f. adj.* jung → 6/2

joli/jolie [ʒɔli] *adj.* hübsch

jouer (avec qn) [ʒwe] (mit jdm) spielen; **jouer à qc** [ʒwea] etw. spielen → 1/1; **jouer de qc** [ʒwedə] spielen (Instrument) → 1/1

le **joueur** / la **joueuse** [ləʒwœʀ/laʒwøz] der/die Spieler/in → 4/2

le **jour** [ləʒuʀ] der Tag

le **journal** [ləʒuʀnal] das Tagebuch, die Zeitung → 2/2

la **journée** [laʒuʀne] der Tag

la **journée portes ouvertes** [laʒuʀnepɔʀtzuvɛʀt] der Tag der offenen Tür

les **jumelles** [leʒymɛl] *f. pl.* das Fernglas

le **jus de fruits** [ləʒydəfʀɥi] der Fruchtsaft

jusqu'à [ʒyska] bis

jusqu'au bout [ʒyskobu] bis zum Ende → 4/2

juste [ʒyst] gerade noch → 2/3; **C'est juste?** [sɛʒyst] Ist das richtig?, Stimmt das?

J'y vais! [ʒivɛ] Ich gehe hin! → 5/2

K

le **kilo** [ləkilo] das Kilo

le **kilomètre** [ləkilomɛtʀ] der Kilometer → 6/1

L

là [la] da, hier

là-bas [laba] dort

le **lac** [ləlak] der See

lâche [lɑʃ] *m./f. adj.* feige → 5/3

lâcher qn/qc [lɑʃe] jdn/etw. loslassen → 6/1

laisser qc [lese] etw. liegen lassen → 4/1

laisser qn tranquille [lesetʀɑ̃kil] jdn in Ruhe lassen → 5/3

le **lait** [ləlɛ] die Milch

la **lampe** [lalɑ̃p] die Lampe

le **lapin** [ləlapɛ̃] das Kaninchen

la **lecture** [lalɛktyʀ] die Lektüre, das Lesen

la **légende** [laleʒɑ̃d] die Legende → 6/2

la **liberté** [libɛʀte] die Freiheit; **en liberté** [ɑ̃libɛʀte] in Freiheit

la **librairie** [lalibʀɛʀi] die Buchhandlung

libre [libʀ] *m./f. adj.* frei → 2/1

limiter qc [limite] etw. beschränken, begrenzen → 3/3

lire [liʀ] lesen *Konjugation S. 166* → FEC

la **liste** [lalist] die Liste

le **lit** [ləli] das Bett

le **livre** [ləlivʀ] das Buch

la **loi** [lalwa] das Gesetz → 5/1

loin [lwɛ̃] weit (weg)

loin de [lwɛ̃də] weit entfernt von

longtemps [lɔ̃tɑ̃] lange → 2/2

le **look** [ləluk] der Look, das Outfit → 3/2

lundi [lɛ̃di] *m.* Montag

lutter [lyte] kämpfen → 4/2

M

Madame/Mme [madam] Frau (Anrede)

Mademoiselle/Mlle [madmwazɛl] Fräulein (Anrede)

le **magasin** [ləmagazɛ̃] das Geschäft

le **magazine** [ləmagazin] das Magazin, die Zeitschrift → 3/1

magique [maʒik] *m./f. adj.* magisch → 6/2

magnifique [maɲifik] *m./f. adj.* wunderschön → 1/2

le **mail** [ləmɛl] die Mail

maintenant [mɛ̃tənɑ̃] jetzt

mais [mɛ] aber

la **maison** [lamɛzɔ̃] das Haus

mal [mal] *adv.* schlecht → 5/2; **faire mal à qn** [fɛʀmala] jdm wehtun → 5/2; **mal finir** [malfiniʀ] schlecht ausgehen → 5/2

malade [malad] *m./f. adj.* krank → 2/2

malheureux/malheureuse [maløʀø/maløʀøz] *adj.* unglücklich → 5/2

maman [mamɑ̃] *f.* Mama

mamie [mami] *f.* Oma

le **manga** [mɑ̃ga] das Manga

manger [mɑ̃ʒe] essen *Konjugation S. 164*

le **marchand** / la **marchande** [ləmaʀʃɑ̃/lamaʀʃɑ̃d] der/die Händler/in → 6/2

le **marché** [ləmaʀʃe] der Markt → 6/2

le **mariage** [ləmaʀjaʒ] die Hochzeit → 6/2

le **marié** / la **mariée** [ləmaʀje/lamaʀje] der Bräutigam, die Braut → 6/2

la **marque** [lamaʀk] die Marke → 3/2

marron [maʀɔ̃] *m./f. adj.* braun → 3/2

le **match** [ləmatʃ] das Spiel → 4/1

les **maths** [lemat] *fam.*; les **mathématiques** [lematematik] *f. pl.* Mathe

la **matière** [lamatjɛʀ] das Schulfach

le **matin** [ləmatɛ̃] der Morgen, morgens

mauvais/mauvaise [movɛ/movɛz] *adj.* schlecht, falsch → 2/3

le **médiateur** / la **médiatrice** [ləmedjatœʀ/lamedjatʀis] der/die Mediator/in → 5/1 le **meilleur** / la **meilleure** [ləmɛjœʀ/lamɛjœʀ] *adj.* der/die/das beste → 3/3; **meilleur/meilleure** [mɛjœʀ] *adj.* besserer/bessere/besseres → 3/3

le/la **même** [lə/lamɛm] *m./f. adj.* der-/die-/dasselbe, der/die/das gleiche → 6/1

menacer qn [mənase] jdm drohen, jdn bedrohen *wie* commencer, *Konjugation S. 164* → 5/3

le **menu** [ləməny] das Menü

la **mer** [lamɛʀ] das Meer, die See; la **mer Méditérranée** [lamɛʀmediteʀane] das Mittelmeer → 1/2

merci [mɛʀsi] danke

la **mère** [lamɛʀ] die Mutter

mettre qc [mɛtʀ] etw. tragen, anziehen; etw. setzen, stellen, legen *Konjugation S. 166* → 3/2; **mettre le son plus fort** [mɛtʀləsɔ̃plyfɔʀ] den Ton lauter stellen → FEC

midi [midi] zwölf Uhr mittags → 2/2

mille [mil] *adj.* tausend → 6/1

le **million** [ləmiljɔ̃] die Million → 6/1

la **minichaîne** [laminiʃɛn] die Mini-Stereoanlage

la **minute** [laminyt] die Minute → FEC

moche [mɔʃ] *m./f. adj.* hässlich

la **mode** [lamɔd] die Mode → 3/2

moderne [mɔdɛʀn] *m./f. adj.* modern → 1/2

moi [mwa] ich

Moi non plus. [mwanɔ̃ply] Ich auch nicht.

Moi si. [mwasi] Doch, ich schon.

moins ... que [mwɛ̃...kə] weniger ... als → 3/2

moins le quart [mwɛ̃ləkaʀ] Viertel vor

le **mois** [ləmwa] der Monat

le **moment** [ləmɔmɑ̃] der Moment, der Augenblick; **en ce moment** [ɑ̃səmɔmɑ̃] zurzeit, im Moment

le **monde** [ləmɔ̃d] die Welt → 3/1

Monsieur/M. [məsjø] Herr (Anrede)

la **montagne** [lamɔ̃taɲ] der Berg; **en montagne** [ɑ̃mɔ̃taɲ] in den Bergen

(ê) **monter qc** [mɔ̃te] etw. aufbauen, errichten → 4/3

monter dans qc [mɔ̃tedɑ̃] in etw. einsteigen

montrer qc à qn [mɔ̃tʀea] jdm etw. zeigen → 4/2

le **monument** [ləmɔnymɑ̃] das Bauwerk → 6/1

le **mot** [ləmo] das Wort

la **moutarde** [lamutaʀd] der Senf

le **Moyen-Âge** [ləmwajɛnɑʒ] das Mittelalter

le **mur** [ləmyʀ] die Mauer, die Wand → 6/1

le **musée** [ləmyze] das Museum

le **musicien** / la **musicienne** [ləmyzisjɛ̃/lamyzisjɛn] der/die Musiker/in → 6/2

la **musique** [lamyzik] die Musik; la **musique classique** [lamysiklasik] klassische Musik

N

nager [naʒe] schwimmen *wie* manger, *Konjugation S. 164*

la **natation** [lanatasjɔ̃] Schwimmen → 1/1

la **nature** [lanatyʀ] die Natur

ne ... plus [nə...ply] nicht mehr

ne ... jamais [nə...ʒamɛ] nie → 2/1

ne ... pas [nə...pa] nicht

ne ... pas de [nə...padə] kein

ne ... pas trop [nə...patʀo] nicht so (sehr, gern)

ne ... personne [nə...pɛʀsɔn] niemand → 5/3

ne ... plus de [nə...plydə] kein ... mehr

ne ... rien [nə...ʀjɛ̃] nichts → 2/1

noir/noire [nwaʀ] *adj.* schwarz

non [nɔ̃] nein

Non? [nɔ̃] *fam.* Nicht wahr?

la **note** [lanɔt] die Note → 3/3

noter (qc) [nɔte] (etw.) aufschreiben, notieren; **Qui note?** [kinɔt] Wer schreibt (das auf)?

nouveau/nouvel [nuvo/nuvɛl] *m.* / **nouvelle** [nuvɛl] *f.* / **nouveaux** [nuvo] *m. pl.* / **nouvelles** [nuvɛl] *f. pl. adj.* neu → 3/2

la **nouvelle** [lanuvɛl] die Nachricht, die Neuigkeit → 5/1

la **nuit** [lanɥi] die Nacht, nachts

nul/nulle [nyl] *adj.* (sehr) schlecht, mies; **être nul/nulle en** [ɛtʀnylɑ̃] in etw. schlecht sein, eine Niete sein

le **numéro** [lənymeʀo] die Nummer → FEC

O

l' **objet** [lɔbʒɛ] *m.* das Objekt, der Gegenstand → 3/1

observer qn/qc [ɔpsɛʀve] jdn/etw. beobachten

l' **œil** / ! les **yeux** [lœj/lezjø] *m.* das Auge → 6/2

l' **œuf** / les **œufs** ! [lœf/lezø] *m.* das Ei

offrir qc à qn [ɔfʀiʀa] jdm etw. schenken, anbieten *Konjugation S. 165* → 6/2

Oh si! [osi] Ach doch!

l' **oiseau** / les **oiseaux** ! [lwazo/lezwazo] *m.* der Vogel → 6/2

On dit ... [ɔ̃di] Man sagt ...

On écrit ... [ɔ̃nekʀi] Man schreibt ...

on pourrait [ɔ̃puʀɛ] wir könnten, man könnte → 4/1

On y va! [ɔ̃niva] Los geht's!

l' **oncle** [lɔ̃kl] *m.* der Onkel

l' **or** [lɔʀ] *m.* das Gold → 6/2

l' **orange** [lɔʀɑ̃ʒ] *f.* die Orange

orange [ɔʀɑ̃ʒ] *m./f. adj.* orange → 3/2

l' **ordinateur** [lɔʀdinatœʀ] *m.* der Computer

l' **organisateur** / l'**organisatrice** [lɔʀganizatœʀ/lɔʀganizatʀis] *m./f.* der/die Organisator/in → 4/1

oser + inf. [oze] sich trauen, etw. zu tun → 5/3

ou [u] oder

où [u] wo

Où est-ce que...? [uɛskə] Wohin?

oublier qc [ublije] etw. vergessen → 2/1

oui [wi] ja

ouvert/ouverte [uvɛʀ/uvɛʀt] *adj.* offen

ouvrir qc [uvʀiʀ] etw. öffnen *wie* offrir, *Konjugation S. 165* → 6/2

P

le **pain** [ləpɛ̃] das Brot

le **pantalon** [ləpɑ̃talɔ̃] die Hose → 3/1

papa [papa] *m.* Papa

papi [papi] *m.* Opa

le **papier** [ləpapje] das Papier

le **paquet** [ləpakɛ] die Packung

par exemple/p.ex. [paʀɛgzɑ̃pl] zum Beispiel, z. B. → 1/2

le **parc** [ləpaʀk] der Park

parce que [parsəkə] weil
pardon [pardõ] Verzeihung
les **parents** [leparɑ̃] *m. pl.* die Eltern
parfois [parfwa] manchmal → 1/2
parler (à qn) [parle] (mit jdm) sprechen; **parler de qc** [parledə] über etw. sprechen
participer à qc [partisipea] an etw. teilnehmen → 4/1
la **partie de cartes** [lapartidəkart] eine Runde Karten
(ê) **partir** [partir] wegfahren, losgehen *wie* sortir, *Konjugation S. 165* → 1/2; **partir en randonnée** [partirɑ̃dɔne] wandern gehen → 1/2; **partir en week-end** [partirɑ̃wikɛnd] ins Wochenende fahren → 1/2
partout [partu] überall
Pas maintenant. [pamɛ̃tənɑ̃] Nicht jetzt.
pas mal [pamal] nicht schlecht
passer [pase] verbringen; (ê) **passer (chez qn)** [pase] (bei jdm) vorbeikommen; (ê) **passer par qc** [pasepar] durch etw. fahren; **passer son temps à + inf.** [pasesɔ̃tɑ̃a] die ganze Zeit etw. tun → 3/3
le **pâté** [ləpɑte] die Leberpastete
pauvre [povr] *m./f. adj.* arm → 6/2
le **paysage** [ləpeizaʒ] die Landschaft → 6/1
pendant [pɑ̃dɑ̃] während
pénible [penibl] *m./f. adj.* lästig
penser à qn/qc [pɑ̃sea] an jdn/etw. denken → 4/1; **penser que** [pɑ̃sekə] denken, dass → 3/3
les **percussions** [lepɛrkysjɔ̃] *f. pl.* das Schlagzeug, das Trommeln
perdre qc [pɛrdr] etw. verlieren *Konjugation S. 165* → 2/3
le **père** [ləpɛr] der Vater
la **perruche** [laperyʃ] der Wellensittich
la **personnalité** [lapɛrsɔnalite] die Persönlichkeit → 5/1
la **personne** [lapɛrsɔn] die Person → 6/1
personnel/personnelle [pɛrsɔnɛl] *adj.* persönlich → 5/1
petit/petite [pəti/pətit] *adj.* klein
le **petit-déjeuner** [ləptideʒœne] das Frühstück → 4/2
la **peur** [lapœr] die Angst → 2/3; **avoir peur** [avwarpœr] Angst haben, Angst bekommen → 2/3; **faire peur à qn** [fɛrpœra] jdm Angst machen → 5/2
peut-être [pøtɛtr] vielleicht → 3/3
la **photo** [lafɔto] das Foto/Bild
photographier qn/qc [fɔtɔgrafje] jdn/etw. fotografieren → 2/3
la **phrase** [lafraz] der Satz
la **physique** [lafizik] die Physik → 1/1
le **piano** [ləpjano] das Klavier → 1/1
la **pierre** [lapjɛr] der Stein
le **ping-pong** [ləpiŋpɔ̃g] Tischtennis → 1/1
le **pique-nique** [ləpiknik] das Picknick → 2/1
la **piscine** [lapisin] das Schwimmbad
le **placard** [ləplakar] der Wandschrank
la **place** [laplas] der Platz
la **plage** [laplaʒ] der Strand
le **plan** [ləplɑ̃] der Stadtplan, die Karte → 4/1
le **planétarium** [ləplanetarjɔm] das Planetarium → 1/2
le **plat** [ləpla] das Gericht, die Platte → 4/3, das Hauptgericht
pleurer [plœre] weinen → 5/2
plus [plys] mehr → 3/1; **plus ... que** [plys...kə] mehr ... als → 3/2
plusieurs [plyzjœr] *adj. pl.* mehrere → 6/1
plutôt [plyto] eher, lieber → 3/1
le **point fort** [ləpwɛ̃fɔr] die Stärke → 4/2
la **poire** [lapwar] die Birne
le **poisson** [ləpwasɔ̃] der Fisch
la **police** [lapɔlis] die Polizei → 5/3
la **pomme** [lapɔm] der Apfel
le **pont** [ləpɔ̃] die Brücke
le **portable** [ləpɔrtabl] das Handy
la **porte** [lapɔrt] die Tür
le **porte-bonheur** [ləpɔrtbɔnœr] der Glücksbringer → 3/1
porter qc [pɔrte] etw. tragen → 3/1
poser qc [poze] etw. (hin)stellen, (hin)legen → 4/3
possible [pɔsibl] *m./f. adj.* möglich → 4/2
le **poster** [ləpɔstɛr] das Poster
pour [pur] für
pour + inf. [pur] um ... zu + Inf. → 1/2
Pourquoi? [purkwa] Warum?
pouvoir + inf. [puvwar] etw. tun können/dürfen *Konjugation, S. 166*
pratique [pratik] *m./f. adj.* praktisch
préféré/préférée [prefere] *adj.* Lieblings-
préférer qn/qc/+ inf. [prefere] jdn/etw. bevorzugen, etw. lieber mögen *Konjugation S. 164*
premier/première [prəmje/prəmjɛr] erster/erste/erstes
prendre qc [prɑ̃dr] etw. nehmen, etw. zu sich nehmen → 1/2; **prendre ses jambes à son cou** [prɑ̃drseʒɑ̃basɔ̃ku] die Beine in die Hand nehmen → 2/3
prendre en photo qn/qc [prɑ̃drɑ̃fɔto] jdn/etw. fotografieren
préparer qc [prepare] etw. vorbereiten
près de [prɛdə] bei, in der Nähe (von)
présenter qn/qc (à qn) [prezɑ̃te] (jdm) jdn/etw. vorstellen
prêt/prête [prɛ/prɛt] *adj.* fertig
prévenir qn [prevnir] jdn verständigen, benachrichtigen *wie* venir, *Konjugation, S. 167* → 5/2
la **princesse d'un jour** [laprɛ̃sɛsdɛ̃ʒur] Prinzessin für einen Tag
le **principal** / la **principale** [ləprɛ̃sipal/laprɛ̃sipal] der/die Schulleiter/in → 5/3
le **printemps** [ləprɛ̃tɑ̃] der Frühling → 6/2
le **problème** [ləprɔblɛm] das Problem
prochain/prochaine [prɔʃɛ̃/prɔʃɛn] *adj.* nächster/nächste/nächstes → FEC
le/la **prof** [lə/laprɔf] *fam.*; le/la **professeur** [ləprɔfɛsœr/laprɔfɛsœr] der/die Lehrer/in
le/la **professeur de français** [lə/laprɔfɛsœrdəfrɑ̃sɛ] der/die Französischlehrer/in
le **programme** [ləprɔgram] das Programm
proposer qc (à qn) [prɔpoze] (jdm) etw. vorschlagen, anbieten → 1/2
la **proposition** [laprɔpozisjɔ̃] der Vorschlag → 6/2
puis [pɥi] dann
le **pull** [ləpyl] *fam.*; le **pull-over** [ləpylɔvɛr] der Pulli, der Pullover → 3/2

Q

quand [kɑ̃] wenn, immer wenn
Quand est-ce que…? [kɑ̃tɛskə] Wann?
quand même [kɑ̃mɛm] trotzdem, dennoch
le **quart** [ləkaʀ] die Viertelstunde; **et quart** [ekaʀ] Viertel nach …
le **quartier** [ləkaʀtje] das Viertel
que [kə] den, die, das *Relativpronomen* → 1/2
quel/quelle [kɛl] welcher/welche/welches → 3/1
Quelle chance! [kɛlʃɑ̃s] Was für ein Glück!
quelque chose [kɛlkəʃoz] etwas → 1/2; **quelque chose se trouve** [kɛlkəʃozsətʀuv] etwas befindet sich → 1/2
quelques [kɛlkə] *adj.pl.* einige, ein paar → 4/3
quelqu'un [kɛlkɛ̃] jemand → 4/1
Qu'est-ce que ça veut dire? [kɛskəsavødiʀ] Was bedeutet das?
Qu'est-ce qu'il y a? [kɛskilja] Was gibt es?
Qu'est-ce que …? [kɛskə] Was …?
Qu'est-ce que tu as écrit? [kɛskətyaekʀi] Was hast du geschrieben? → FEC
Qu'est-ce que tu fais? [kɛskətyfɛ] Was machst du?
Qu'est-ce qu'il faut faire? [kɛskilfofɛʀ] Was sollen wir machen? → FEC
Qu'est-ce qu'il y a? [kɛskilja] Was ist los?
la **question** [lakɛstjɔ̃] die Frage
qui [ki] der, die, das *Relativpronomen* → 1/2
Qui? [ki] Wer?; **Qui fait quoi?** [kifɛkwa] Wer macht was?
quoi [kwa] was → 4/3

R

le **R&B** [ləaʀɛnbi] der R&B → 3/2
raconter qc (à qn) [ʀakɔ̃te] (jdm) etw. erzählen → 2/1
le **rallye** [ləʀali] die Rallye
la **randonnée** [laʀɑ̃dɔne] die Wanderung
ranger qc [ʀɑ̃ʒe] etw. aufräumen *wie* manger, *Konjugation S. 164* → 2/2
le **rap** [ləʀap] der Rap
rapide [ʀapid] *m./f. adj.* schnell → 4/2
rappeler qn [ʀapəle] jdn zurückrufen *wie* appeler, *Konjugation S. 164* → 3/3
rassuré/rassurée [ʀasyʀe] *adj.* beruhigt → 5/3
réagir [ʀeaʒiʀ] reagieren *Konjugation, S. 165* → 4/2
la **recette** [laʀəsɛt] das (Koch-)Rezept
recommencer [ʀəkɔmɑ̃se] wieder anfangen, etw. noch einmal tun *wie* commencer, *Konjugation S. 164* → 4/2
la **récréation** [laʀekʀeasjɔ̃] die Pause
récupérer qc [ʀekypeʀe] etw. zurückbekommen → 3/3
redemander [ʀədəmɑ̃de] noch einmal fragen → 4/1
regarder qn/qc [ʀəgaʀde] jdn/etw. ansehen
la **région** [laʀeʒjɔ̃] die Gegend → 1/2
la **règle** [laʀɛgl] das Lineal
la **remise des médailles** [laʀəmizdemedaj] die Siegerehrung → 4/3
le **rempart** [ləʀɑ̃paʀ] die Stadtmauer → 6/1
la **rencontre** [laʀɑ̃kɔ̃tʀ] das Treffen
rencontrer qn [ʀɑ̃kɔ̃tʀe] jdm begegnen, jdn treffen, sich mit jdm treffen → 2/2
le **rendez-vous** [ləʀɑ̃devu] die Verabredung, der Termin → 2/3; **rendez-vous** + *Zeit/Ort* [ʀɑ̃devu] wir treffen uns in/im/am … → 2/3
la **rentrée** [laʀɑ̃tʀe] der Schuljahresbeginn
(ê) **rentrer (à la maison)** [ʀɑ̃tʀe] nach Hause gehen
reparler de qc à qn [ʀəpaʀledə] noch einmal mit jdm über etw. sprechen → 3/3
le **repas** [ləʀəpa] das Essen, die Mahlzeit → 2/2
répéter (qc) [ʀepete] (etw.) wiederholen, nachsprechen
répondre (à qn/qc) [ʀepɔ̃dʀ] jdm antworten, etw. beantworten *wie* attendre, *Konjugation S. 165* → 2/3
le **réseau** [ləʀezo] das Netz → 4/1
(ê) **rester** [ʀeste] bleiben
le **résultat** [ləʀezylta] das Ergebnis → 3/1
le **retour** [ləʀətuʀ] die Rückkehr
(ê) **retourner à** [ʀətuʀnea] zurückkehren zu/nach
retrouver qn [ʀətʀuve] jdn treffen
réussir (qc) [ʀeysiʀ] (es/etw.) schaffen, gelingen *wie* réagir, *Konjugation S. 165* → 4/2
rêver (de qn/qc) [ʀɛve] (von jdm/etw.) träumen
riche [ʀiʃ] *m./f. adj.* reich → 6/2
rien de spécial [ʀjɛ̃dəspesjal] nichts Besonderes → 2/3
rigoler [ʀigɔle] lachen, Spaß haben/machen
le **riz** [ləʀi] der Reis → 4/3
la **robe** [laʀɔb] das Kleid → 3/2
le **rock** [ləʀɔk] die Rockmusik
romain/romaine [ʀɔmɛ̃/ʀɔmɛn] *adj.* römisch → 6/1
rose [ʀoz] *m./f. adj.* rosa → 3/2
rouge [ʀuʒ] *m./f. adj.* rot → 3/1
la **rue** [laʀy] die Straße
la **rue piétonne** [laʀypjetɔn] die Fußgängerzone → 1/1
le **rugby** [ləʀygbi] das Rugby → 6/1
le **rythme** [ləʀitm] der Rhythmus → 3/2

S

le **sac** [ləsak] die Tasche → 2/2
la **salade** [lasalad] der Salat; la **salade de fruits** [lasaladəfʀɥi] der Obstsalat
la **salle de bains** [lasaldəbɛ̃] das Badezimmer
la **salle de classe** [lasaldəklas] der Klassenraum
la **(salle de) permanence** [lasaldəpɛʀmanɑ̃s] der Aufenthaltsraum
la **salle de séjour** [lasaldəseʒuʀ] das Wohnzimmer
la **salle des profs** [lasaldepʀɔf] das Lehrerzimmer
Salut! [saly] *fam.* Hallo! *auch:* Tschüss!
(ê) **s'amuser** [samyze] sich amüsieren, Spaß haben → 6/1
le **sandwich** [ləsɑ̃dwitʃ] das Sandwich → 2/1
sans [sɑ̃] ohne
Sans blague! [sɑ̃blag] Kein Scherz?

(ê) **s'appeler** [saple] heißen *Konjugation S. 167* → 6/2

la **sardine** [lasaʀdin] die Sardine → 4/3

la **sauce** [lasos] die Soße

la **sauce tomate** [lasostɔmat] die Tomatensoße

la **scène** [lasɛn] die Szene → 6/2

le **score** [ləskɔʀ] der Spielstand → 4/2

(ê) **se baigner** [sabeɲe] baden *Konjugation S. 167* → 6/1

(ê) **se passer** [səpase] geschehen, spielen *Konjugation S. 167* → 6/2

(ê) **se poser (sur)** [səpoze] sich niederlassen (auf) *Konjugation S. 167* → 6/2

(ê) **se promener** [səpʀɔmne] spazieren gehen *Konjugation S. 167* → 6/1

(ê) **se retrouver** [səʀətʀuve] sich treffen *Konjugation S. 167* → 6/1

(ê) **se souvenir de qn/qc** [səsuvniʀdə] sich an jdn/etw. erinnern *Konjugation S. 167* → 6/2

(ê) **se trouver** [sətʀuve] sich befinden → 6/1; **quelque chose se trouve** [kɛlkəʃozsətʀuv] etw. befindet sich/liegt → 1/2

le **secrétariat** [ləsəkʀetaʀja] das Sekretariat

la **semaine** [lasəmɛn] die Woche

(ê) **s'énerver** [senɛʀve] sich aufregen → 6/2

(ê) **s'entraîner** [sɑ̃tʀene] trainieren *Konjugation S. 167* → 6/1

(ê) **s'envoler** [sɑ̃vɔle] davonfliegen *Konjugation S. 167* → 6/2

seul/seule [sœl] *adj.* allein → 5/1

le **shampoing** [ləʃɑ̃pwɛ̃] das Shampoo

le **shopping** [ləʃɔpiŋ] der Einkaufsbummel → 1/2

si ça te dit [sisatədi] wenn du Lust hast

signaler qc à qn [siɲalea] jdm etw. melden → 5/1

s'il te plaît [siltəplɛ] bitte

s'il vous plaît [silvuplɛ] bitte

le **singe** [ləsɛ̃ʒ] der Affe

sinon [sinɔ̃] sonst → 5/3

la **sixième** [lasizjɛm] Die erste Jahrgangsstufe nach Beendigung der fünfjährigen Grundschule.

le **skate-board** [ləskɛtbɔʀd] das Skateboard

le **sketch** / ! les **sketches** [ləskɛtʃ/leskɛtʃ] der Sketch

le **ski** [ləski] der Ski, das Skifahren

la **sœur** [lasœʀ] die Schwester

le **soir** [ləswaʀ] der Abend, abends

le **soleil** [ləsɔlɛj] die Sonne

la **solidarité** [lasɔlidaʀite] die Solidarität → 5/1

la **solution** [lasɔlysjɔ̃] die Lösung → 3/3

sonner [sɔne] klingeln → 4/3

la **sonnerie** [lasɔnʀi] die Klingel → 3/2

(ê) **sortir** [sɔʀtiʀ] hinausgehen, ausgehen *Konjugation, S. 165* → 1/2

souffler qc [sufle] etw. ausblasen

sous [su] unter

le **souvenir** [ləsuvniʀ] die Erinnerung

souvent [suvɑ̃] oft

les **spaghettis** [lespageti] *m. pl.* die Spaghetti

la **spécialité** [laspesjalite] die Spezialität → 4/3

le **sport** [ləspɔʀ] der Sport

le **sportif** / la **sportive** [ləspɔʀtif/laspɔʀtiv] der/die Sportler/in → 3/1; **sportif/sportive** [spɔʀtif/spɔʀtiv] *adj.* sportlich → 3/2

le **stade** [ləstad] das Stadion

le **stage** [ləstaʒ] der Ferienkurs

la **star** [lastaʀ] der Star → 5/1

la **station balnéaire** [lastasjɔ̃balneɛʀ] der Badeort → 6/1

le **stress** [ləstʀɛs] der Stress → 3/1

le **style** [ləstil] der Stil → 3/2

le **stylo** [ləstilo] der Kugelschreiber

le **sucre** [ləsykʀ] der Zucker

la **Suisse** [lasyis] die Schweiz

super [sypɛʀ] *adj. fam.* super, toll

le **supermarché** [ləsypɛʀmaʀʃe] der Supermarkt

sur [syʀ] auf, über

surfer sur Internet [sœʀfesyʀɛ̃tɛʀnɛt] im Internet surfen

la **surprise** [lasyʀpʀiz] die Überraschung; **faire une surprise à qn** [fɛʀynsyʀpʀiza] jdn überraschen

le **surveillant** / la **surveillante** [ləsyʀvɛjɑ̃/lasyʀvɛjɑ̃t] die Aufsichtsperson

surveiller qn [syʀvɛje] jdn beaufsichtigen → 5/1

les **SVT (= les sciences de la vie et de la Terre)** [leɛsvete] *f. pl.* Biologie

sympa [sɛ̃pa] *adj. fam.* nett, sympathisch

T

la **table** [latabl] der Tisch

le **tableau** / ! les **tableaux** [lətablo/letablo] die (Schul-)Tafel

la **tablette de chocolat** [latablɛtdəʃɔkɔla] die Tafel Schokolade

le **taboulé** [lətabule] das Taboulé

la **tâche** [latɑʃ] die Aufgabe, die Arbeit → FEC

la **tante** [latɑ̃t] die Tante

tard [taʀ] spät; **c'était trop tard** [setɛtʀotaʀ] es war zu spät → 2/2

la **tarte** [lataʀt] der Kuchen → 4/3; la **tarte au riz** [lataʀtoʀi] der Milchreiskuchen → 4/3

le **taureau** / ! les **taureaux** [lətɔʀo/letɔʀo] der Stier → 2/3

le **tee-shirt** [lətiʃœʀt] das T-Shirt → 3/1

la **télé** / la **télévision** [latele/latelevizjɔ̃] der Fernseher

télécharger qc [teleʃaʀʒe] etw. herunterladen *wie* manger, *Konjugation S. 164* → 3/1

la **télécommande** [latelekɔmɑ̃d] die Fernbedienung

le **téléphone** [lətelefɔn] das Telefon → 3/3

téléphoner [telefɔne] telefonieren

la **télévision franco-allemande** [latelevizjɔ̃fʀɑ̃koalmɑ̃d] der deutsch-französische Fernsehsender

le **témoin** [lətemwɛ̃] der Zeuge, die Zeugin → 5/3

le **temps** [lətɑ̃] das Wetter, die Zeit; **Tu as le temps aujourd'hui?** [tyalətɑ̃oʒuʀdɥi] Hast du heute Zeit?

le **temps libre** [lətɑ̃libʀ] die Freizeit → 2/1

tenir qn/qc [təniʀ] jdn festhalten, etw. halten *wie* venir, *Konjugation S. 167*; **tenir qn par le bras** [təniʀpaʀləbʀa] jdn am Arm festhalten → 5/2

le **tennis** [lətenis] das Tennis, das Tennisspielen
la **tente** [latɑ̃t] das Zelt
terminer qc [tɛʀmine] etw. beenden → 2/1
la **terrasse** [lateʀas] die Terrasse → 1/2
terrible [tɛʀibl] *m./f. adj.* furchtbar → 3/3
le **test** [lətɛst] der Test → 3/1
le **texte** [lətɛkst] der Text
le **texto** [lətɛksto] die SMS → 3/1
le **théâtre** [ləteɑtʀ] das Theater
timide [timid] *m./f. adj.* schüchtern → 5/1
le **titre** [lətitʀ] der Titel → 3/1
les **toilettes** [letwalɛt] *f. pl.* die Toilette
la **tomate** [latɔmat] die Tomate
(ê) **tomber** [tɔ̃be] fallen, hinfallen → 2/3
le **toréro** [lətɔʀero] der Torero → 2/3
la **tortue** [latɔʀty] die Schildkröte
tôt [to] früh
toucher qn/qc [tuʃe] jdn/etw. anfassen → 5/2
toujours [tuʒuʀ] immer
le/la **touriste** [lə/latuʀist] der/die Tourist/in
touristique [tuʀistik] *m./f. adj.* touristisch
tourner (à droite / à gauche) [tuʀne] (nach rechts / nach links) abbiegen → 4/1
le **tournoi** [lətuʀnwa] das Turnier → 4/1
tous/toutes [tus/tut] *adj. pl.* alle, jeder/jede/jedes → 4/2
tous les samedis [tulesamdi] jeden Samstag → 2/2
tout [tu] alles; **tout/toute** [tu/tut] *adj.* ganzer/ganze/ganzes → 4/2
tout à coup [tutaku] plötzlich → 2/3
tout à l'heure [tutalœʀ] gleich, in Kürze → 4/2, vorhin → 4/1
tout droit [tudʀwa] geradeaus → 4/1
tout le monde [tulmɔ̃d] alle
tout près [tupʀɛ] ganz nah, ganz in der Nähe
la **tradition** [latʀadisjɔ̃] die Tradition → 6/1
le **train** [lətʀɛ̃] der Zug → 4/1
le **tram** [lətʀam] die Straßenbahn
tranquille [tʀɑ̃kil] *m./f. adj.* ruhig
le **travail** [lətʀavaj] die Arbeit
travailler [tʀavaje] arbeiten, lernen; **On travaille ensemble?** [ɔ̃tʀavajɑ̃sɑ̃bl] Wollen wir zusammen arbeiten?
traverser (qc) [tʀavɛʀse] (etw.) überqueren → 4/1
très [tʀɛ] sehr
troisième [tʀwazjɛm] *m./f. adj.* dritter/dritte/drittes → 4/1
trop [tʀo] zu, zu sehr, zu viel
trop bon [tʀobɔ̃] *fam.* voll lecker
trop de [tʀodə] zu viel
trouver qc [tʀuve] etw. finden
trouver que [tʀuvekə] finden, dass → 3/3
le **truc** [lətʀyk] das Ding
Tu m'énerves. [tymenɛʀv] Du nervst (mich).
Tu me passes ...? [tyməpas] Reichst du mir ...?
la **Tunisie** [latynizi] Tunesien → 1/1

U

un peu [ɛ̃pø] ein bisschen
un tas de [ɛ̃tadə] eine Menge, ein Haufen
l' **unité** [lynite] *f.* die Lektion → FEC

V

les **vacances** [levakɑ̃s] *f. pl.* die Ferien
le **vélo** [ləvelo] das Fahrrad
vendre qc (à qn) [vɑ̃dʀ] (jdm) etw. verkaufen *wie* attendre, *Konjugation S. 165* → 6/2
(ê) **venir** [vəniʀ] kommen *Konjugation, S. 167*→ 1/1; **venir droit sur qn** [vəniʀdʀwasyʀ] direkt auf jdn zukommen → 2/3
vers [vɛʀ] gegen *zeitlich*
vert/verte [vɛʀ/vɛʀt] *adj.* grün → 3/2
le **vestiaire** [ləvɛstjɛʀ] der Umkleideraum → 4/3
les **vêtements** [levɛtmɑ̃] *m. pl.* die Kleider → 3/1
la **victime** [laviktim] das Opfer → 5/1
la **vie** [lavi] das Leben
la **vieille ville** [lavjɛjvil] die Altstadt → 1/1
le **village** [ləvilaʒ] das Dorf
la **ville** [lavil] die Stadt
la **violence** [lavjɔlɑ̃s] die Gewalt → 5/3
violent/violente [vjɔlɑ̃/vjɔlɑ̃t] *adj.* gewalttätig → 5/3
le **visage** [ləvizaʒ] das Gesicht → 6/1
la **visite** [lavizit] die Besichtigung
visiter qc [vizite] etw. besichtigen
la **vitamine** [lavitamin] das Vitamin
vite [vit] schnell
Vive la vie! [vivlavi] Es lebe das Leben!; **Vive...** [viv] Es lebe...
le **vocabulaire** [ləvɔkabylɛʀ] das Vokabular, der Wortschatz → FEC
voilà [vwala] das ist; **La voilà.** [lavwala] Da ist sie.
voir [vwaʀ] sehen *Konjugation, S. 167* → 1/2
la **voiture** [lavwatyʀ] der Wagen, das Auto → 2/3
la **voix** / **!** les **voix** [lavwa/levwa] die Stimme → 3/2
voler qc à qn [vɔlea] jdm etw. stehlen → 5/2
vouloir qc/+ inf. [vulwaʀ] etw. wollen, etw. tun wollen *Konjugation, S. 167*
Vous avez fini? [vuzavefini] Seid ihr fertig? → FEC
vous y êtes [vuziɛt] ihr seid da → 4/1
vrai/vraie [vʀɛ] *adj.* richtig, wahr → 3/3
le **VTT** [ləvetete] das Mountainbike

W

le **week-end** [ləwikɛnd] das Wochenende, am Wochenende

Z

Zut! [zyt] *fam.* Mist!

Hier findest du alle Wörter, die du in *À plus! 2* lernst.
Denke daran, bei den französischen Nomen das richtige Geschlecht zu verwenden.
Die Angabe hinter dem Pfeil verweist dich auf die *Unité* und das *Volet*, in der die Vokabel neu eingeführt wird.
Falls du nicht mehr sicher bist, wie man das Wort verwendet, lies den Beispielsatz in der Wortliste der jeweiligen *Unité*.

A

abbiegen (nach rechts / nach links) tourner (à droite / à gauche) → 4/1
Abend, abends le soir
Abenteuer l'aventure *f.* → 2/3
aber mais
aber sicher bien sûr
Abfahrt le départ
abholen (jdn/etw.) aller chercher qn/qc → 5/2; **Wir holen ihn ab.** On passe le chercher.
Abwehr(spieler) la défense → 4/2
ach ah
Ach doch! Oh si!
Affe le singe
äh euh, ben *fam.*
Akkordeon l'accordéon *m.* → 1/1
akzeptieren (etw.) accepter qc → 5/3
Album l'album *m.* → 3/2
alle tous/toutes *adj. pl.* → 4/2, tout le monde
Allee l'avenue *f.*
allein seul/seule *adj.* → 5/1
Allergie l'allergie *f.*
alles tout; **Das ist alles.** C'est tout.
als comme
also alors
alt: so ~ sein wie jd avoir l'âge de qn
Alter l'âge *m.*
Altstadt la vieille ville → 1/1
am Ufer von au bord de → 1/1
Ampel le feu rouge → 4/1
an diesem Wochenende ce week-end
Ananas l'ananas *m.*
anbieten (jdm etw.) offrir qc à qn → 6/2, proposer qc (à qn) → 1/2
anderer/andere/anderes autre *m./f. adj.*, différent/différente *adj.* → FEC
anfassen (jdn/etw.) toucher qn/qc → 5/2
angesagt branché/branchée *adj. fam.* → 1/2
angreifen (jdn) agresser qn → 5/2
Angreifer l'agresseur *m.* → 5/3
Angriff l'agression *f.* → 5/3, l'attaque *f.* → 4/2
Angriffspieler l'attaque *f.* → 4/2
Angst la peur → 2/3; **Angst haben, Angst bekommen** avoir peur → 2/3; **jdm Angst machen** faire peur à qn → 5/2
anhören (jdn/etw.) écouter qn/qc
ankommen arriver
Ankunft l'arrivée *f.*
anlocken (jdn) attirer qn → 1/2
(an)probieren (etw.) essayer qc → 3/3
Anruf l'appel *m.* → 3/3
anrufen (jdn) appeler qn, téléphoner
ansehen (jdn/etw.) regarder qn/qc
antworten (jdm) répondre (à qn) → 2/3
anvertrauen (jdm etw.) confier qc à qn → 5/1
anzeigen (jdn) dénoncer qn → 5/3
anziehen (etw.) mettre qc → 3/2
anziehen (jdn) attirer qn → 1/2
Apfel la pomme
applaudieren (jdm) applaudir (qn) → 4/2
April avril
apropos à propos → 2/2
Aquarium l'aquarium *m.* → 1/2
Arbeit le travail, la tâche → FEC
arbeiten travailler; **Wollen wir zusammen arbeiten?** On travaille ensemble?
arbeitslos au chômage
Arena les arènes *f. pl.* → 6/1
ärgern (jdn) énerver qn → 2/1
Argument l'argument *m.* → 3/3
Arm le bras → 3/3
arm pauvre *m./f. adj.* → 6/2
Aua! Aïe! → 5/2
auch aussi
auf sur; **auf Französich / auf Deutsch** en français / en allemand
Auf welcher Seite ist/steht das? C'est à quelle page? → FEC
Auf Wiedersehen! Au revoir!
aufbauen (etw.) installer qc → 4/3, monter qc → 4/3
Aufenthaltsraum la (salle de) permanence
Aufgabe la tâche → FEC
aufgeben baisser les bras → 3/3
aufhören arrêter → 5/2
aufpassen faire attention → 2/3;
aufpassen (auf jdn) garder qn
aufräumen (etw.) ranger qc → 2/2
aufschreiben (etw.) noter (qc);
Wer schreibt (das auf)? Qui note?
Aufsichtsperson le surveillant / la surveillante
Auge l'œil / **!** les yeux *m.* → 6/2
Augenblick le moment
aus de
ausblasen (etw.) souffler qc
Ausflug la balade
ausgeben (etw.) dépenser qc → 3/2
ausgehen sortir → 1/2
ausleihen (etw.) emprunter qc
aussehen avoir l'air → 4/3
außerdem en plus, et puis
Ausstellung l'exposition *f.* → 1/2
Austauschpartner/in le/la corres *fam.*, le correspondant / la correspondante
Auto la voiture → 2/3

B

Bäckerei la boulangerie
baden se baigner → 6/1
Badeort la station balnéaire → 6/1
Badezimmer la salle de bains
Bahnhof la gare → 4/1
bald bientôt
Ball le ballon → 4/2
Banane la banane

Band le groupe
Bar le bar
Bauwerk le monument → 6/1
Beach-Volleyball le beach-volley → 1/1
beantworten (etw.) répondre (à qc) → 2/3
beaufsichtigen (jdn) surveiller qn → 5/1
bedrohen (jdn) menacer qn → 5/3
beenden (etw.) finir (qc) → 4/2, terminer qc → 2/1
begegnen (jdm) rencontrer qn → 2/2
beginnen commencer
begleiten (jdn) accompagner qn
begrenzen (etw) limiter qc → 3/3
behalten (etw.) garder qc → 4/2
bei chez, près de
bei mir (zu Hause) chez moi
Bein la jambe → 2/3; **die Beine in die Hand nehmen** prendre ses jambes à son cou → 2/3
Beispiel l'exemple *m.* → 1/2; **zum Beispiel, z. B.** par exemple / p. ex. → 1/2
belästigen (jdn) harceler qn → 5/3
Belgien la Belgique → 4/1
Belgier/Belgierin le Belge / la Belge → 4/2
belgisch belge *m./f. adj.* → 4/3
benachrichtigen (jdn) prévenir qn → 5/2
beobachten (jdn/etw.) observer qn/qc
bereits déjà → 2/2
Berg la montagne; **in den Bergen** en montagne
berichtigen (etw.) corriger qc → FEC
beruhigt rassuré/rassurée *adj.* → 5/3
berühmt célèbre *m./f. adj.* → 1/1
beschämend honteux/honteuse *adj.* → 5/2
beschränken (etw.) limiter qc → 3/3
besichtigen (etw.) visiter qc
Besichtigung la visite
besserer/bessere/besseres meilleur/meilleure *adj.* → 3/3; **der/die/das beste** le meilleur / la meilleure *adj.* → 3/3
bestehen (auf etw.) insister → 2/3
betreten (etw.) entrer → 2/1
Bett le lit
bevorzugen (jdn/etw./+ Inf.) préférer qn/qc/+ inf.
Bild la photo
Biologie les SVT (= les sciences de la vie et de la Terre) *f. pl.*
Birne la poire
bis jusqu'à; **Bis bald!** À bientôt!; **Bis morgen!** À demain!; **Bis später!** À plus! *fam.*; **bis zum Ende** jusqu'au bout → 4/2
bitte s'il te plaît, s'il vous plaît
Blatt la feuille → FEC
blau bleu/bleue *adj.* → 3/1
bleiben rester
Bleistift le crayon
blöd idiot/idiote *adj. fam.* → 2/3, bête *adj.*
Bonbon le bonbon
Boot le bateau / ! les bateaux
Bootsfahrt la balade en bateau
Boxen la boxe → 5/3
braun marron *m./f. adj.* → 3/2
Bräutigam, Braut le marié / la mariée → 6/2
Brezel le bretzel
Brot le pain
Brücke le pont
Bruder le frère
Buch le livre
Buchhandlung la librairie
Buffet le buffet
Buntstift le crayon de couleur
Büro le bureau / ! les bureaux
Bus le bus → 3/1
Butter le beurre

C

Café le café
CD le CD / ! les CD
Champion le champion / la championne → 6/1
Chance la chance → 3/3
Charakter: einen fiesen Charakter haben avoir un caractère de chien *fam.*
Charta la charte → 5/3
chatten (mit jdm) chatter (avec qn)
Chef/in le/la chef → 5/1
Chor la chorale → 1/1
Cocktail le cocktail
Cola le coca(-cola) → 4/3
Comic la bédé / B. D. / ! les B. D.
Computer l'ordinateur *m.*
cool cool *adj. fam.*
Cousin/e le cousin / la cousine

D

da là; **Da ist sie.** La voilà.; **ihr seid da** vous y êtes → 4/1
dafür sein être pour qn/qc
dagegen contre → 4/2; **dagegen sein** être contre qn/qc
danach après
danke merci
dann ensuite, puis
das cela → 6/2; **Das ist eine Schande!** C'est honteux! → 5/2
Das bin ich. C'est moi.
Das gefällt mir. Ça me plaît. → 3/2
das ist c'est, voilà
Das ist der Horror! C'est l'horreur!
Das ist eine Schande! C'est honteux! → 5/2
Das ist klasse! C'est trop cool! *fam.*
Das ist nicht mein Ding. Ce n'est pas mon truc. *fam.*
Das ist/steht auf Seite 25. C'est à la page 25. → FEC
das sind ce sont
Das war der Horror! C'était l'horreur! → 2/3
davonfliegen s'envoler → 6/2
den, die, das *Relativpronomen* que → 1/2
denken (an jdn/etw.) penser à qn/qc → 4/1; **denken, dass** penser que → 3/3
dennoch quand même
der-/die-/dasselbe le/la même → 6/2
der, die, das *Relativpronomen* qui → 1/2
deswegen à cause de ça → 2/3
Deutsch l'allemand *m.*
Deutscher/Deutsche l'Allemand / l'Allemande *m./f.*
Deutschland l'Allemagne *f.*
dieser/diese/dieses ce/cet/cette/ces → 3/2
Ding le truc
direkt zukommen (auf jdn) venir droit sur qn → 2/3
Dokumentalist/in le/la documentaliste
Dom la cathédrale
Dorf le village
dort là-bas
draußen dehors → 1/2
dritter/dritte/drittes troisième *m./f. adj.* → 4/1
drohen (jdm) menacer qn → 5/3
Du nervst. Tu m'énerves.
dumm bête *m./f. adj.*
Darf ich...? Est-ce que je peux + inf.;
dürfen: etw. tun ~ pouvoir + inf.
Durst haben avoir soif
DVD le DVD / ! les DVD

E

Ecke le coin
eher plutôt → 3/1
Ei l'œuf / les œufs *m.*
ein bisschen un peu
einige quelques *adj. pl.* → 4/3
Einkäufe les courses *f. pl.*
einkaufen faire les courses
Einkaufsbummel le shopping → 1/2
Einkaufszentrum le centre commercial
einladen (jdn zu etw.) inviter qn (à qc)
Einladung l'invitation *f.*
einsteigen (in etw.) monter dans qc
einverstanden d'accord; **sich über etw. einig sein** être d'accord sur qc
Einwohner/in l'habitant/e *m./f.* → 6/1
Elektromusik l'électro *f.* → 3/1
Eltern les parents *m. pl.*
empörend honteux/honteuse *adj.* → 5/2
Ende la fin → 2/2
enden finir → 4/2
endlich enfin → 2/1
Englisch l'anglais *m.*
Epoche l'époque *f.* → 6/1
er sagt, dass il dit que
er/sie will wissen, ob il/elle veut savoir si → 4/3
erbaut construit/construite *adj.* → 6/1
Erdbeere la fraise
Ergebnis le résultat → 3/1
Erinnerung le souvenir
erklären (etw.) expliquer qc → FEC
ermutigen (jdn) encourager qn → 4/2
ernst grave *m./f. adj.* → 3/3
errichten (etw.) monter qc → 4/3
erster/erste/erstes premier/première
erzählen (jdm etw.) raconter qc (à qn) → 2/1
es gibt il y a
Es ist kalt. Il fait froid.
Es ist warm/heiß. Il fait chaud.
Es kommt darauf an. Ça dépend.
Es lebe das Leben! Vive la vie!
Es lebe ... Vive...
Es regnet. Il pleut.
es war zu spät c'était trop tard → 2/2
essen manger
Essen le repas → 2/2
Essen!, Zu Tisch! À table! → 3/3
etwas quelque chose → 1/2
etwas befindet sich/liegt quelque chose se trouve → 1/2
Euro l'euro *m.*
existieren exister → 6/1

F

fähig sein (etw. zu tun) être capable de + inf. → 6/2
fahren (durch etw.) passer par qc; **ins Wochenende fahren** partir en week-end → 1/2
Fahrrad le vélo
fallen tomber → 2/3
falsch mauvais/mauvaise *adj.* → 2/3
Familie la famille
Fan le/la fan; **ein Fan von jdm/etw. sein** être fan de qn/qc
fantastisch fantastique *m./f. adj.* → 1/2
Farbe la couleur → 3/1
Fehler la faute → 4/2
Feier la fête
feiern (etw.) fêter qc
feige lâche *m./f. adj.* → 5/3
Feld le champ → 2/3
Felsbucht la calanque
Fenster la fenêtre
Ferien les vacances *f. pl.*
Ferienheft le cahier de vacances → 1/1
Ferienkurs le stage
Fernbedienung la télécommande
Fernglas les jumelles *f. pl.*
Fernseher la télé / la télévision
Fernsehsender: der deutsch-französische ~ la télévision franco-allemande
fertig prêt/prête *adj.*
festhalten (jdn) tenir qn → 5/2; **jdn am Arm festhalten** tenir qn par le bras → 5/2
Festival le festival → 1/2
Festung la forteresse → 6/1
Feuerwerk le feu d'artifice
Figur la figurine
Film le film → 2/2
Finale la finale → 4/2
finden (etw.) trouver qc
finden, dass trouver que → 3/3
Fisch le poisson
Flasche la bouteille
Flöte la flûte
Flöte spielen faire de la flûte
Flur le couloir
Fossil le fossile
Foto la photo
Fotoalbum l'album *m.* → 3/2
fotografieren (jdn/etw.) photographier qn/qc → 2/3, prendre en photo qn/qc
Foul la faute → 4/2
Frage la question
fragen (jdn nach etw.) demander (qc) à qn
fragen, ob (jdn) demander à qn si → 4/3
Franzose/Französin le Français / la Française
Französisch le français
Französischlehrer/in le/la professeur de français
Frau la dame, la femme, Madame/Mme
Fräulein Mademoiselle/Mlle
frei libre *m./f. adj.* → 2/1
Freiheit la liberté; **in Freiheit** en liberté
Freizeit le temps libre → 2/1
Freizeitaktivität l'activité *f.*
Freund/in l'ami / l'amie *m./f.*, le copain / la copine
Frucht le fruit
Fruchtsaft le jus de fruits
früh tôt
Frühling le printemps → 6/2
Frühstück le petit-déjeuner → 4/2
für pour; **für jdn/etw. sein** être pour qn/qc; **für... Euro** à ... euro(s)
furchtbar terrible *m./f. adj.* → 3/3
Fußball le foot(ball); **Fußball spielen** faire du foot
Fußgängerzone la rue piétonne → 1/1

G

ganzer/ganze/ganzes tout/toute *adj.* → 4/2
Gast l'invité / l'invitée *m./f.* → 6/2
geben (jdm etw.) donner qc à qn → 4/2
geboren sein (in/am) être né/née (à/le) → 1/1
Geburtstag l'anniversaire *m.*; **Herzlichen Glückwunsch zum Geburtstag!** Joyeux anniversaire!
gefährlich dangereux/dangereuse *adj.* → 5/2
gegen contre → 4/2; **gegen** *zeitlich* vers
gegen jdn/etw. sein être contre qn/qc
Gegend la région → 1/2
Gegenstand l'objet *m.* → 3/1
gegenüber en face de
gehen aller; **Es geht (mir) gut.** Ça va.; **Geht klar.** Ça marche. *fam.*; **Wie geht's?** Ça va?
gelb jaune *m./f. adj.* → 4/2; **gelbe Karte** le carton jaune → 4/2
Geld l'argent *m.*

gelingen réussir (qc) → 4/2
genial génial/géniale *adj. fam.*
genug assez de
Geographie la géo *fam.*
gerade noch juste → 2/3
geradeaus tout droit → 4/1
Gericht le plat → 4/3
Geschafft! Ça y est! *fam.*
Geschäft le magasin
geschehen se passer → 6/2
Geschenk le cadeau / ! les cadeaux
Geschichte l'histoire *f.* → 5/3
geschlossen fermé/fermée *adj.*
geschwätzig bavard/bavarde *adj.*
Geschwister les frères et sœurs *m. pl.*; **Ich habe keine Geschwister.** Je n'ai pas de frères et sœurs.
Gesetz la loi → 5/1
Gesicht le visage → 6/1
gestern hier → 2/1
Getränk la boisson → 4/3
Gewalt la violence → 5/3
gewalttätig violent/violente *adj.* → 5/3
gewinnen (etw.) gagner (qc) → 4/2
Gitarre la guitare; **Gitarre spielen** faire de la guitare
Gladiator le gladiateur → 6/1
gleich tout à l'heure → 4/2
gleiche (der/die/das) le/la même *m./f. adj.* → 6/1
Globus le globe
Glück la chance → 3/3
glücklich content/contente *adj.*; heureux/heureuse *adj.* → 6/2
Glücksbringer le porte-bonheur → 3/1
Gold l'or *m.* → 6/2
GPS le GPS → 4/1
grau gris/grise *adj.* → 3/2
Grobian la brute → 5/1
groß grand/grande *adj.*
großartig fantastique *m./f. adj.* → 1/2
Großeltern les grands-parents *m. pl.*
Großmutter la grand-mère
Großvater le grand-père
grün vert/verte *adj.* → 3/2
Gruppe le groupe
gut bien, bon/bonne *adj.*; **gut (in etw.) sein** être bon/bonne en; **Gute Idee!** Bonne idée!
Guten Appetit! Bon appétit!
Guten Morgen! Bonjour!
Guten Tag! Bonjour!

H

Haare les cheveux *m. pl.* → 6/2
haben (etw.) avoir (qc)
Hackbällchen (nach Lütticher Art) les boulettes (à la liégeoise) *f. pl.* → 4/3
halb demi/demie *adj.*
Halbfinale la demi-finale → 4/2
Hallo? Allô!
Hallo! Salut! *fam.*
Hals le cou → 2/3
halten (etw.) tenir qc → 5/2
Hamster le hamster
Handball le handball → 1/1
handeln agir → 4/2
Händler/in le marchand / la marchande → 6/2
Handy le portable
Hängematte le hamac
hassen (etw./jdn), es hassen, etw. zu tun détester qc/qn/+ inf.
hässlich moche *m./f. adj.*
Haufen un tas de
Hauptgericht le plat
Hauptstadt la capitale → 6/1
Haus la maison
Hausaufgaben les devoirs *m. pl.*; **Ich habe meine Hausaufgaben nicht.** Je n'ai pas mes devoirs.
Heft le cahier
heiraten (jdn) épouser qn → 6/2
heißen s'appeler → 6/2
helfen (jdm) aider qn
Hemd la chemise → 3/1
Herr Monsieur/M.
herunterladen (etw.) télécharger qc → 3/1
heute aujourd'hui
heute Nachmittag cet après-midi
hier là, ici
hinausgehen sortir → 1/2
hineingehen entrer → 2/1
hinfallen tomber → 2/3
(hin)legen (etw.) poser qc → 4/3
(hin)stellen (etw.) poser qc → 4/3
hinter derrière
hinuntergehen descendre → 2/1
Hip-Hop le hip-hop → 3/1
Hobby le hobby
Hochzeit le mariage → 6/2
holen (jdn/etw.) aller chercher qn/qc → 5/2
hören (jdn/etw.) entendre qn/qc
Hose le pantalon → 3/1
hübsch joli/jolie *adj.*
Humor l'humour *m.* → 5/1
Hund le chien
hundert cent
Hunger haben avoir faim

I

ich moi; **Doch, ich schon.** Moi si.; **Ich auch nicht.** Moi non plus.
Ich bin dran. C'est à moi. → FEC
Ich bin noch nicht fertig! Je n'ai pas fini! → FEC
Ich bin's. C'est moi.
Ich gehe hin! J'y vais! → 5/2
Ich habe eine andere Übung gemacht. J'ai fait un autre exercice. → FEC
Ich habe etwas anderes geschrieben. J'ai écrit autre chose. → FEC
Ich habe etwas vergessen. J'ai oublié quelque chose. → FEC
Ich habe (es) nicht verstanden. Je n'ai pas compris. → FEC
Ich muss dir was sagen!, Ich muss dir was erzählen! Il faut que je te dise un truc! → 2/3
Ich verstehe (es) nicht. Je ne comprends pas.
Ich weiß es nicht. Je ne sais pas.
Ich zähle auf dich. Je compte sur toi.
ideal idéal/idéale *adj.* → 1/2
Idee l'idée *f.*
Idiot/in l'idiot / l'idiote *m./f.* → 4/1
Idol l'idole *f.* → 3/1
ihr seid da vous y êtes → 4/1
im Winter en hiver
immer toujours
in à, dans, en
in der Nähe tout près; **in der Nähe (von)** près de
in Kürze tout à l'heure → 4/2
In Ordnung? Ça va?
Information l'information *f.*
Instrument l'instrument *m.* → 1/1
intelligent intelligent/intelligente *adj.*
interessant intéressant/intéressante *adj.*
interessieren (jdn) intéresser qn → 6/2
Internet Internet *m.*; **im Internet surfen** surfer sur Internet
Interview l'interview *f.*
... ist dran. C'est à ... → FEC

J

ja oui
Ja, bitte? Allô!
Jahr l'an *m.*
Januar janvier
Jeans le jean → 3/1
jeden Samstag tous les samedis → 2/2
jeder/jede/jedes tous/toutes *adj. pl.* → 4/2
jemand quelqu'un → 4/1
jetzt maintenant
Jugendherberge l'auberge de jeunesse *f.* → 4/1
Jugendliche le/la jeune
jung jeune *m./f. adj.* → 6/2
Junge le garçon

K

Käfig la cage → 6/2
kämpfen lutter → 4/2
Kaninchen le lapin
Kantine la cantine
Karte le plan → 4/1; **(Spiel-)Karte** la carte; **gelbe Karte** le carton jaune → 4/2
Kartoffelchips les chips *f. pl.*
Käse le fromage → 4/3
katastrophal catastrophique *m./f. adj.* → 3/3
Katastrophe la catastrophe → 2/2
Kathedrale la cathédrale
Katze le chat
kaufen (etw.) acheter qc
kein ne ... pas de
kein ... mehr ne ... plus de
Kein Scherz? Sans blague!
Keks le biscuit
kennen (jdn/etw.) connaître qn/qc → 4/3
Kerze la bougie
Kilo le kilo
Kilometer le kilomètre → 6/1
Kind l'enfant *m./f.*
Kino le ciné *fam.*, le cinéma
Klasse la classe; **in der siebten Klasse** en cinquième; **siebte Klasse** la cinquième
Klassenraum la salle de classe
klassische Musik la musique classique
Klavier le piano → 1/1
Kleid la robe → 3/2
Kleider les vêtements *m. pl.* → 3/1
klein petit/petite *adj.*
Klingel la sonnerie → 3/2
klingeln sonner → 4/3
klopfen: an die Tür ~ frapper à la porte → 5/3
(Koch-)Rezept la recette
kommen venir → 1/1
komponieren (etw.) composer qc
Konflikt le conflit → 5/1
können (etw. tun ~) pouvoir + inf.
Konzert le concert → 6/1
Kopfhörer le casque → 3/1
korrigieren (etw.) corriger qc → FEC
kosten coûter
krank malade *m./f. adj.* → 2/2
Krankenpfleger/in l'infirmier / l'infirmière *m./f.*
Krankenstation l'infirmerie *f.*
Kreuzung le carrefour → 4/1
Küche la cuisine
Kuchen le gâteau / ! les gâteaux, la tarte → 4/3
Kugelschreiber le stylo
Kuss, Küsschen la bise

L

lachen rigoler
Lampe la lampe
Landschaft le paysage → 6/1
lange longtemps → 2/2
lassen: jdn in Ruhe ~ laisser qn tranquille → 5/3
lästig pénible *m./f. adj.*
Leben la vie
Leberpastete le pâté
legen (etw.) mettre qc → 3/2
Legende la légende → 6/2
Lehrer/in le/la prof *fam.*, le/la professeur
Lehrerzimmer la salle des profs
leicht facile *m./f. adj.* → 4/2
Leichtathletik l'athlétisme *m.*; **Leichtathletik treiben** faire de l'athlétisme
Lektion l'unité *f.* → FEC
Lektüre la lecture
lernen travailler; **lernen (etw.)** apprendre qc → FEC
lesen lire → FEC
letzter/letzte/letztes dernier/dernière *adj.* → 3/3
Leute les gens *m. pl.* → 1/2
lieb cher/chère *adj.*
liebe Grüße grosses bises *f. pl.*, Je t'embrasse.
lieben (sehr) / es lieben, etw. zu tun adorer qc/qn/+ inf.
lieber plutôt → 3/1
lieber mögen (jdn/etw./+Inf.) préférer qn/qc/+ inf.
Lieblings- préféré/préférée *adj.*
Lied la chanson
liegen lassen (etw.) laisser qc → 4/1
Lineal la règle
links à gauche
Liste la liste
Look le look → 3/2
Los! Allez! → 2/1
Los geht's! On y va!
losgehen partir → 1/2
loslassen (jdn/etw.) lâcher qn/qc → 6/1
Lösung la solution → 3/3
lustig drôle *m./f. adj.*

M

machen (etw.) faire qc; **Was sollen wir machen?** Qu'est-ce qu'il faut faire? → FEC
machen (etw. weiter ~) continuer (qc)
Mädchen la fille
Magazin le magazine → 3/1
magisch magique *m./f. adj.* → 6/2
Mahlzeit le repas → 2/2
Mail le mail
Mal la fois / ! les fois → FEC
Mama maman *f.*
man braucht / wir brauchen (etw.) il faut qc → 4/3
man darf/sollte nicht, wir dürfen/sollten nicht il ne faut pas + inf. → 3/3
man könnte, wir könnten on pourrait → 4/1
man muss, wir müssen il faut + inf. → 3/3
Man sagt ... On dit ...
Man schreibt ... On écrit ...
manchmal parfois → 1/2
Manga le manga
Mann l'homme, les hommes *m.* → 6/2
Mannschaft l'équipe *f.* → 4/1
Marke la marque → 3/2
Markt le marché → 6/2
Mathe les maths *f. pl. fam.*, les mathématiques *f. pl.*
Mauer le mur → 6/1
Mediator/in le médiateur / la médiatrice → 5/1
Meer la mer
Meerschweinchen le cochon d'Inde
Mehl la farine
mehr plus → 3/1; **mehr ... als** plus ... que → 3/2
mehrere plusieurs *adj. pl.* → 6/1
Meinung l'avis *m.* → 3/3; **meiner Meinung nach** à mon avis → 3/3

melden (jdm etw.) signaler qc à qn → 5/1
Menge un tas de
Mensch l'homme, les hommes *m.* → 6/2
Menü le menu
mies nul/nulle *adj.*
Milch le lait
Milchreiskuchen la tarte au riz → 4/3
Million le million → 6/1
Mineralwasser l'eau minérale *f.* → 4/3
Mini-Stereoanlage la minichaîne
Minute la minute → FEC
Mist! Zut! *fam.*
mit avec; **mit dem Reisebus** en car
mitbringen (jdm etw.) apporter qc (à qn); **mitbringen (jdn/etw.)** amener qn/qc → 6/1
Mittagessen le déjeuner
mittags à midi; **zwölf Uhr mittags** midi → 2/2
Mittelalter le Moyen-Âge
Mittelmeer la mer Méditérranée → 1/2
Mode la mode → 3/2
modern moderne *m./f. adj.* → 1/2
mögen (jdn/etw.); es mögen, etw. zu tun aimer bien qn/qc/+ inf.; **ich möchte gern** je voudrais
möglich possible *m./f. adj.* → 4/2
Moment le moment; **im Moment** en ce moment
Monat le mois
Montag lundi *m.*
morgen demain
Morgen, morgens le matin
Mountainbike le VTT
müde fatigué/fatiguée *adj.* → 2/2
Museum le musée
Musik la musique
Musikecke le coin musique
Musiker/in le musicien / la musicienne → 6/2
musizieren faire de la musique
müssen devoir → 2/2
mutig courageux/courageuse *adj.* → 5/2
Mutter la mère

N

Na endlich! Ça y est! *fam.*
na ja bof *fam.*
nach après
nach Hause gehen rentrer (à la maison)
nachhaken insister → 2/3
Nachmittag, am Nachmittag l'après-midi *m./f.*
Nachricht la nouvelle → 5/1
Nachspeise le dessert
nachsprechen (etw.) répéter (qc)
nächster/nächste/nächstes prochain/prochaine *adj.* → FEC
Nacht, nachts la nuit
naja ben *fam.*
Natur la nature
neben à côté de qc
nehmen (etw.), zu sich nehmen (etw.) prendre qc → 1/2
nein non
nerven: er/sie nervt il/elle m'énerve; **sie nerven** ils/elles m'énervent
nett sympa *adj. fam.*
Netz le réseau → 4/1
neu nouveau/nouvel *m.* / nouvelle *f.* / nouveaux *m. pl.* / nouvelles *f. pl. adj.* → 3/2
Neuigkeit la nouvelle → 5/1
nicht ne ... pas; **Nicht jetzt.** Pas maintenant.; **nicht schlecht** pas mal; **nicht so (sehr/gern)** ne ... pas trop; **Nicht wahr?** Non? *fam.*
nicht mehr ne ... plus
nichts ne ... rien → 2/1
nichts Besonderes rien de spécial → 2/3
nie ne ... jamais → 2/1
niedlich adorable *m./f. adj.*
niemand ne ... personne → 5/3
Niete: eine ~ sein in être nul/nulle en
noch encore; **noch einmal** encore une fois
noch einmal sprechen (mit jdm über etw.) reparler de qc à qn → 3/3; **noch einmal tun (etw.)** recommencer → 4/2
noch einmal fragen redemander → 4/1
noch viel mehr bien d'autres choses → 6/2
normalerweise d'habitude → 2/2
Note la note → 3/3
notieren (etw.) noter (qc)
Nummer le numéro → FEC

O

Objekt l'objet *m.* → 3/1
Obstsalat la salade de fruits
oder ou
offen ouvert/ouverte *adj.*
öffnen (etw.) ouvrir qc → 6/2
oft souvent
ohne sans
Oma mamie *f.*
Onkel l'oncle *m.*
Opfer la victime → 5/1
Orange l'orange *f.*
orange orange *m./f. adj.* → 3/2
Ordner le classeur
Organisator/in l'organisateur / l'organisatrice *m./f.* → 4/1
Ort l'endroit *m.*
Outfit le look → 3/2

P

ein paar quelques *adj. pl.* → 4/3
Packung le paquet
Papa papa *m.*
Papier le papier
Park le parc
Pause la récréation
Person la personne → 6/1
persönlich personnel/personnelle *adj.* → 5/1
Persönlichkeit la personnalité → 5/1
Pferd le cheval / ! les chevaux
Physik la physique → 1/1
Picknick le pique-nique → 2/1
Planetarium le planétarium → 1/2
Platte le plat → 4/3
Platz la place
plötzlich tout à coup → 2/3
Polizei la police → 5/3
Poster le poster
Postkarte la carte
praktisch pratique *m./f. adj.*
Prinzessin für einen Tag la princesse d'un jour
Problem le problème
Programm le programme
Prügelei la bagarre → 5/1
Pullover le pull *fam.* / le pull-over → 3/2
pünktlich à l'heure

R

R&B le R&B → 3/2
Rad fahren faire du vélo
Rallye le rallye
Rap le rap
reagieren réagir → 4/2
recht haben avoir raison → 3/3
rechts à droite
Regal l'étagère *f.*
reich riche *m./f. adj.* → 6/2
Reichst du mir ...? Tu me passes...?
Reis le riz → 4/3
Reisebus le car
Rhythmus le rythme → 3/2

richtig vrai/vraie *adj.* → 3/3; **Ist das richtig?** C'est juste?
Rockmusik le rock
römisch romain/romaine *adj.* → 6/1
rosa rose *m./f. adj.* → 3/2
rot rouge *m./f. adj.* → 3/1
Rückkehr le retour
Rudern l'aviron *m.*
rudern faire de l'aviron
Rugby le rugby → 6/1
ruhig calme *m./f. adj.* → 3/1, tranquille *m./f. adj.*
Runde Karten la partie de cartes

S

Sache la chose
Sachen les affaires *f. pl.* → 3/2
Saftbar le bar à jus de fruits
sagen (jdm etw.) dire qc (à qn) → 3/3
Salat la salade
sammeln (etw.) collectionner qc
Sammlung la collection
Sandwich le sandwich → 2/1
Sänger/in le chanteur / la chanteuse
Sardine la sardine → 4/3
Satz la phrase
schaffen (es/etw.) réussir (qc) → 4/2
Schauspieler/in l'acteur / l'actrice *m./f.* → 3/1
schenken (jdm etw.) offrir qc à qn → 6/2
Scherz la blague
schicken (jdm etw.) envoyer qc (à qn) → 3/3
Schiedsrichter/in l'arbitre *m./f.* → 4/2
Schiff le bateau / ! les bateaux
Schildkröte la tortue
schlafen dormir → 2/2
Schlafzimmer la chambre
schlagen (jdn) frapper qn → 5/2
Schlagzeug la batterie → 3/2, les percussions *f. pl.*; **Schlagzeug spielen** faire des percussions
schlecht mal *adv.* → 5/2, mauvais/mauvaise *adj.* → 2/3, nul/nulle *adj.*; **schlecht (in etw.) sein** être nul/nulle en; **schlecht ausgehen** mal finir → 5/2
schließen (etw.) fermer (qc)
schließlich enfin → 2/1
schlimm grave *m./f. adj.* → 3/3
Schloss le château / ! les châteaux
Schlüssel la clé
schmecken: Das schmeckt gut. C'est bon.
schnell rapide *m./f. adj.* → 4/2, vite
Schokolade le chocolat
Schokoladenkuchen le gâteau au chocolat
schon déjà → 2/2
schön beau/bel *m.* / belle *f.* / beaux *m. pl.* / belles *f. pl. adj.* → 3/2
Schrank l'armoire *f.*
schreiben (jdm etw.) écrire (qc à qn) → 5/3
Schreibtisch le bureau / ! les bureaux
schreien crier
schüchtern timide *m./f. adj.* → 5/1
Schulbetreuer/in le/la CPE
Schulbibliothek le CDI
Schule l'école *f.*
Schüler/in l'élève *m./f.*
Schulfach la matière
Schulhof la cour
Schulleiter/in le principal / la principale → 5/3
schwach faible *m./f. adj.* → 5/3
schwarz noir/noire *adj.*
Schweiz la Suisse
Schwester la sœur
Schwimmbad la piscine
schwimmen nager
Schwimmen la natation → 1/1
Schwimmverein le club de natation → 1/1
Sechste (Klasse) la sixième
See la mer, le lac
sehen voir → 1/2
sehr très
Seid ihr fertig? Vous avez fini? → FEC
sein être; **getrennt sein** être séparé;
süchtig sein (nach etw.) être accro à qc → 3/2
seit, seitdem depuis → 1/1
seit Monaten depuis des mois
Sekretariat le secrétariat
Sekundarstufe 1 le collège
Senf la moutarde
setzen (etw.) mettre qc → 3/2
Shampoo le shampoing
sich unterhalten s'amuser → 6/1
sich aufregen s'énerver → 6/2
sich befinden se trouver → 6/1; **etwas befindet sich/liegt** quelque chose se trouve → 1/2
sich bewegen bouger → 3/1
sich erinnern (an jdn/etw.) se souvenir de qn/qc → 6/2
sich niederlassen (auf) se poser (sur) → 6/2
sich trauen (etw. zu tun) oser + inf. → 5/3
sich treffen (mit jdm) rencontrer qn → 2/2, se retrouver → 6/1
Siegerehrung la remise des médailles → 4/3
singen (etw.) chanter (qc)
Skateboard le skate-board
Sketch le sketch / ! les sketches
Ski le ski; **Ski fahren** faire du ski
SMS le texto → 3/1
so comme ça → 5/2
so ... wie aussi ... que → 3/2
Sohn le fils
Solidarität la solidarité → 5/1
Sommer l'été *m.*
Sonne le soleil
sonst sinon → 5/3
Soße la sauce
Spaghetti les spaghettis *m. pl.*
Spaß haben rigoler, s'amuser → 6/1
spaßig drôle *m./f. adj.*
spät tard; **es war zu spät** c'était trop tard → 2/2; **zu spät** en retard
spazieren gehen se promener → 6/1
Spaziergang la balade
Speisesaal la cantine
Spezialität la spécialité → 4/3
Spiel le jeu / ! les jeux, le match → 4/1
spielen se passer → 6/2; **spielen (mit jdm)** jouer (avec qn); **spielen (etw.)** jouer à qc → 1/1; **spielen (Instrument)** jouer de qc → 1/1
Spieler/in le joueur / la joueuse → 4/2
Spielstand le score → 4/2
Sport le sport; **Sport treiben** faire du sport
Sportler/in le sportif / la sportive → 3/1
sportlich sportif/sportive *adj.* → 3/2
Sportunterricht l'EPS
sprechen (mit jdm) parler (à qn); **sprechen (über etw.)** parler de qc; **Sprich lauter!** Parle plus fort!
Stadion le stade
Stadt la cité, la ville
Stadtmauer le rempart → 6/1
Stadtplan le plan → 4/1

Stadtzentrum le centre-ville
Star la star → 5/1
stark fort/forte *adj.* → 4/2
Stärke le point fort → 4/2
stattfinden avoir lieu → 4/1
stehlen (jdm etw.) voler qc à qn → 5/2
Stein la pierre
stellen (etw.) mettre qc → 3/2; **stellen (den Ton lauter)** mettre le son plus fort → FEC
Stern l'étoile *f.* → 1/2
Stiefmutter la belle-mère
Stiefvater le beau-père
Stier le taureau / ! les taureaux → 2/3
Stierkampf la corrida → 6/1
Stil le style → 3/2
still en silence → FEC
Stimme la voix / ! les voix → 3/2
Stimmt das? C'est juste?
Stimmung l'ambiance *f.*
Strand la plage
Straße la rue
Straßenbahn le tram
Stress le stress → 3/1
Stuhl la chaise
Stunde l'heure *f.*
Stundenplan l'emploi du temps *m.*
suchen (jdn/etw.) chercher qn/qc
süchtig sein (nach etw.) être accro à qc → 3/2
super super *adj. fam.*
Supermarkt le supermarché
surfen surfer sur Internet
süß adorable *m./f. adj.*
sympathisch sympa *adj. fam.*
Szene la scène → 6/2

T

Taboulé le taboulé
Tafel le tableau / ! les tableaux
Tafel Schokolade la tablette de chocolat
Tag le jour; **Tag (in seinem Ablauf)** la journée; **Tag der offenen Tür** la journée portes ouvertes
Tagebuch le journal → 2/2
Tante la tante
Tanz la danse
tanzen danser, faire de la danse
Tasche le sac → 2/2
tauschen (etw. gegen etw.) échanger qc contre qc → 6/2
tausend mille *adj.* → 6/1
teilnehmen (an etw.) participer à qc → 4/1
Telefon le téléphone → 3/3
telefonieren téléphoner (à qn)**Tennis** le tennis; **Tennis spielen** faire du tennis
Termin le rendez-vous → 2/3
Terrasse la terrasse → 1/2
Test l'interro *f. fam.* / l'interrogation *f.*, le test → 3/1
teuer cher/chère *adj.*
Text le texte
Theater le théâtre; **Theater spielen** faire du théâtre
Tier l'animal / ! les animaux *m.*
Tintenkiller l'effaceur *m.*
Tisch la table
Tischtennis le ping-pong → 1/1
Titel le titre → 3/1
Tochter la fille
Toilette les toilettes *f. pl.*
toll super *adj. fam.*, formidable *m./f. adj.* → 4/2, génial/géniale *adj. fam.*
Tomate la tomate
Tomatensoße la sauce tomate
Tor le but → 4/2; **ein Tor schießen** marquer un but → 4/2
Torero le toréro → 2/3
Torwart/in le gardien de but / la gardienne de but → 4/2
Tourist/in le/la touriste
touristisch touristique *m./f. adj.*
Tradition la tradition → 6/1
tragen (etw.) mettre qc → 3/2, porter qc → 3/1
Trainer/in l'entraîneur / l'entraîneuse *m./f.* → 4/1
trainieren s'entraîner → 6/1
träumen (von jdm/etw.) rêver (de qn/qc)
Treffen la rencontre
treffen (jdn) rencontrer qn → 2/2, retrouver qn; **wir treffen uns in/im/am ...** rendez-vous + *Zeit/Ort...* → 2/3
trommeln faire des percussions
trösten consoler qn → 5/3
trotzdem quand même
Tschüss! Salut! *fam.*
T-Shirt le tee-shirt → 3/1
tun (etw.) faire qc
Tunesien la Tunisie → 1/1
Tür la porte
Turnhalle le gymnase
Turnier le tournoi → 4/1
Turnschuhe les baskets *f. pl.* → 3/2

U

über sur
überall partout
überqueren (etw.) traverser (qc) → 4/1
überraschen (jdn) faire une surprise à qn
Überraschung la surprise
übertreiben exagérer → 3/3
übrigens à propos → 2/2
Übung l'exercice *m.*
Um wie viel Uhr? À quelle heure?; **um... Uhr** à ... heure(s)
um ... zu + Inf. pour + *inf.* → 1/2
Umfrage l'enquête *f.* → 3/2
Umkleideraum le vestiaire → 4/3
und et
unglaublich incroyable *m./f. adj.* → 2/3
unglücklich malheureux/malheureuse *adj.* → 5/2
unter entre → 2/1, sous
Unterricht le cours; **Ich habe keinen Unterricht.** Je n'ai pas cours.
Untersuchung l'enquête *f.* → 3/2
Urgroßmutter l'arrière-grand-mère *f.*

V

Vater le père
Verabredung le rendez-vous → 2/3
-verbot haben être privé/privée de qc → 3/3
verbringen passer
Verein le club → 1/1
vergessen (etw.) oublier qc → 2/1
verhauen (jdn) casser la figure à qn *fam.* → 5/2
verkaufen (jdm etw.) vendre qc (à qn) → 6/2
verletzt blessé/blessée *adj.* → 5/3
verlieren (etw.) perdre qc → 2/3
verraten (jdn) dénoncer qn → 5/3
verschwinden disparaître → 6/2
mit Verspätung en retard
verständigen (jdn) prévenir qn → 5/2
verstehen (jdn/etw.) comprendre qn/qc
versuchen (etw.) essayer qc → 3/3
Verzeihung pardon
Videospiel le jeu vidéo
viel beaucoup
Viel Glück! Bonne chance! → 3/3
viele beaucoup de
viele Leute beaucoup de monde
vielleicht peut-être → 3/3
Viertel le quartier

Viertelstunde le quart; **Viertel nach ...** et quart; **Viertel vor** moins le quart
Vitamin la vitamine
Vogel l'oiseau / ! les oiseaux *m.* → 6/2
Vokabular le vocabulaire → FEC
voll lecker trop bon *fam.*
von de
von ... bis ... de ... à ...
vor devant; **vor** *zeitlich* avant, il y a → 2/3
vorbeikommen (bei jdm) passer (chez qn)
vorbereiten (etw.) préparer qc
vorhin tout à l'heure → 4/1
Vorschlag la proposition → 6/2
vorschlagen (jdm etw.) proposer qc (à qn) → 1/2
Vorspeise l'entrée *f.*
vorstellen (jdm jdn/etw.) présenter qn/qc (à qn)

W

Wagen la voiture → 2/3
wahr vrai/vraie *adj.* → 3/3
während pendant
Wand le mur → 6/1
wandern gehen partir en randonnée → 1/2
Wanderung la randonnée
Wandschrank le placard
Wann? Quand est-ce que...?
warten (auf jdn/etw.) attendre qn/qc
Warum? Pourquoi?
was quoi → 4/3
Was bedeutet das? Qu'est-ce que ça veut dire?; **Was gibt es?** Qu'est-ce qu'il y a?; **Was ist los?** Qu'est-ce qu'il y a?
Wer macht was? Qui fait quoi?
Was ...? Qu'est-ce que ...?
Was für ein Glück! Quelle chance!
Was hast du geschrieben? Qu'est-ce que tu as écrit? → FEC
Wasser l'eau *f.*
Weg le chemin → 2/3; **nach dem Weg fragen (jdn)** demander son chemin (à qn) → 2/3
wegen à cause de → 2/3
wegfahren partir → 1/2
wegnehmen (jdm etw.) confisquer qc → 3/3
wehtun (jdm) faire mal à qn → 5/2
weil parce que
weinen pleurer → 5/2
weiß blanc/blanche *adj.* → 3/2
weit (weg) loin; **weit entfernt von** loin de
welcher/welche/welches quel/quelle → 3/1
Wellensittich la perruche
Welt le monde → 3/1
weniger... als moins ... que → 3/2
wenn, immer wenn quand
Wer fängt an? Qui commence?; **Wer ist dran?** C'est à qui? → FEC; **Wer macht was?** Qui fait quoi?
Wer? Qui?
werden devenir → 6/1
Wettbewerb le concours
Wetter le temps; **Es ist schönes Wetter.** Il fait beau.
wichtig important/importante *adj.* → 3/2
wie comme, comment
Wie alt ist er/sie? Il/Elle a quel âge?
Wie geht's? Comment ça va?
Wie sagt man ...? Comment est-ce qu'on dit ...?
Wie schreibt man ...? Comment est-ce qu'on écrit ...?
wie viel combien
wieder anfangen (etw.) recommencer → 4/2
wiederholen (etw.) répéter (qc)
Willkommen! Bienvenue! → 1/1
Winter l'hiver *m.*
wir dürfen/sollten nicht, man darf/sollte nicht il ne faut pas + inf. → 3/3
wir könnten, man könnte on pourrait → 4/1
wir müssen, man muss il faut + inf. → 3/3
Wir müssen los! Il faut qu'on y aille! → 4/3
wo où; **wo** *Relativpronomen* où
Woche la semaine
Wochenende, am Wochenende le week-end; **ins Wochenende fahren** partir en week-end → 1/2
Wohin? Où est-ce que...?
wohnen habiter
Wohnung l'appartement *m.*
Wohnzimmer la salle de séjour
wollen (etw.) / etw. tun wollen vouloir qc/+ inf.; **wenn du willst** si ça te dit
Workshop l'atelier *m.*
Wort le mot
Wortschatz le vocabulaire → FEC
wunderschön magnifique *m./f. adj.* → 1/2
Wurstwaren la charcuterie → 4/3
wütend furieux/furieuse *adj.* → 6/2

Z

zählen (auf jdn) compter (sur qn) → 4/2
zeichnen (etw.) dessiner qc → 2/1
Zeichnung le dessin
zeigen (jdm etw.) montrer qc à qn → 4/2
Zeit l'époque *f.* → 6/1, le temps; **Hast du heute Zeit?** Tu as le temps aujourd'hui?, Tu es libre aujourd'hui?; **die ganze Zeit etw. tun** passer son temps à + *inf.* → 3/3
Zeitschrift le magazine → 3/1
Zeitung le journal → 2/2
Zelt la tente
Zelten le camping
zelten faire du camping
Zentrum le centre
Zeuge/Zeugin le témoin → 5/3
Ziel le but → 4/2
ziemlich assez
Zitrone le citron → 2/2
zögern hésiter → 5/2
zu / zu sehr / zu viel trop
zu Fuß à pied
zu Hause à la maison
Zu Hilfe! Au secours! → 5/2
zu viel trop de
Zucker le sucre
zuerst d'abord
zufrieden content/contente *adj.*
Zug le train → 4/1
zuhören (jdm/etw.) écouter qn/qc
zum Beispiel, z. B. par exemple / p. ex. → 1/2
zumachen (etw.) fermer (qc)
zurückbekommen (etw.) récupérer qc → 3/3
zurückkehren (zu/nach) retourner à
zurückrufen (jdn) rappeler qn → 3/3
zurzeit en ce moment
zusammen ensemble
zwei gegen einen à deux contre un → 5/2
zweiter/zweite/zweites deuxième *m./f. adj.* → 4/1
zwischen entre
zwölf Uhr mittags midi → 2/2
zwölfeinhalb (Jahre) douze ans et demi → 1/1

Glossaire | Glossar – Übungsanweisungen

Diese Anweisungen kommen immer wieder im Buch vor. Du kannst sie wie Vokabeln lernen, dann findest du dich in den Übungen schnell zurecht.

Accorde les adjectifs si nécessaire.	Gleiche die Adjektive falls notwendig an.
Apprends le poème par cœur.	Lerne das Gedicht auswendig.
À toi! / À vous!	Du bist dran! / Ihr seid dran!
À ton avis, ...	Deiner Meinung nach, ...
Choisissez (un des dialogues).	Wählt (einen der Dialoge) aus.
Compare (avec ton/ta partenaire).	Vergleiche (mit deinem Partner / deiner Partnerin).
Complète (les phrases / par les formes du verbe ...).	Ergänze (die Sätze / mit den Verbformen von ...).
Corrige (tes réponses).	Korrigiere (deine Antworten).
Décris (le dessin).	Beschreibe (das Bild).
Échangez (les rôles / vos avis).	Tauscht die Rollen. / Tauscht eure Meinungen aus.
Écoute (la suite / le dialogue).	Hör dir an, wie es weitergeht. / Hör dir den Dialog an.
Écris (les phrases / dans ton cahier).	Schreibe (die Sätze / in dein Heft).
Enregistrez (l'interview).	Nehmt das Interview auf.
Explique.	Erkläre.
Fais attention à l'accord.	Achte auf die Angleichung.
Fais un associogramme / un tableau.	Erstelle ein Vokabelnetz. / Zeichne eine Tabelle.
Faites (des devinettes / un sondage).	Macht (ein Ratespiel / eine Umfrage).
Faites le tour de la classe.	Geht durch euren Klassenraum.
Forme des phrases.	Bilde Sätze.
Il y a plusieurs possibilités.	Es gibt mehrere Möglichkeiten.
Imagine.	Denk dir etwas aus.
Interrogez (vos camarades).	Befragt (eure Mitschüler).
Justifie (ta réponse).	Begründe (deine Antwort).
Note (les mots dans la bonne colonne).	Notiere (die Wörter in der richtigen Spalte).
Pose des questions (à ton/ta partenaire).	Stell (deinem Partner / deiner Partnerin) Fragen.
Présente tes résultats à l'aide d'une affiche.	Stell deine Ergebnisse anhand eines Plakats vor.
Qu'est-ce qui va ensemble / est différent?	Was passt zusammen / ist anders?
Raconte.	Erzähle.
Reconstitue (l'histoire).	Setz (die Geschichte) zusammen.
Regarde (la séquence / le dessin).	Sieh dir (die Filmsequenz / das Bild) an.
Répète.	Sprich nach. / Wiederhole.
Réponds (aux questions).	Antworte. / Beantworte (die Fragen).
Retrouve (l'ordre des phrases).	Finde (die Reihenfolge der Sätze) wieder.
Travaillez à deux.	Arbeitet zu zweit.
Trouve (les expressions / le mot-clé / l'intrus).	Finde (die Ausdrücke / das Schlüsselwort / den „Eindringling".)
Trouve (le verbe) qui convient.	Finde das passende Verb.
Trouve (le dessin) qui correspond (au dialogue).	Finde (das Bild), das (zum Dialog) passt.
Trouve un exemple pour chaque (époque).	Finde ein Beispiel für jede Epoche.
Utilise ...	Verwende ...
Vrai ou faux?	Richtig oder falsch?
Vous pouvez l'enregistrer.	Ihr könnt ihn/sie/es aufnehmen.

Bildquellen

Fotos:
© 123RF/Arnd Rockser: S. 9 (9); © Matt Trommer: S. 8 (Münzen); © Richard Semik: S. 17 (Mitte/1. von links) – © Cornelsen Verlagsarchiv: S. 82 (Milch), S. 82, S. 89 (Zucker), S. 141 (oben 3. und 4. von links), S. 141 (unten 3. und 4. von links) – © Cornelsen/Cousin: S. 12 (Mitte), S. 15 (1. von oben), S. 16 (2. von oben), S. 114–115, S. 117 (oben links), S. 119 (unten); © Fritsch: S. 15 (2. und 3. von oben), S. 22 (oben); © Jantzen: S. 147; © Schulze: S. 46 (rechts); © Uzel/Capponi: S. 10–11 (Vordergrund), S. 12 (oben), S. 13 (oben rechts, unten links und rechts), S. 16 (unten links, Mitte und rechts), S. 17 (oben), S. 35 (6 a/1, 6 a/2, 6 a/3, 6 a/4), S. 35 (6 b/1, 6 b/2, 6 b/3, 6 b/4), S. 49, S. 50–51, S. 53, S. 54, S. 58 (oben, unten links und rechts), S. 63 (oben, Mitte), S. 72 (unten links und rechts), S. 73 (oben links und rechts, Mitte links), S. 76, S. 77, S. 80 (1–4), S. 83 (oben), S. 85 (oben), S. 92–93, S. 102 (oben, Mitte) S. 133 (6 a/1, 6 a/2, 6 a/3, 6 a/4), S. 133 (6 b/1, 6 b/2, 6 b/3, 6 b/4); © Uzel/Denimal: S. 69 (oben links und rechts, unten) – © Fotolia.com/Alex_Mac: S. 48 (les baskets); © Alexandra Karamyshev: S. 48 (la jupe); © babimu: S. 48 (le bonnet), S. 59; © badhog: S. 48 (le jean noir); © beatrice prève: S. 117 (Mitte rechts); © BEAUTYofLIFE: S. 48 (le tee-shirt bleu); © bloomua: S. 120 (oben 3. von links); © by-studio: S. 8 (Würfel); © cedrov48: S. (le foulard rose); © cynoclub: S. 21 (unten rechts/3. von oben); © Elena Schweitzer: S. 82, S. 89 und S. 141 (Butter); © ExQuisine: S. 120 (unten 4. von links); © Jesse Barrow: S. 82, S. 141 (Schokolade); © Leonid Nyshko: S. 48 (la ceinture); © Meggy Hilton: S. 21 (unten rechts/2. von oben); © Nikolai Sorokin: S. 121 (Mitte); © Philophoto: S. 33 (unten); © Success: S. 63 (unten); © SyB: S. 120 (unten 5. von links); © Taffi: S. 120 (oben 5. von links); © volff: S. 89 (Äpfel) – © iStockphoto/Anthony Jeffrey: S. 12 (unten); © Diane Diederich: S. 66; © ELENart: S. 104 (unten links), S. 142 (unten links); © Eric Gerrard: S. 88 (1); © Evgeny Karandaev: S. 89 (Glas Cola); © gkuna: S. 46 (links); © Gordana Sermek: S. 48 (le jean blanc); © Ivan Stevanovic: S. 120 (oben 2. von links); © Jacek Chabraszewski: S. 39 (unten links), S. 60 (rechts), S. 74 (links), S. 83 (unten rechts), S. 118, S. 131; © Jane Norton: S. 39 (unten rechts); © Julien Bastide: S. 116 (rechts 3. von oben); © Kadir Barcin: S. 82, S. 141 (Reis); © kedsanee: S. 82, S. 141 (Glas Wasser); © kedsanee: S. 141 (unten 8. von links); © Louis-Paul St-Onge: S. 120 (oben 4. von links); © luxxtek: S. 120 (oben 1. von links); © makkayak: S. 120 (unten 3. von links); © Martina Barbist: S. 46 (Mitte); © Nick Free: S. 84 (unten 3. von links); © nimu1956: S. 20 (2. von links); © Nina Shannon: S. 39 (oben), S. 60 (links), S. 74 (Mitte), S. 83 (unten links); © RonTech2000: S. 8 (13); © wsfurlan: S. 9 (20); © YinYang: S. 82, S. 89, S. 141 (Eier) – © panthermedia.net/emmanuelle bonzami: S. 161 (links oben) – © Patrick Perrier: S. 37 (unten) – © Shutterstock/Africa Studio: S. 48 (le sac); © Andrey Shadrin: S. 104 (unten rechts), S. 142 (unten rechts); © Carme Balcells: S. 70–71; © ecco: S. 88 (4); © emei: S. 130; © goory: S. 88 (5); © Gordana Sermek: S. 48 (la robe); © Karkas: S 48 (le pantalon, la veste, le pull), S. 88 (2, 6), S. 120 (unten 1. von links); © MagSpace: S. 116 (unten links); © mama_mia: S. 88 (3); © MTrebbin: S. 48 (les lunettes de soleil); © NREY: S. 48 (les baskets rouges); © O Driscoll Imaging: S. 106 (oben); © PAUL ATKINSON: S. 159 (oben links); © Ragnarock: S. 48 (les bottes); © sagir: S. 48 (la chemise); © Stefan Ataman: S. 89 (oben 1. von links); © taelove7: S. 120 (unten 2. von links); © windu: S. 48 (la casquette jaune) – © Veer/homydesign: S. 117 (unten rechts); © Mykola Velychko: S. 89 (oben 5. von links)

© Alamy/allOver photography: S. 118 (rechts); © Ben Ramos: S. 135; © CW Images: S. 33 (oben); © Hes Mundt: S. 37 (oben); © imagebroker: S. 85 (unten); © Steven Sheppardson: S. 117 (Mitte links) – © Collection Christophel: S. 89 (oben 2. von links) – © Corbis: S. 105; © Owen Franken: S. 17 (3. von links); © Philippe Crochet/Photononstop: S. 20 (1. von links); © Tomas Rodriguez: S. 22 (unten) – © Fonds Simenon: S. 158 (links 3. von oben) – Foto: Wild Bunch/Cinetext: S. 84 (oben 3. von links) – © fotofinder/A1PIX/Your Photo Today: S. 84 (oben 1. von links); © Bildagentur-online/Falkenstein: S. 84 (unten 1. von links); © Zoonar.com/H.-D. Falkenstein: S. 84 (unten 2. von links) – © Getty Images 2011: S. 116 (rechts 4. von oben); © 2011 AFP: S. 84 (oben 4. von links); © AFP: S. 158 (rechts 2. von oben); © Europe: S. 117 (oben rechts), S. 158 (links 2. von oben); © altrendo images: S. 42 (Hintergrund), S. 28–29; © Boyer/AgenceImages: S. 15 (4. von oben); © De Agostini: S. 160 (links Mitte); © EOCHE/AgenceImages: S. 116 (oben links); © Gamma-Rapho: S. 62 (oben); © James Osmond: S. 17 (2. von links); © Juergen Richter: S. 20 (3. von links); © Manfred Gottschalk: S. 11–12 (Hintergrund); © Paul Bradbury: S. 124; © WireImage: S. 158 (rechts 1. von oben) – © Hill & Knowlton: S. 82, S. 141 (Backpulver) – © Imago Unimedia Images: S. 62 (links); © ARCO IMAGES: S. 159 (unten 1. und 2. von links); © Imagebroker: S. 10–11 (Hintergrund), S. 21 (oben), S. 38 (oben, unten), S. 160 (rechts oben); © imagebroker/giovannini: S. 118 (links unten); © PanoramiC: S. 62 (rechts), S. 89 (oben 4. von links), S. 158 (links 1. von oben) – © laif/Guillaume HORCAJUELO/REA: S. 16 (1. von oben) – © Magasins U: S. 82, S. 89, S. 141 (Mehl) – © mauritius images/Alamy: S. 118 (oben links), S. 121 (unten links), S. 122–123 (Hintergrund), S. 152; © Ausloos: S. 21 (unten rechts/1. von oben); © Chris Seba: S. 116 (rechts 1. und 2. von oben); © CuboImages: S. 121 (unten rechts); © ib/Bernd Tschakert: S. 16 (3. von oben); © Pixtal: S. 84 (unten 4. von links); © Vidler: S. 161 (rechts unten) – © Montpellier Agglomération: S. 13 (oben links) – © Sipa: S. 9; S. 89 (Flasche Wasser), S. 89 (Flasche Saft); © BEBERT BRUNO: S. 158 (rechts 3. von oben) – © Sony Music Entertainment France: S. 89 (oben 6. von links), S. 91 – © ullstein bild-CHROMORANGE/TipsImages/Charl: S. 72 (oben rechts); © Sipa: S. 161 (rechts oben) – © Ville de Liège: S. 72 (oben links), S. 73 (unten rechts), S. 84 (oben 2. von links), S. 160 (unten rechts)

Grafiken:
© Bayard Presse – OKAPI, 1er janvier 2012, p. 45: S. 52
© VERRON d'après ROBA – Studio Boule & Bill – 2005: S. 96
2008 – Droit au but – Tome 4: Jusqu'au fond des buts! – © Hugo et Cie: S. 78
2008 – Droit au but – Tome 4: Jusqu'au fond des buts! – © Hugo et Cie: S. 140
Titeuf – Tome 11 de Zep © 2006 – EDITIONS GLENAT: S. 68
Titeuf – Tome 7 de Zep © 1998 – EDITIONS GLENAT: S. 89 (unten)
www.asterix.com © 2012 LES EDITIONS ALBERT RENE/GOSCINNY-UDERZO: S. 89 (oben 3. von links)
www.jeunesviolencesecoute.fr: S. 106 (unten)

la Grande-Bretagne
la mer du Nord
les Pays-Bas
l'Allemagne
le Rhin
Anvers
la Belgique
Calais
Bruxelles
Liège
Lille
Namur
le Pas-de-Calais
les Ardennes
le Luxembourg
Amiens
la Manche
Le Havre
Rouen
Reims
Metz
Caen
la Seine
la Meuse
Nancy
Strasbourg
la Normandie
Levallois
Paris
la Champagne
la Moselle
Brest
l'Île-de-France
les Vosges
la Bretagne
Colmar
Rennes
Laval
Le Mans
Orléans
la Seine
Olivet
Bâle
Angers
Tours
la Loire
Dijon
Nantes
Berne
la Bourgogne
la Suisse
Lausanne
la Loire
la France
Lac Léman
l'océan Atlantique
Genève
la Saône
Mont Blanc 4807 m
Fléac
Limoges
Clermont-Ferrand
Lyon
le Massif Central
le Rhône
Saint-Étienne
les Alpes
1885 m Puy de Sancy
l'Italie
Grenoble
la Dordogne
le Rhône
Bordeaux
Agen
la Garonne
le pont du Gard
Avignon
Nîmes
la Provence
l'Aquitaine
Toulouse
Montpellier
Aix-en Provence
Pau
le canal du Midi
Béziers
Marseille
Cassis
Toulon
la Côte d'Azur
Carcassonne
les Pyrénées
Andorre
Bastia
l'Espagne
Ajaccio
la Corse
0 50 100 150 200 250 km
la mer Méditerranée